인지행동 상담과
심리치료 기법

SKILLS IN COGNITIVE BEHAVIOUR COUNSELLING & PSYCHOTHERAPY

인지행동 상담과
심리치료 기법

Frank Wills 지음 | 박의순 · 이동숙 옮김

Σ 시그마프레스

인지행동 상담과 심리치료 기법

발행일 | 2011년 3월 25일 1쇄 발행
   2016년 9월 30일 2쇄 발행

지은이 | Frank Wills
옮긴이 | 박의순, 이동숙
발행인 | 강학경
발행처 | (주) 시그마프레스
편집 | 김경임
교정 · 교열 | 문수진

등록번호 | 제10-2642호
주소 | 서울특별시 마포구 성산동 210-13 한성빌딩 5층
전자우편 | sigma@spress.co.kr
홈페이지 | http://www.sigmapress.co.kr
전화 | (02)323-4845~7(영업부), (02)323-0658~9(편집부)
팩스 | (02)323-4197

ISBN | 978-89-5832-881-0

Skills in Cognitive Behaviour Counselling & Psychotherapy

역자 서문

기법을 중심으로 한 상담과 심리치료 시리즈는 상담 훈련생과 임상가를 위한 실제적인 안내서이다. 시리즈로 출간된 임상접근 모델들은 각 모델에서 사용되고 있는 상담의 핵심적인 기술과 기법에 초점을 두고 쓰였다. 역자에게 이 책은 TA와 게슈탈트에 이어 세 번째 시리즈 번역서이다.

인지행동치료(CBT)는 다양한 분야에서 많은 임상가들에 의해 사용되고 있다. Beck이 처음으로 소개한 이후 그 범위 또한 꾸준히 확대되고 있으며 현대 정신질환과 상담 영역에서 주요한 이론으로 정신건강 관련 전문가 교육에서는 기본 과정으로서 자리매김하고 있다.

상담의 주요 작업은 관계를 맺는 전반적인 방법에 다시 적응하기 위해 노력하는 것이다. 인지행동 상담은 내담자의 인지의 능동적 역할을 강조하는 데 근거를 두고 있다. '생각을 바꾸면 세상이 달라진다'는 말처럼 실제 사건보다는 우리가 그 사건을 어떻게 바라보는지에 대한 신념체계가 개인의 주관적인 지각을 좌우한다는 의미이다. 사람들은 본성적으로 의미를 추구하며 평가는 인간 본성의 핵심 양상이다. 인간은 누군가를 만나는 첫 순간에 상대뿐 아니라 자신에 대해서도 평가한다. 개인에 따라 사건에 대한 평가가 다를 수 있으므로 사건에 대한 반응을 결정하고 대응하도록 하는 인지 과정이 중요하며 인지와 관련된 지각 수준을 발견하여 안내하는 개입이 효과적이다. 그러므로 자신의 인지 과정이 효과적으로 대응하는지 비효과적으로 대응하는지를 자각하여 내담자 스스로 자신에게 맞는 대응전략을 개발시키도록 조력한다.

CBT는 부정적인 자동적 사고의 좀 더 심층적인 인지 수준을 작업하고자 역기능 가설, 생활 규칙, 핵심 신념과 인생 초기 스키마의 변화를 위해 다양한 기법을 사용하고 있다. 사실 CBT는 사고가 행동반응에 중추적인 역할을 한다는 점에서 그 필요성이 강조된다. 인지 왜곡이 정신병리와 관련되고 이런 인지 왜곡의 근원인 부적응적 가설을 발견하여 변화시키고 수정하기 위한 치료로서, 방법적으로 인지 및 행동적인 치료 기법을 병행하여 사용하는 일종의 학습경험이다. 이는 인지치료와 행동치료가 혼합된 형태로 정신역동에서 내면 대화 및 과정의 중요성이 도입된 반면, 행동학에서는 과학적 방법, 행동 변화에 대한 초점, 다양한 행동적 기법 및 전략이 사용된다.

CBT는 내담자와 상담가 간에 궁극적이고 지시적이며 협동적으로 이루어지는 단기상담의 일종이다. 문제를 개선하기 위해 개입을 실행하고, 어떻게 문제를 이해하는지를 관리하는 원리에 확고한 근거를 두고 있다. 그래서 상담가와 내담자가 공동으로 내담자의 문제해결을 위한 전략을 짜며 그것이 효과적인지 평가하고 연습하면서 내담자 스스로 문제해결을 시도하게 하는 치료 방법이다. 여기서 강조하는 핵심 요소는 내담자와 상담가 간의 협력적 경험과 자기관리이다.

이 책은 CBT 훈련을 하는 다양한 분야의 임상가와 훈련생에게 CBT 실제의 지식 습득과 임상훈련을 돕기 위한 상담 과정 지침서이다. 이를 위하여 각 장은 임상의 상호 협력적인 입장을 고수하면서 인지행동 이론을 바탕으로 상호관계, 인지, 행동, 감정의 변화에 대한 설명과 상담 기법을 중심으로 구성하였으며 저자들의 풍부한 상담사례를 통하여 내담자와 상담가가 상담 과정에서 경험할 만한 부분을 이해하기 쉽게 설명하였다. 또한 이 책은 두 명의 역자가 함께 번역하였는데 1장부터 4장까지는 박의순 교수가, 그리고 5장에서 8장까지는 이동숙 교수가 담당하였다. 1장은 내담자의 문제를 이해하고 상담 관계를 형성하며, 상담 개입을 위한 전략적인 자세와 전략을 시행하기 위한 기법에 대한 기초 이론에 대해 설명한다. 2장은 CBT가 내담자에게 적합한지의 평가와 공식화에 의해 확인된 문제의 변화를 촉진하기 위해 상담 초기 구조화 과정에 대해 설명한다. 3장은 상호 관계적 요소가 영향을 미치는 순간을 인식하고 상호 관계적 기법을 다룬다. 4장은 인지의 중추활동인 부정적인 자동적 사고를 확인하고 부정적 사고의 내용과 과정의 변화에 대한 직접적인 인지 중재인 확인, 평가, 도전의 세 단계에 대해 살펴본다. 5장은 행동 변화를 다루는 다양한 기법을 고찰하며 6장은 CBT에서 정서적인 면에 어떻게 접근하는지를 살펴본다. 7장에서는 스키마의 확인과 치료 과정 및 기법들을 다루고, 끝으로 8장은 인지행동 상담가가 되는 것과 관련된 기법을 발전시키는 것에 중점을 두었다.

마지막으로 이 책이 출간될 수 있도록 오랜 시간을 인내해 주신 (주)시그마프레스의 강학경 사장님과 좋은 책을 만들기 위해 수고를 아끼지 않은 편집부 문수진 대리에게 감사를 전하고 싶다. 또한 가족 연구소 마음에서 한결같은 마음으로 성실하게 이 책의 완성을 위하여 수정하는 수고와 격려를 아끼지 않은 연구원들에게도 고마움을 전한다.

2011년
박의순

추천의 글

프랭크와 나는 1994년에 옥스퍼드에서 열린 인지치료(Cognitive Therapy) 교육과정에서 만났다. 강의 첫날 바로 옆에 앉았던 우리는 다른 참석자들과 마찬가지로 1년 내내 같은 자리에 앉았다. 교육생들은 간호학, 사회사업학, 상담학, 정신의학 등 다양한 배경을 가지고 있었고 주로 임상심리학자들이 주류를 이루었다. 그 당시 인지행동치료(CBT)를 실행하는 사람들은 주로 임상심리학자와 정신과 의사들이었으며 '심리학자 외의 사람들'이 여기에 관심을 보이는 것을 좀 이상하게 여겼다. 그래서 대부분의 CBT 연구와 문헌에서 사용되는 용어나 진단 분류는 정신의학의 영향을 많이 받았으며 그러한 현상은 많은 상담가와 심리치료사들을 당혹스럽게 하였다. 프랭크와 나는 CBT 모델이 임상가와 내담자들에게 간편하고 교육적이며 또한 효율적인 가치와 실용성을 가지고 있다는 사실에 큰 충격을 받았다. 그러나 CBT는 너무 단순하며 원인보다는 증상에 치중하는 경향이 있고 의학적 모델을 지나치게 강조하여 다른 치료의 깊이나 가치를 간과한다고 비난하는 상담가들도 많았다. 한 정신건강 단체에서 발행한 안내책자에서 CBT를 '상담가와 내담자 간의 언쟁'이라고 표현한 것은 그 당시의 적대감을 잘 보여 준다. 인지치료는 정말 많은 것을 제공할 수 있지만 이미지에 문제가 있었던 것은 분명했다.

1994년 훈련과정을 마친 후 프랭크와 나는 CBT가 심리학이나 정신의학 이외의 다른 전통 분야에서도 좀 더 용이하게 접근할 수 있도록 작업을 시작하였다. 우리는 첫 저서로 『인지치료 : 이미지 변형(Cognitive Therapy : Transforming the Image)』을 발간하였으며 집필의 긴 여정을 함께하였다. 그리고 이 책, 『인지행동 상담과 심리치료 기법(Skills in Cognitive Behaviour Counselling & Psychotherapy)』은 프랭크의 단독저서이며 나는 이 책의 머리말을 쓰는 기쁨을 누렸다.

상황은 바뀌어서 CBT는 이제 임상가, 상담가 및 다양한 배경으로부터 온 치료사들의 주요 모델이 되었다. Layard 보고서는 임상 경험이 적은 군정신건강 관련 종사자들에게 CBT 훈련을 권장한다. CBT는 프랭크와 내가 훈련받고 난 이후에 폭발적인 관심을 받으며 급속도로 발전하였다. 연민, 마음챙김, 수용의 개념과 감정으로의 구심점은 변화, 도전과 문제에 초점을 둔 CBT의 전통과 함께 왔다. 우리는 이제 우리의 경험을 가지고 말하고, 그것을 주시하고, 내려놓고, 그것들을 기록하는 것만큼 또한 대안들을 고려한다. 과정은 방법만큼이나 중요하다. 이제는 치료 관계가 상담의 핵심 무대가 되었다.

다른 접근을 언제 사용해야 할지를 아는 것, 그리고 CBT의 '제3의 물결'의 흥분에 휩쓸리지 않는 것이 이 분야의 훈련가와 임상가에게 요구되는 도전이다. 상담과 심리치료 임상가들은 전통 CBT의 효과적인 요소들을 잃을 수도 있다는 위험을 안은 채, 과거 경험에 집중하면서 실행에 초점을 둔 발전된 관점과 스키마로 나아가고 있다. 또 다른 한편에서는 새로운 CBT로의 전환자들이 사고 기록과 행동적 경험 훈련을 간절히 바라면서 방법과 기술만을 가지고 불쌍한 내담자들을 활동의 바다로 밀어 넣기도 한다. CBT 예술은 시간과 장소와 함께 모든 것들의 균형을 이루는 것이다. 이 책은 과거와 현재의 우아한 직조물이다. 이 책은 CBT의 모든 핵심 요소인 정교화된 치료 관계, 구조와 초점 유지하기, 구조화, 그리고 방법과 기법의 범주뿐만 아니라 더욱 새로운 접근인 마음챙김, 연민, 그리고 치료적 과정에 대한 소개까지도 포함하고 있다.

치료는 골치 아픈, 예측할 수 없는 일이다. 한동안은 계획대로 가다가도 어느 순간에는 인간 심리의 안개 낀 수렁에 빠지기도 한다. 프랭크는 CBT 상담가와 훈련가로서 풍부한 경험을 가지고 있으며 그의 학생들은 다양한 배경을 갖고 있다. 그는 사례연구와 CBT 임상을 설명하기 위하여 일화와 사례를 들어 묘사하는 자신만의 독특한 스타일을 가지고 있다. 그는 잘한 것이든 어려운 것이든 자신의 엄청난 경험을 독자들과 함께 나누므로 이 책은 유용할 뿐 아니라 읽기 쉽고 흥미롭다. 그는 다른 방식으로 시도한 것에 대해 묘사하는 것을 두려워하지 않는다. 또한 자신이 CBT를 어떻게 사용하는지 개인적 사고와 경험에 대하여 말하는 것도 두려워하지 않는다. 프랭크의 CBT 설명에서 가장 중요한 것은 언제나 중심을 치료적 관계에 두며 감정을 기반으로 대인관계를 통해 형성된다는 점이다. 이 책은 한동안 사용하지 않던 기법을 빠르게 배우기 원하는 사람에게나 혹은 처음부터 끝까지 통독하기를 원하는 독자 모두에게 풍성한 배움을 줄 것이다.

Diana Sanders

나는 1990년대 중반에 나의 직업 경험 중에서 부차적인 두 가지 사건으로 인해 CBT 기법에 접근하게 되었다. 그중 하나는 국가적으로 시도한 일반적인 심리치료와 특정 인지행동치료를 위한 NVQ 설립행사에 초대받은 것이다. 런던에서 대규모 회의가 열렸고 거기에는 작은 CBT 집단부터 큰 집단까지의 다양한 모델이 모여서 회의를 가졌다. 회의 첫날 CBT 집단은 조용하게 앉아 과업을 정하고 오후에는 CBT 훈련의 전체 범위를 포함하는 자료를 만들었다. 회의가 끝나기 전, 모든 집단은 논의한 노트를 비교하기 위해 한자리에 모였다. 작업이 거의 끝나 가는 시간이었음에도 불구하고 CBT의 어떤 집단도 서로의 논의가 전혀 비슷하지 않다는 점이 놀라웠다. 내가 기억하는 한 집단은 '상담가'와 '내담자'의 정확한 정의에 대해 풀리지 않는 논쟁을 계속하고 있었다. 일반적으로 CBT 사람들은 수중에 매우 실용적인 실행작업을 가지고 있다. 나는 CBT는 합의하에 기법과 능력을 분명하게 정의한다고 믿고 있었다. 그러나 우리의 사고가 지나치게 직선적이므로 여기에 무엇인가 빠트리고 있는 것은 아닌가 하는 의문이 마음속에 남았다.

두 번째 사건은 CBT 상담 훈련가 연구논문을 보는 자리에서 발생했다. 나는 농담 반 진담 반으로 CBT 관점에서 상담가는 때로 '지나치게 듣는다'고 말했다. 이것은 내담자가 말하는 모든 것에 반응하기 원한다는 것을 의미했으며 CBT의 인색함('최소 노력으로 최대 효과를 본다')에 초점을 맞춘다면 이것은 성취하기 어렵다는 것을 말했다. 그러자 국가건강기관에서 직원을 훈련시키는 훈련가는 '내 훈련생들은 전혀 듣지 않아서 힘이 드는데 정말 흥미롭군요.' 라고 말하였다. 나는 우리 둘 다 자신의 곤경(6장 감정작업을 참조하라)을 좀 과장하였다고 확신하지만 여기에는 차이가 있었다. 그때도 그랬고 지금도 그렇지만 전반적으로 그의 문제보다는 나의 훈련 문제가 더 낫다.

지금 되돌아보면 이 두 가지 사건이 나의 생각을 확고히 하였고 이것은 나의 주된 직업 전환에 결정적인 영향을 미쳤다고 믿는다. 변화를 위한 현실적 표시에 신호하고 희망을 끌어올리는 방법의 핵심 주제를 명료화하고 여기에 초점을 둠으로써 내담자에게 존경을 갖고 조심스럽게 경청하려고 노력했다(Wills & Sanders, 1997; Wills, 1998; Sanders & Wills, 1999, 2003, 2005). 나는 훈련을 통해 다른 사람들도 나와 같은 기법과 훈련의 질을 발전시키도록 도울 수 있는 방법을 찾으려고 하였다(Wills, 2006b). 지금의 연구결과는 기법에서의 효과적인 균형 발달이 가능하다는 것을 지지하고 있고 CB 상담가가 그러한 방식으로 잘하고 있다는 제언들은 용기를 북돋아 준다(Keijsers et al., 2000).

훈련을 하면서 나는 가끔 훈련생들에게서 비판을 받곤 했다. 항상 편안한 경험은 아니지만 이것은 나에게 다시금 나의 가설을 재인식하도록 도움을 주었다. 나는 상담가, 지역사회 판사, 사회사업가, 학교 선생님과 청소년 관련 종사자들을 포함한 다양한 직업군의 집단과 일한다. 주 비판자인 상담가들은 CBT가 지시적이라고들 주장한다. 사실 모든 상담 모델에는 특성적인 결함이 있다고 생각한다(Wills, 1998). 흔히 그 결점은 미덕과 밀접하게 연결되어 있다. 내가 생각하기에 CBT의 특징적인 결함은 지나치게 지시적이고 설득하려는 경향에 있다. 내담자와 함께 잘 다듬어진 협력관계를 발달시키는 것이 이런 경향성에 맞서는 가장 효과적인 안전장치가 될 것이다. 그러한 협력을 시작하고 발전시키는 것은 이 책 전체를 통하여 끊임없이 강조된다. 구조화된 치료 과정 양상의 미묘한 사용에 의한 협력 과정 그 자체가 최선의 안전장치이다.

다른 도움을 주는 직업종사자들은 치료 방향의 아이디어에 대해서는 문제를 제기하지 않았지만 기법에 의존된 CBT의 '권력을 빼앗는' 효과에 대해 자주 염려한다. 이 점에 관련하여 CBT 상담가는 '마음을 변화하기' 방법보다는 오히려 '발견하도록 안내하기' 방법을 취한다(Padesky, 1996). 발견하도록 안내하는 창조적인 방법은 이 책에서 제시되는 CB 기법의 모든 양상에 스며들어 있고 협력과 함께 두 번째 기본 기둥을 구성할 것이다.

그러므로 각 장은 임상의 각 영역에서 상호 협력적인 발견에 대한 입장을 취하고 있다. 1장은 기법에 대한 기초 이론의 이해를 분석하고 설명한다. 인지행동 관점의 대인관계, 인지, 행동과 감정의 변화에 대해 간략하게 살펴본다. 2장은 평가 기법과 지도(구조) 문제를 살펴볼 것이다. 3장에서는 CB 관점으로 상호관계 기법을 다룬다. 4, 5, 6장은 사고, 행동, 감정 각각의 영역에서 치료적 변화를 성취하기 위한 작업에 대해 고찰할 것이다. 7장은 더 깊은 곳에 자리하고 있으며 오랜 시간에 걸쳐 형성된 '유형'('스키마 변화')을 성취하기 위한 작업을 설명할 것이다. 8장에서는 이 책의 시리즈 중 하나인 Joyce & Sills(2001)의 게슈탈트 기법을 가지고 오늘날의 도움을 주는 직업(helping professions)의 더 넓은 범위에서 CB 치료사의 의미는 무엇인지 반영해 본다.

급속도로 발전하는 인지행동 치료를 가지고 책을 쓴다는 것은 굉장히 어려운 일이다. 나는 이 책이 방대해지기를 원하지 않았기 때문에 어떤 내용을 넣어야 하고 빼야 하는지를 결정하기가 힘들었다. 많은 동료들이 나의 작업에 도움을 주었다. 특히 나의 스타일을 상담해 주었던 Diana Sanders, Janet Grey와 Annie Wills에게 감사드린다. Francesca Inskipp은 시리즈 편집자로서 여러 분야에서 영감을 주고 도움을 주었다.

Francesca는 다른 치료적인 전통에 몸담고 있으면서 이 상담 기법 시리즈 책을 편집했다. 최근에 나는 상담 발전에 현저하게 공헌한 사람들의 인터뷰 기록물의 일부로서 Francesca와 인터뷰를 하는 기쁨을 누렸다(웨일스 뉴포트대학교 사회학과). Francesca의 작업은 앞으로의 상담 기법 발전에 중대한 영향을 미칠 것이다(Inskipp, 1986, 1996). 나는 그녀의 여러 책에서 등장하는 아주 분명하고 효과적이며 지독히 인색한(인지행동 상담가가 좋아하는 단어 중 하나이다) 연습문제를 좋아한다. 그녀의 연습에 영감을 얻어서 이 책의 각 장에도 독자를 위한 연습문제와 제언을 포함하였다.

나는 또한 SAGE 출판사의 Alison Poyner와 그녀의 팀의 노련함과 관대함에 큰 감사의 말을 전한다.

나는 이 책이 구석에 처박혀 있기보다는 적당하게 짧아서 실제로 사용되기를 원한다. 때때로 나는 상담 책들이 *Guardian*지의 '요점정리' 서비스와 같아야 한다고 느낀다. *Guardian*지의 최근의 '요점정리처럼 쉽게 설명'되어야 한다. 이 책이 그런 범주에 포함된다면 CBT를 다시 한 번, 그러나 이번에는 좀 더 느끼면서! 읽기를 바란다.

이 책의 웹사이트가 있다. SAGE 출판사 웹사이트인 www.sagepub.co.uk/wills에서 볼 수 있다.

companion
website

시작에 앞서

인지행동치료의 이론, 실제와 기법은 밀접하게 연결되어 있다. 훌륭한 임상은 이론적 지식에 근거된 기법을 사용할 것을 요구한다. SAGE 시리즈는 기법 사용에 엄격하게 초점을 둔다. 적당한 두께로 이 책이 나오기 위해 독자들이 CBT의 기초 이론을 어느 정도 알고 있고 익숙하다는 가정하에 구성하였으므로 여기서는 아주 자세히 설명하지는 않았다. 여기에 해당하는 부분은 다음과 같다.

- 사고, 감정과 행동 사이의 기본 관계
- 부정적인 자동적 사고, 역기능 가설, 핵심 신념과 아동기 부적응 스키마와의 관계의 본질
- 회피의 본질
- 우울과 불안에 대한 기본 CBT 모델들
- 협력적 상담 관계

이러한 개념에 대한 참고 문헌은 이 책 전체를 통해 적어 두었고 SAGE 웹사이트에도 있다. 그러나 기초 지식에 대한 이해는 어떤 기법 유형을 사용하더라도 매우 중요하므로 여기에서도 좀 더 완전한 설명을 제시해 두었다(예를 들면 4장과 6장에 있는 '인지 과정'에 대한 논의). 그러나 Seymour Epstein의 인지와 감정 사이의 관계 작업과 같이 CBT 문헌에서 좀 협소하게 사용되는 기법과 관련된 개념들도 있다(6장 참조).

차 례

01 인지행동 기법과 기초 지식

02 평가, 구조화, 그리고 CBT 시작하기

06 CBT에서 정서를 다루기 위한 기법

07 지속적인 부정적 사고패턴을 다루는 기법

08　CBT의 발전 : 일과 평생학습 관점

01

인지행동 기법과 기초 지식

우리가 신념을 실행할 때는 검객이 아니라
권투선수처럼 행동하는 것이 좋다.
검객은 사용하던 칼을 떨어뜨리면 찔려서 죽게 되지만
권투선수는 아무것도 필요 없이
자신의 맨주먹으로 싸우기 때문이다.

Marcus Antoninus Aurelius(1989: 181-2)

이 책은 인지와 행동에 관한 책이다. 그러므로 여기에서는 심리치료에 대한 당신의 사고에 영향을 줄 수 있는 CBT 지식을 향상시키기 위한 방법을 제안할 것이다. 이러한 지식은 상담가로서 당신의 행동에 영향을 줄 것이며, 또한 당신이 예술적인 방식으로 CBT 지식을 적용하는 기법과 기술도 제시할 것이다. 그러나 무엇보다도 당신이 CBT를 실행하는 데 있어서 확신을 가지고 '나는 할 수 있다'를 머리로 느끼고 가슴으로 생각하는 자기효능감을 갖게 하는 데 목적이 있다.

이론과 기법 사이의 균형은 매우 중요하다. 기법 없는 지식은 우리가 이해는 할 수 있을지 몰라도 내담자를 도울 수 없으며, 지식 없는 기법은 상담을 피상적으로 만들어 치료를 막다른 골목으로 내몰 것이다.

그러므로 이 장은 책 전체를 통해 설명되는 기법과 기술, 그리고 전략에 맞추어서 단순한 원리를 설명하는 것으로 시작하고자 한다. Blackpool Rock 사탕을 한 입 깨물 때마다 사탕에 새겨진 'Blackpool' 글씨가 나타나듯이, 당신은 이 책 전체를 통해 기법 속에 들어 있는 각 장에 묘사된 원리를 발견할 것이다. 나는 Aaron Beck(1976: Beck et al., 1985)에 의해서 처음으로 설명되었고 이후 그의 딸 Judith Beck(1995)에 의해 발전된 CBT 원리의 템플릿을 사용하려고 한다(그림 1.1 참조).

CBT는 수년에 걸쳐서 변화하고 발전되어 왔다. 치료 영역은 더욱 풍부해졌고 국제적으로 발전하였다. 어떤 상담가는 기본과 초기 모델만을 고집하였기 때문에 오히려 상담 영역에서 CBT에 대한 견해가 정형화되고 궁핍하게 되었다. 전문치료 분야로 '자리 잡은' CBT에 대한 정형화와 여기에 뒤따르는 두려움은 빛보다 열띤 논쟁을 낳았다(Wills, 2006b). 비판적인 논쟁은 우리 모두가 환영해야 하지만 고정관념에 근거를 둔 비판은 도움이 되지 않는다.

첫째, 몇 가지 용어에 대해 설명할 필요가 있다. 이 책은 특히 Beck의 인지치료 모델에 초점을 둔다. Beck의 모델은 인지행동가족 모델을 형성하는 데 영향을 준

내담자와 그들의 문제를 이해하는 방법
CBT는 인지행동 구조화에 기초한다.

내담자를 돕기 위한 기초
CBT는 건강한 상담 관계를 요구한다.
CBT는 협력적이다.

효과적인 도움을 위한 전략적 자세
CBT는 상대적으로 단기적이다.
CBT는 문제 중심적이고 목표 지향적이다.
CBT는 상담 초기에 현재 문제에 초점을 둔다.
CBT는 구조적이고 방향적이다.
CBT는 교육적이다.

전략을 적용하기 위한 기법 기반
CBT의 방법은 귀납적이고 소크라테스적이다.
CBT는 과제를 규칙적으로 사용한다.
CBT는 사고, 감정과 행동 변화를 위하여 여러 가지 기술을 사용한다.

그림 1.1 CBT 원리

출처 : Beck에서 적용, 1976; Beck et al., 1985; J. Beck, 1995.

모델로 고려된다. 인지치료 모델은 행동적인 방법의 역할을 강력하게 강조하기 때문에 '인지치료'와 'CBT'라는 용어는 서로 크게 해를 주지 않고 상호 교체되어 사용된다. 행동치료와 합리적 정서적 행동치료(Rational Emotive Behaviour Therapy, REBT)와 같은 다른 강력한 인지행동치료 전통은 Beck의 모델을 바탕으로 한다. 인지치료는 내가 알고 있는 최상의 모델이다. 일반적으로 모든 상담 모델은 서로 배울 점이 많고, 임상에서는 동화된 통합 형태를 선호한다. 이 책에서 당신은 정신역동과 인간 중심적 사고가 참조되는 것을 자주 발견할 것이다. 그러나 CBT에 확고히 뿌리를 둔 광범위한 임상 영역이 의미하는 바는 임상에서 깔끔하게 통합될 수 있는 다른 지식과 기법이 한정되어 있다는 점이며, 이에 대해서는 뒷부분에서 논의할 것이다.

여기서 설명하고자 하는 원리는 다음과 같다.

- 내담자와 그들의 문제를 이해하는 방법
- 내담자와 치료적 관계
- 상담 중재를 위한 전략적인 자세
- 전략을 실행하기 위한 기법 근거

1. 내담자 이해하기 : 인지행동의 구조화

사람들이 그들의 상황에 대해 사고하는 방식은 자신이 어떻게 느끼고 행동하는가에 의해 영향을 받는다는 매우 단순하지만 효과적인 작동 모델이 CBT 패러다임의 핵심이다. 아래와 같은 대화를 통해 내담자가 얼마나 빨리 이러한 개념을 작동시킬 수 있는지 본다면 CBT의 원리를 제공하는 데 많은 도움이 될 것이다.

> 상담가 : 나는 내가 알고 있는 두 사람에 대해 이야기함으로써 CBT가 어떻게 작동하는지를 설명하곤 해요. 두 사람은 같은 공장에서 일하고 있고, 비슷한 연령이며, 가족이 있습니다. 어느 날 그들은 정리해고 명단에 들었다는 소식을 듣게 되었어요. 그중 한 사람은 이렇게 생각했습니다. '끔찍하군. 나는 다시는 일을 못할지도 몰라. 아내가 뭐라고 생각하겠어? 아내는 나를 떠날지도 몰라.' 당신은 그가 어떤 느낌이라 생각합니까?
>
> 내담자 : 절망적이라고 생각되네요. 정말 기분이 가라앉고 우울해요.
>
> 상담가 : 그렇지요, 맞습니다. 그러나 또 다른 사람은 '나쁘군. 두려운 상황이야. 하지만 한편으로는 여기 일이 행복하지 않았는데 이것이 어쩌면 다른 일을 찾을 수 있는 기회일지도 몰라.' 라고 생각했어요. 어떤 느낌이라고 생각하나요?
>
> 내담자 : 좀 낫군요. 그도 물론 걱정은 하지만 약간 희망을 가지고 있는 것처럼 보이네요.
>
> 상담가 : 만약 일이 주어진다면, 누가 다시 일하게 될까요?
>
> 내담자 : 두 번째 사람이요. 첫 번째 사람은 그냥 포기할 거예요. 아마 신청하지도 않을 것 같은데요?
>
> 상담가 : 맞습니다. 정확하게 바로 그런 일이 벌어졌지요.

이런 종류의 합리적 이야기는 같은 상황에서 두 사람이 다르게 반응하는 차이를 보여 줌으로써 작동한다. 이것은 사건 평가의 중요성을 강조한다. 우리는 평가와 그로 인한 효과를 도표로 제시하였다(그림 1.2 참조).

이 예문에서 중요한 점을 볼 수 있다. 첫째, 좀 더 적응적인 반응을 보여 주는 사람이 자신의 상황에 대하여 좀 더 관심을 갖는다. 그는 침착하지도 행복하지도 않다. 그러나 여기서 고려해야 할 점은 상실로 인한 애도기간은 물론 필요하겠지만 좀 더 쉽게 동기화될 수 있는 사람이 위기 극복을 위하여 적극적으로 행동한다는 것이다. 둘째, 그림 1.2의 도표는 '악순환'과 '선순환'의 예이다. 부정적 예인 '악순환'에서는 감정적이고 행동적인 반응이 초기 인지적인 평가를 '자기충족적인 예언'의 용어로 보여 준다. 대조적으로 선순환은 도움이 되며 내담자를 문제 밖으로 이끈다. 마침내 '악순환' 도표의 분리된 요소는 변화 전략의 잠재적 목표로 고려될 수 있다. 사고는 변화될 수 있으며 감정은 전체적으로 작동되고 행동적 실험(p. 142)이 시도된다. 악순환은 CBT 임상에 편재하고 때때로 종이나 화이트보드 위에 그려진다. 내담자가 자신의 상담 노트에 그리고 공부하기 위해 집으로 가져가거나, 실제로 그것을 가지고 놀고 원하는 대로 바꿀 수 있으므로(2장 참조) 꽉 막혀서 바꿀 수 없는 것이 아니라 잠정적인 것으로 간주해야만 한다. 내담자가 처음으로 자신의 부정적 사고를 듣기 시작할 때가 치료에서 가장 강력한 순간이 될 수 있고, 적힌 것을 살펴봄으로써 시작하고 강화할 수 있다.

많은 사람들이 말하는 공장 노동자의 이야기는 개인의 경험에 따라 맥락이 다양할 수 있으며 사무실, 학교, 다른 상황에서도 가능하다. 이 예문은 현대의 이야기지만 소크라테스와 금욕주의 전통의 지혜를 반영하며, '사람들은 사건에 의해서 방해받는 것이 아니라 자신의 견해에 의해 방해받는다'(Enchiridion, V)고 이야기한 철학자 Epictetus의 가장 유명한 말을 상기시킨다.

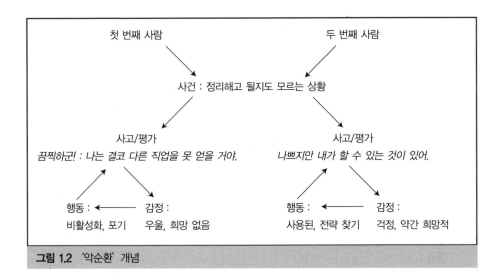

그림 1.2 '악순환' 개념

제안

두 사람이 짝을 지어 작업한다면 역할놀이는 내담자에게 상담을 위한 설명을 제공해 줄 것이다(위의 '공장' 이야기처럼). 당신과 이야기하고 있는 사람의 상황에 맞게 이야기를 적용하라. 직장을 바꾸거나 당신이 그들에게 말할 수 있는 다른 맥락으로 장면을 변화시킬 수 있다. 예를 들어 어떤 사람이 정당에 관심이 있다면, 두 사람이 선거에서 패배한 것에 대해 어떻게 반응하는지를 살펴볼 수 있다.

만약 당신이 혼자 작업한다면, 최근 내담자가 한 이야기를 생각해 보라.

'악순환' 도표는 CBT에서 내담자의 상황에 대한 구조화('개념화'로도 불린다)의 첫 부분이다. 두 번째와 세 번째 단계는 각각 '인지 왜곡 인식하기'와 '인지적 특수성 적용하기'이다. 개념화는 완전한 종단적 구조화를 그리면서 완성된다. 이 부분은 2장(평가, 구조화, 그리고 CBT 시작하기)과 4장(부정적 사고작업 기법)에서 좀 더 자세히 설명하겠다.

'인지적'이라는 용어는 정보 과정과 해석을 뜻한다. 인지평가 과정은 CBT의 성공에 가장 중요한 부분이므로 나는 이것을 '평가적 치료'와 마찬가지로 '인지적 치료'라 명명하는 것이 좋다고 생각한다. 대부분의 자동적 사고는 대개 사소한 문제들에서 비롯된다. CBT에서 변화해야 하는 핵심으로 가장 자주 드러나는 내담자의 부정적 사고는 언제나 그들이 누구인지, 해야만 한다고 생각하는 것이 무엇인지, 그것을 해야만 한다고 생각하는 사람이 누구인지의 의미 평가와 관련이 있다. 우리가 사고, 평가, 의미의 각 단계를 통과할 때마다 당신은 이것을 염두에 두어야 한다.

제안

지난주를 되돌아보라. 당신이 강렬한 감정 반응을 느꼈던 사건을 살펴보라. 이 연습의 목적을 위하여 당신이 문제라고 느꼈던 부정적인 감정을 생각하는 것이 가장 좋다(예를 들면 당신이 그랬어야만 하는 것보다 더 하게 했던 어떤 것을 반영해 보라). 만약 당신이 다른 사람과 함께 일을 한다면, 당신이 작업하는 특정 상황에서 적절하게 이야기할 것을 계획할 수 있다. 당신이 특정 사고, 감정, 행동 유형(평가)의 용어로 자신의 반응을 추적해 보라. 가능하다면, 앞서 제시된 것처럼 그림을 그려라.

당신이 구분할 수 있는 반응 사슬에서 '악순환' 요소가 있는가? 그런 상황이 다시 발생한다면 어떻게 다르게 반응할 수 있는가? 이 상황이 당신에게 무슨 의미가 있었는가?/있는가?

2. CBT 기지 : 협력적 치료 관계

지난 15~20년간 상담 전문가로서 나는 다른 전통으로부터 온 치료사들에게 CBT 상담가가 하는 일의 핵심은 치료 관계 확립이라는 나의 신념을 설득하는 데 많은 시간을 보냈다. 나의 신념은 세 가지 기본 가설에 근거한다.

- CBT에서의 상담 관계는 다른 상담 모델에서 온 중요한 유산이며 연속성이 있다(이것은 '공감, 따뜻함, 진솔성' 부분에서 더 설명할 것이다).
- 그러나 CBT는 그 자체만의 독특한 치료 관계를 가지고 있다('협력적 작업동맹, 자연적인 경험과 영적인 실용성' 부분 참조).
- 간결함이 CBT 상담 관계의 미덕 중 하나지만, 전이와 역전이가 포함된 심리치료에서 발생하는 미묘한 대인관계 과정에 반응할 수 있는 능력은 정보와 민감성 사용이다(아래 '대인관계적 CBT 치료' 부분과 3장 참조).

3. 공감, 따뜻함, 진솔성

Beck과 동료들(1979)은 인지치료에 대한 중요한 책을 쓰면서 '인지치료에서 치료적 관계는 진솔성과 존경과 따뜻함이다'라는 말을 Carl Rogers(1961)의 치료적 관계의 아이디어로부터 가져왔다(Beck et al., 1979: 21). 마찬가지로, Albert Ellis(1973) 또한 REBT를 인간적인 접근으로 설명하였다. 그러나 인지 이론은 내담자가 치료사의 공감을 받아들이는 방법이 내담자의 신념체계를 통해 여과된다고 제언한다. 치료사의 행동은 내담자에게 한 사람에 의한 공감의 경험으로 지원이 된다. CBT의 따뜻함은 내담자, 특히 우울한 내담자가 조금씩 '낙관적'이 되고자 시도할 때 긍정적인 효과를 가져온다. 이것은 때로 유머를 신중하게 사용하는 것으로 확대되기도 한다. 유머는 사고방식을 재구조화하는 능력을 가지고 있으며 이에 대해서는 4장에서 설명하겠다. 더욱이 공감은 감정 반응과 마찬가지로 의미의 반응에 의해 확대될 수 있다(Ivey et al., 1997). Van Deurzen-Smith(1988)는 의미 탐색이 실존치료의 핵심적인 관심사라고 말한다. 인지적인 공감의 특정한 형태(Burns & Auerbach, 1996)는 감정이 무엇을 의미하는지를 표현하므로 감정 표현이 강조됨에 따라 발달된다. CBT 임상가는 이것을 "나는 모든 것을 잃었어요."라고 생각하는 사람은 '지금 당신처럼 우울한 기분을 느끼지요.'라고 말함으로써 분명하게 연결할 수 있다. 공감은 동기면담(Miller & Rollnick, 2002)을 할 때보다는 반응과 소크라테스식 질문을 혼합하여 씀으로써 확대될 수 있고 이것은 '해결책을 열심히 찾는 것'에 의해서 가능하다(Wright et al., 2006: 19). 공감적인 내담자-상담가의 대화는 사교적인 능력도 필요하지만 CB 상담가에게 중요한 관계의 본질인 진솔성이 방해받아서는 안 된다.

CB 상담가는 치료 관계의 기반을 형성하기 위하여 관계의 질을 함께 만들며 또한 '협력적 경험주의'로 시작한다(다음 절 참조). Klein과 동료들(2003)은 CBT가 관계의 질과 매우 긴밀히 연결되어 있음을 보여 주었다. 협력적 관계의 현존 혹은 부재는 CB 상담의 초기 단계에서 더욱 중요하다. Keijsers와 동료들(2000)의 CBT 치료적 질에 대한 주요 연구에서는 CBT 임상가 또한 다른 전통 치료사처럼 이러한 질을 수행하는 데 충분히 훌륭한 것으로 보인다고 제시하였다.

4. 협력적 작업동맹, 경험주의적 본질과 실용주의적 정신

CBT 모델의 작동이 '책임지는' 현명한 임상전문가에 의존하지 않기 때문에 CBT 임상가는 상담에서의 스트레스가 없다. 사실 CBT는 상식적(Beck, 1976)이고 복잡하지 않으며(Wright et al., 2006) 실제적이다(Wills, 2006a). 바로 이 점이 상담가와 내담자 사이의 협력적 작업동맹을 강조하는 이유이다. 특히 여기서의 협력은 단순히 함께 작업한다는 것을 의미한다. 내담자의 작업과 상담가의 작업은 다르지만 서로 딱 들어맞아야만 한다. 상담가는 내담자를 확인하기 위해 작업하고 자주 내담자의 사고에 도전한다. 내담자는 정직하게 문제 기능을 보고하고 그러한 유형을 변화시키기 위해 상담작업에 책임감을 가져야 한다. 내담자는 사고에 대한 도전을 자신이 공격당하는 것처럼 경험할 수도 있다. 그러므로 내담자는 문제에 대항하기 위해서 상담가와 함께 '팀'을 형성한다는 유추를 사용하는 것이 도움이 될 수 있다. 내담자와 상담가는 방의 한 켠에 앉아 있고, 방의 다른 켠에 놓여 있는 문제에 대항해서 작업한다고 상상하는 것이 도움이 된다. 내담자와 상담가는 작업과 작업 진전에 대한 책임을 서로 나눈다. 안건을 정하는 협력적인 구조화된 장치와 피드백을 교환하는 것(2장 참조)은 이 과정을 향상시킬 수 있다. 처음에는 상담가가 좀 더 책임을 갖고 적극적으로 하지만, 점진적으로 책임감과 통제는 내담자에게로 넘어간다. 아마 처음 입장은 교사−코치의 관계지만 시간이 지남에 따라 이것은 좀 더 상담의 방식으로 발전될 것이다. 기본 작업동맹은 일반적으로 현재 기능에 대해 그리고 새로운 기능의 유형을 경험해 보고자 하는 것이므로 경험적(자료 수집에 근거한)이다.

5. 대인관계적 치료 CBT

상담은 근본적으로 대인관계 과정이므로 CBT는 다른 상담 모델들과 분명히 동일하게 대인관계적이며 전이 과정이 같다고 할 수 있다. CB 상담가가 대인관계 과정을 좀 더 자각할수록 더 융통성 있는 구조를 허용할 수 있게 된다(2장). 융통성 없는 CB 상담가는 부자연스럽고 생동감이 없을 위험이 있다. 우리가 만나는 끝없이 다양한 사람들이 어떻게 드러나는가에 대한 치료의 '자연스러운 역사'를 아는 것은 CBT가 즉각적으로 교정될 수 있는 것이 아님을 우리에게 알려 준다. 그러므로 예술적으로 CBT를 실행할 수 있도록 배우는 것은 전 생애를 통한 과정이다. 다른 모델의 경험으로부터 배우려 하지 않는 것이 내게는 항상 고의적인 무시처럼 보인다. CB 상담가는 항상 자발적으로 다른 모델로부터 배우겠다는 모습을 보여 주어야 한다. 좋은 예는 대인관계 과정을 이해하기 위하여 우리의 구조에 우리가 열린 자세를 취하는 방법이다(Safran & Segal, 1990; Sanders & Wills,

2005; Bennett-Levy & Thwaites, 2007). 대인관계 과정의 논의는 앞으로 3장에서 더 발전시키겠지만 지금 여기서는 '인지상담가는 기법 중심적 접근 밖에서 시간을 좀 더 보내야만 하고 인간 존재가 무엇인지 좀 더 고려해야 한다'(Dryden & Trower, 1988: 66)는 Paul Gilbert의 말을 상기하자.

6. 도움을 위한 CBT의 전략적 자세

CBT는 장기보다 주로 단기작업을 하는 상담가들에 의해 확립되었다. CBT의 중요한 발전은 이런 입장에 질적인 측면을 더하기 위해 만들어졌다. 다양한 방법으로 변화된 맥락 그 자체는 장기보다 단기상담으로의 관심을 불러일으켰다. 한때는 10~20회기 사이의 일반적 CBT 범위를 좀 더 축소시키는 것이 불가능한 것처럼 보였지만 지금은 그것도 너무 배부른 소리라는 말을 자주 듣고 있으며, 어떤 상담가는 6~8회기보다 더 적은 회기로도 가능한지에 대해 질문하기도 한다.[1] 10~20회기의 범위는 우울한 내담자의 가장 최소한의 인색한 결과를 평균 17회기로 제시한 CBT 연구에서 비롯되었다(Beck et al., 1979). 이 연구결과 보고는 상담에서의 시간과 비용 효용성에 대한 정치, 사회경제적인 압력이 증가하는 시기에 제시되었으며, 매년 강화되고 있다. 그렇지만 이론적인 정당성은 상담가가 내담자의 모든 문제를 해결하지 못한다는 점 때문에 내담자가 스스로의 상담가가 되어서 자신의 문제 해결을 좀 더 용이하게 하는 데 초점을 두어야 한다는 것으로 바뀌었다. 이것은 미래 재발을 방지하기 위해 내담자를 준비시키는 데 도움이 되고, 이것이 CBT의 주요 강점이다(Hollon, 2003). 특히 단기작업은 내담자가 연장하기 원하는 경우 협상할 수 있다는 점에서 내담자에게 인기가 많다.

---

1) 최근 상담 회기 수는 보통 상담가와 건강 서비스 기관에서 결정한다.

CBT의 단기적인 본래 특성은 이것으로부터 다른 작업 유형이 발전하였기 때문에 대단히 중요하다. 단기상담일 때는 교육적이면서도 시간의 효율적인 활용이 필수적이다. 그러므로 상담가는 내담자가 상담에 가지고 온 문제와 증상에 고도로 집중해야 하며 정확하게 초점을 맞추어야 한다. 문제에 분명하게 초점을 두는 것이 동의된 목표로 자연스럽게 이끈다. Carkhuff(1987)가 지적하듯이 목표는 문제의 반대편에 있다.

문제가 평가되고 구조화되면 종종 현재의 기능에 문제가 있다고 나타나며, 이 문제는 '역사'를 가지고 있고 어쩌면 아동기 발달을 반영할 수도 있다. 전통적 CBT는 현재 문제와 작업하는 경향이며 역사적이거나 발달적인 요인은 크게 강조하지 않는다. CBT의 이러한 양상은 이론과 임상이 상대적으로 별개의 증상을 갖는 단극성 우울증(Beck et al., 1979)과 공포증(Clark, 1996)과 같은 분명한 징후에 초점을 두었다. CBT가 여러 영역으로 확장되면서 상담 기간 또한 유연해졌으며 작업하는 태도도 역사적이고 발달적인 문제를 보는 시각으로 확장하게 되었다(Sanders & Wills, 2005). CBT의 장기적인 형태는 변증법적 행동치료(Linehan, 1993)와 스키마 중심 치료(Young et al., 2005)에서 나타난다.

그러한 접근의 융통성은 CBT 상담이 여러 다른 방법으로부터 발전되었음을 의미한다. 일반적인 것은 전통적인 단기상담의 작업틀 안에서 현재 증상을 가지고 작업하는 것이다. 만약 이 작업이 상대적으로 성공적이라면 드러나지 않은 문제는 분명해지고 내담자는 그것을 가지고 작업하기 원하며 작업은 아마도 단기간에 드러나지 않은 문제에 다시 초점을 두고 시작할 수 있다. 항상 모든 문제를 완전하게 '작업하는' 것은 필요하지 않다. 상담은 단기 틀 안에서 끝날 것이다. 그 대신 기본 CBT에서는 이러한 특정 내담자에게 적합한 접근이 아니라는 판단을 할 수 있는 기준이 있으므로(Young et al., 2003) 상담가는 아마도 40회기 이상이나 1년 동안 진행될 수도 있는 장기간, 스키마 중심 모델을 사용하여 시작할 수 있다.

Cummings와 Satyama(1995)는 사례 담당 건수 중 내담자의 10%가 장기적 도움이 필요하고, 5%는 수년에 걸친 단편적인 사건의 도움이 필요하다고 조심스럽게 지적하였다. McGinn과 동료들(1995)은 친절하게도 '언제, 그리고 어떻게 장기상담을 하고 죄책감을 느끼지 않아도 되는지'에 대해 설명하므로 현재의 CBT 정신을 잘 보여 준다. 또한 정신역동 단기치료가 공황치료에서 좋은 결과를 나타냈다는 것은 흥미로운 일이다(Milrod et al., 2007). 그러나 이 치료는 일반적인 치료보다 더 장기적이며 CBT 연구에서도 지적되었듯이 공황이 특히 인간관계의 어려움과 연관이 있을 때 유용하다(Sanders & Wills, 2003).

CBT가 단기적이며 문제 해결 전략 자세를 취하는 것으로부터 나타난 또 다른 요소는 CBT 상담가가 전통적으로 의식적으로 교육자의 역할을 했다는 점에서 때로 '심리교육'이라고 불린다. 그러나 이 용어는 대개 교육적 역할의 교훈적인 양상과 비교적 관련이 있으며 상담가가 우울한 내담자에게 조건에 대한 '정상화' 정보를 줄 때 전형적인 예가 된다. 예를 들어 내담자가 형편없는 집중력과 동기 때문에 매우 자기비판적이라면 그들의 이런 특성은 내담자의 타고난 인성이 아니라 '우울한 이야기'라고 인식시킴으로써 도움을 줄 수 있다. 또한 이러한 정상화의 종류는 이것이 우리가 관리하기 위해서 배울 수 있는 것이라는 CB 치료의 메타메시지가 된다. 그러나 교육적 역할은 '교사-코치'의 역할에 더 가깝다. 이러한 개별 지도적인 영역에서 상담가의 역할은 내담자가 '배우기 위하여 배우는' 것을 돕는 것이며 이것은 '내게 무슨 일이 일어나고 있는가?'와 같이 내담자 속에 반영된 호기심을 조성함으로써 시작된다. 반영은 점차적으로 내담자가 '사고하는 것에 대한 사고'를 배울 때 좀 더 적극적으로 될 것이며 그렇게 되면 행동의 경험을 통한 다른 행동의 유형과 사고의 다른 스타일을 경험하게 될 것이다.

7. CBT : 기법과 기술의 기초

CBT 기법과 기술은 나중에 충실하게 설명하도록 한다. 여기서는 내담자의 문제를 어떻게 이해하고 개입을 발전시킬 수 있는지에 영향을 주는 CBT 원리와 기법 사용 간의 관계를 보는 것에 초점을 두고자 한다.

CBT 방법은 사실을 가지고 이론을 검증하는 귀납적인 것보다는 때때로 이론이 유도된 것으로부터 증거를 만들어 가는 연역적인 방법처럼 보인다. 그러나 우리는 사실 내담자가 부정적인 방향으로 기울어졌다고 의심하며 내담자의 현재 삶을 검증하기 때문에 귀납적이라고 할 수 있다. 이것은 대철학자가 동료 논쟁자에게 먼저 진술을 제시하고 나서 소크라테스식 질문들을 함으로써 사고에 대한 근거를 이끌어 내는 소크라테스식 대화에서 사용된 일련의 순서이다.

우리는 합리적인 이야기를 다루는 가운데 이 과정을 볼 수 있다. 앞서 우리는 치료에서 내담자의 이해를 구축해 나가는 역할에 대해 논의하였다. 또 다른 합리적 이야기로는 인사를 무시하는 누군가에게 안녕이라고 인사하는 시도와 같은 경험을 사용한다. 이런 시나리오에 대해 어떻게 생각하는지 물을 때, 대부분의 사람들은 흔히 '그가 나를 좋아하지 않는다'(외적 평가) 혹은 '내가 무엇인가 잘못한 것이 틀림없다'(내적 평가)라는 두 가지 생각을 보고한다.[2] 만약 우리가 기분이 좋을 때 이와 같은 상황이 벌어진다면 우리는 그 사람을 세우고 '나를 못 봤나요?'라고 묻고 일어난 일에 대한 어떤 정보를 얻을 것이다. 우리는 상황을 검토할 것이고 아마도 '나는 생각나는 게 없는데, 그가 방어할 만한 어떤 행동을 한 적이 있었나? 아마 그는 정신이 없어서 그랬을 거야.'라고 비추어 볼 수도 있다. 우리는 정상적이고 기본적인 일상의 인지 활동으로 '상황을 재고'한다. 만약 기분이 그다지 좋지 않을 때 '무시된다'면 우리는 아마도 좀 더 화가 나고 덜 주장적으로 행동

---

2) 상담 훈련생은 나중에 보고하는 경향이다.

할 것이다. 또한 시간이 지나고 나면 상황을 재고하는 데 긍정적으로 보는 것이 훨씬 힘들어진다.

이와 같이 분리된 사건은 정신건강 문제에 추가되기가 매우 힘들다. 일단 심리적인 문제가 시작되면 이러한 사건은 증가하는 경향이 있고 대가를 치르게 된다. 일단 기울어지는 지점에 도달하면 증상은 신드롬으로 발전하고 '악순환'은 증가한다.

치료적 개입은 악순환을 자르기 위해 행동적인 작업으로 시작한다. 예를 들면 우울증의 경우 높은 수준의 인지작업을 요구하는 집중적인 노력은 적어도 한동안 어려울 것이다. 그러나 5장에서 보겠지만 행동 활동의 수준을 증가시키고 좀 더 주도적인 행동을 장려하는 '활성화'는 초기에 기분의 변화를 가져오고 뒤이어 인지작업과 인지적인 변화를 만든다. 때로는 행동 변화만으로도 사고를 바꿀 수 있다. 예를 들어 '직장에서 사람들이 내 말을 안 듣는다.'고 하는 부정적이고 우울한 신념을 가지고 있다고 가정해 보자. 만약 내 말을 듣게 할 수 있는 방법을 찾고 내가 한 것을 스스로 본다면 새로운 정보를 받아들여서 변화가 시작될 것이다.

인지 변화는 다른 수준에서 일어난다. 부정적인 자동적 사고(negative automatic thoughts, NATs)는 '증거 재고하기'나 사고 기록과 같은 기법에 의해 수정될 수 있다(4장 참조). 기본적으로 이러한 기법은 잘 기능했던 때의 정보 과정을 일깨움으로써 도움을 준다. 때로 증거를 상담 노트에 적어 두거나 화이트보드에 기록하여 내담자가 자신의 사고 과정을 좀 더 알아차릴 수 있도록 하라. 상담 회기 안에서 과업이 완수되면 내담자에게 그것을 과제로 연습하게 한다. 과제 수행은 치료의 효과와 관계가 있으며(Kazantzis et al., 2005), 치료에서 과제는 점차 흔한 일이 되고 있다(Kazantzis & Ronan, 2006). 제한된 시간을 가지고 작업하는 내담자에게는 회기 사이의 시간을 연습에 사용하는 것이 한정된 시간을 보상하게 하므로 유용하다.

내담자 스스로 기록하는 것은 내담자의 변화에 대한 책임뿐만 아니라 조절을 강조한다. 상담가는 부정적 사고를 좋은 도전으로 설득하고 연습시킬 수 있지만 상담가에 의한 도전은 변화의 수명이 짧고 내담자 스스로 자신의 상담가가 되는 습관을 만들기 어렵게 한다. 내담자가 작업하도록 강조하는 것 때문에 CBT 상담이 다른 상담 유형에 비해 내담자의 의존과 관련된 문제가 적게 보고된다.

NATs 작업과 마찬가지로 CB 상담가는 가설, 생활 규칙, 핵심 신념과 스키마 형태의 좀 더 심층적 인지 수준으로 작업한다. 일반적으로 이러한 개입은 다소 복잡하고, 장기적이며, 좀 더 대인관계와 관계 기반 요소들을 사용한다(3장과 7장 참조).

그러므로 CB는 사고, 감정과 행동의 변화를 위하여 다양한 기법을 사용하는 것으로 볼 수 있다.

8. 결론

CBT는 기법을 중심으로 형성된 치료지만 문제를 개선하기 위하여 개입을 실행하고 어떻게 내담자 문제를 이해하는지를 관리하는 원리에 확고한 근거를 두고 있다. 이러한 원리는 CBT의 항해가 혼돈된 치료의 험난한 파도와 평범한 상담의 잔잔한 바다에서 자신의 궤도를 유지하도록 돕는 안내장치로 작동한다.

제안

그림 1.1의 CBT 원리를 되돌아보라. 어떤 원리를 가지고 논쟁을 할 것인가? 당신이 받아들이기 어려운 원리가 있는가? 만약 당신이 이 원리를 '사인하거나' '서약' 하고 원리 중 한두 가지를 고칠 수 있다면 어느 것을 어떻게 바꾸겠는가?

연습을 위한 조언 : 내담자에게 CBT 맞추기

조심스럽게 단어를 선택하라

CBT 언어는 정신의학과 정신건강 분야와의 역사적인 연결 때문에 때때로 상담가가 필요에 의해 의도하지 않은 의미를 사람들에게 전달하기도 한다. 대부분의 상담 모델은 그들의 언어로 낙인찍는 것을 방지하려는 시도에서부터 만들어진다. 나는 사고의 다른 수준과 작업하는 장에서 내담자가 사고하는 방법을 설명하기 위해 '역기능적인', '부적응적인' 혹은 '비합리적인'이라는 단어보다는 '도움이 되지 않는' 단어를 선호한다. 이것은 솔직히 말하지 않는 것이 아니며 단지 정치적으로 그런 모든 용어에 맞설 만한 훌륭한 인지적인 단어가 있다는 것이다. 또한 그들의 현재 사고 패턴의 한 부분이 자신이 원하는 삶에 도달하지 못하게 하는 것이며 상담가를 만나러 온 이유이기도 하다. 정신의학적 언어는 우리를 바르게 안내하도록 돕지만 설명하려는 개념보다는 훨씬 더 단정적이다. 흔히 '강박증'은 내담자가 아주 두려워하는 단어다. 나는 임상에서 강박과 거슬리는 생각, 걱정 사이의 개념이 상당히 겹친다는 것을 안다. 어떤 내담자는 강박보다는 오히려 걱정을 가지고 작업할 때 더 쉽게 사고하며 강박이라는 단어를 가지고 작업하는 것만큼이나 효과적이라는 것을 발견한다.

CBT 구조 적정하기

각각의 내담자에게 편안한 상담 구조를 사용할 수 있도록 학습하는 것은 CBT 상담 예술의 기본 기법 중 하나이다. 우리는 내담자가 여기에서 필요한 것과 다른 영역에서 필요한 것에 대해 정교한 민감성 (Beck et al., 1979: 65)을 유지하면서 동시에 상담이 잘 구조화되었다는 가정으로부터 시작한다. Beck과 동료들(1979)은 구조의 '적정(titrating)' 정도를 추천했다. 예를 들어 구조는 집중하고 기억할 수 있도록 돕기 때문에 우울한 내담자에게 유용하다. 다른 상담 모델로부터 온 많은 내담자들은 그들을 불편하게 하는 지나치게 긴 침묵에 대해서 불평한다. 흥미롭게도 내담자들은 침묵을 상담가가 그들의 문제에 대해 신경 쓰지 않는 것으로 자주 해석하곤 한다. 나는 그들의 이러한 주장이 대부분 틀렸다는 것을 확신하면서 사람들은 현재의 사고와 느낌의 용어로 그들에게 벌어진 일이 무엇인지를 이해한다는 기본적인 인지원리를 상기시킨다. 앞서 조언했던 것처럼 여기에서 단어는 매우 중요하다. 다른 모델을 가지고 작업하는 많은 상담가들은 '직접적인' 것은 매우 나쁘다고 생각하는 것처럼 보인다. 그러나 '방향이 없고' '직접적으로' 의사소통할 수 없다는 것이 무슨 상담인가? 모든 단어와 문장들은 서로 긴밀하게 연관된다. 상담가는 내담자의 언어와 의미를 자각할 수 있어야 하며 그것은 아마도 상담 책으로만 공부할 수 있는 것이 아님을 알 것이다.

추천도서

Harvey, A. et al. (2004) *Cognitive behavioural processes across psychological disorders.* Oxford: Oxford University Press.

Rachman, S. (1997) The evolution of cognitive behaviour therapy. In D.M. Clark & C.G. Fairburn (eds), *Science and practice of cognitive behaviour therapy.* Oxford: Oxford Medical Publications, pp. 3-26.

Sanders, D. & Wills, F. (2005) *Cognitive therapy: an introduction.* London: Sage, especially Chapter 1.

평가, 구조화, 그리고 CBT 시작하기

작은 것이 문제이다.
아일랜드인의 당당한 이야기는 이해하기 쉽지만
그것을 진정으로 이해하려면 깊이 파고 들어가야 한다.

Mick Fealty
Guardian, 'Free to Comment' Blog, 9 June 2006

사건에 의미 부여하기(meaning-giving) 사정은 CBT의 중심 개념이다. 철학자들은 인간은 본성적으로 의미 추구 동물이며 사정(appraisal)은 인간 본성의 핵심 양상이라고 제언하였다(Kegan, 2006). 인간은 누군가를 만나는 첫 순간에 상대를 평가한다. 사정은 이 사람이 내가 함께 지낼 수 있는 사람인가?, 나에게 위협을 주는 사람인가?와 같이 언제나 상호관계적이다. 이러한 요소들은 사정과 평가는 상담가와 내담자가 접촉하는 첫 순간에 시작되는 과정임을 의미한다. 또한 '평가(assessment)'는 이 사람이 나를 좋아할까, 나를 도와줄까, 아니면 이용할까와 같이 양방향의 과정이며, 내담자는 첫 단계부터 평가한다. 어떤 의미에서 치료적 '평가'는 이러한 자연적인 사정 과정의 구조화일 뿐이지만, 이것은 초기 구조화를 유도하므로 결정적이며 개입을 위한 안내지도로 활용된다.

이 장은 최대의 이익을 얻기 위한 초기 사정 교환 방법 설명으로 시작하려고 한다. 특히 현재의 자세한 기능을 모아서 '횡단적(cross-sectional)' 평가의 핵심 양상에 집중할 것이다. 그리고 CBT가 내담자에게 적합한지에 대해 고려할 것이다. 이어서 내담자의 성장배경에 초점을 맞추어서 내담자 문제의 구조화를 만족스럽게 완성하는 데 요구되는 기법에 대해 설명하고자 한다. 마지막으로 상담가와 내담자를 돕기 위한 평가와 구조화에 의해 확인된 문제의 변화를 촉진하기 위한 계획을 시행하는 초기 단계의 구조화 과정을 설명할 것이다.

1. 내담자와의 첫 접촉

내담자와의 첫 접촉은 작업 맥락에 의해 영향을 받는다. 큰 기관에서 상담 서비스가 이루어진다면 내담자는 첫 회기에서 처음으로 상담가와 이야기하게 된다. 개인상담실의 상담가는 전화나 이메일을 통하여 초기 질문을 하고 아마 일정을 잡았을 것이다. 이때가 보통 상담 분위기가 결정되는 중요한 순간이다. 현재 우리의 경제 상황에서는 서비스를 제공하는 사람으로부터 질적인 시간을 얻기가 점점 더 어려워지고 있다. 웹사이트와 같은 기술적인 발전은 서비스 사용자와 서비스 제공자를 격리시킨다. 내담자가 알기 원하는 것은 흔히 웹사이트 게시판에 질문하는 것으로 충족되지 않는다. 사람들은 자기 자신에 대해 말하는 것을 불안해하고 낯설어하므로 대개 친절하고, 편안하고, 열려 있는 반응을 원한다. 또한 상담가는 사람들의 질문과 그들이 묻는 방식에 대하여 기록해 두어야 한다. 당신은 이미 내담자가 세상을 보는 방식을 언뜻 보기 시작했다. 때로는 내담자와 접촉하기도 전에 이해하기도 한다. 한 내담자가 전화해 달라는 메시지를 남겼는데 전화할 때마다 항상 그는 바쁜 것 같았고 늦은 저녁시간에도 그랬다. 이것이 분명하게 느껴졌고, 사실 그는 직장에서 매우 스트레스를 받는 상황에 있으며 아마도 정리해고의 가능성을 직면하고 있는 것처럼 보였다. 신은 상사를 지키라고 그를 보냈고 그는 일하는 데 모든 시간을 보냈으며 스트레스 관련 질병이 자신을 압박했다. 변화를 위한 첫 번째 전화 접촉은 '재교육(re-moralisation)'처럼 인용되며 희망이 형성될 때이다. 내담자는 '당신은 내 문제를 도울 수 있다고 생각합니까?'라고 직접적으로 질문한다. 내담자는 아마도 상담가가 자신의 노력과 자원을 지출할 만한 가치가 있는지 사정하고 있다. 그들은 과정이 얼마나 오래 걸리는지, 치료받는 데 시간과 비용이 얼마나 드는지 등 무엇이든 물어볼 수 있는 권리를 갖고 있다. 상담가도 마찬가지로 CBT가 현재 상황에서 합리적인 투자라고 확신하게 해 줄 의무가 있다. 우리는 짧게 CBT의 적합성에 대하여 논의할 것이고 이것은 '잘못된 내기' 상황을 제거하는 유익한 역할을 한다. 상담가는 정보자료와 팸플릿, 영국 행동 및 인지심리치료협회와 같은 전문가 협회로부터 나온 자료를 제공함으로써 의논할 수 있다(www.babcp.org.uk의 자료를 참조하라). 내담자 맞춤설명서는 Horton(2006)의 것을 참조하라.

2. CBT 상담을 위한 내담자 적합성

내담자의 적합성은 논의하기 어려울 수 있다. 왜냐하면 포함(inclusion)과 제외 (exclusion) 양쪽 모두가 설명된다 할지라도 실제로 상담을 하기 전까지는 그 사람이 상담에서 어떻게 반응할지를 아는 것이 어렵기 때문이다. 그러나 일단 상담이 시작되고 나면 상담가는 내담자에게 상담하기 적합하지 않다는 말을 꺼내기가 쉽지 않다. 그림 2.1은 포함과 제외에 대한 기본 기준을 보여 준다(좀 더 자세한 내용은 이 장의 마지막 절을 참조하라).

심리상담에 가장 잘 맞는 내담자의 분류를 살펴볼 때, 치료를 잘하기 위해서는 건강해야 한다고 때때로 나는 생각한다. 예를 들어 CBT에 가장 적합한 내담자는 자신의 사고를 잘 이끌어 내야 한다는 것을 아는 것이 얼마나 도움이 되는가? 첫째, 아마 어떤 상담 유형이라도 내담자의 가능성을 증진시킬 것이다. 둘째, 만약 내담자가 자신의 사고를 잘 끌어낼 수 없다고 판단된다면 그다음에는 어떻게 해야 하는가? 다른 상담이나 명상의 형태를 제시할 것인가? 내담자를 돕는 것은 그들이 자동적 사고를 인식하도록 도움을 주는 것이므로 반드시 그런 것이 필요한 것은 아니다. 사실 사고를 이끌어 내는 능력은 가장 좋은 것에서 가장 나쁜 것까지의 연속선 위에 배열되는 능력이나 '둘 중 하나'가 아니다. 우리는 아마도 CBT가 장기적으로 이루어질 때 알아야 하는 기준에서 이것을 알아볼 수 있을 것이다.

당신은 그림 2.1의 정신의학 용어를 사용하여 기록하면서 내담자 입장에서 이 용어로 적합성 평가를 어떻게 통합해야 할지 궁금할 것이다. 왜냐하면 CBT 발달은 정신의학 안에서 완성되었고 정신의학 개념적 사고와 언어 사용의 영향을 받았기 때문이다. CB 상담가는 미국정신의학협회의 **정신장애의 진단 및 통계편람** (Diagnostic and Statistical Manual of Mental Disorders, DSM)을 사용하곤 한다. 예를 들어 공황장애를 가진 사람과 광장공포증을 동반한 공황장애는 약간

포함 기준

1. 사고와 감정을 표현할 수 있는가
2. 변화를 위한 책임 받아들이기
3. CBT 합리성과 기본 구조화 이해하기
4. 상담가와 '충분히 좋은' 관계 형성하기
5. 상담에 대한 낙관성의 정도

제외 기준

1. 인지기능 손상
2. 만성적 혹은 심각한 문제
3. 회피행동 버리기를 꺼림
4. 과제하기를 꺼림
5. 상담에 대한 회의적인 언급

그림 2.1 '표준' CBT의 포함 기준과 제외 기준

다르게 작업한다(Hackmann, 1998). 많지는 않지만 어떤 CB 상담가는 진단자이다. 따라서 그러한 영역에서 작업을 할 때 일반적으로 유용한 안내로 DSM의 분류를 따르는 것은 가능하다. 상담가는 명칭이나 혹은 '명명화' 과정에 묶일 필요가 없다. 이러한 범주의 사용은 어떤 경우에도 적용될 만큼 거의 명확하지 않다. 내담자는 다른 여러 범주[1]에 속하는 것처럼 보이고 그중 어떤 것을 시작점으로 삼아야 할지를 아는 것은 어렵다. 가장 애매한 명칭은 논란이 많은 용어인 '성격장애(personality disorder)'이며 이것은 오해의 흙탕물을 뒤집어쓰고 있다. 어떤 상담가에게는 '장애'라는 단어와 반사회적 행동을 연결시키는 기준 양상을 이끌어내기 어렵다. 기준은 우리를 이해하도록 도울 수 있지만 그렇지 않을 때는 증상을 매우 헷갈리게 한다. 기본적으로 '성격'이 기질적인 측면으로 제시될 때, 주로 부정적 기능의 유형이 만연해 있다는 사실로 나타나곤 한다. 아마도 어린 시절의 경험으로 되돌아가듯이 만연해 있는 유형 개념은 대부분의 상담가들에게는 낯설지

---

1) 기술적인 용어는 'commordity'이다.

않고 오히려 익숙한 개념이다. DSM 기준은 이해를 위한 지도를 제공할 수는 있지만, 우리는 자신의 판단으로 비판적인 관찰을 할 수 있는 상담가가 되어야만 한다. 물론 어떤 체계도 오용될 수는 있지만, 당신은 DSM IV-R(American Psychiatric Association, 2000)을 읽고 확인할 수 있으며 거기에는 조심스러우면서도 엄격한 협력과 협의 과정이 용어 정의에 포함되어 설명되어 있다.

내담자 적합성 기준을 고려하는 것은 작은 문제들을 피할 수 있게 해 준다. 우리는 스스로에게 질문해야 하며 아래의 사항을 내담자가 할 수 있는지 시험하라.

- 변화를 위한 책임 받아들이기
- 상담실 밖에서 작업하기('과제')
- 체계적인 접근 받아들이기
- CBT 상담 관계 정착시키기

CBT 임상가는 내담자가 기분이 나쁘기 때문에 상담 작업에서 좋은 감정을 갖기 원한다고 믿어서 내담자의 동기에 지나치게 논리적인 접근을 하는 경향이 있다고 Hayes와 동료들(2004)은 언급한다. 이것은 내담자들이 상담에 오기까지 우여곡절을 겪었음을 인식하는 상담의 전통을 무시하는 것이다. 그래서 Hayes(1998)는 내담자가 와서 '이것이 내 문제입니다. 과거에 하지 않은 방법을 통해 문제를 해결할 수 있도록 나를 도와주세요.'라고 말했다고 설명했다. 정신역동 상담가는 '반복되는 충동성'인 부정적인 패턴에 대하여 프로이트의 관찰을 생각할 것이다. 동기면담 연구는 변화를 위한 동기와 책임이 정상적인 시간간격을 두고 사이클이 여러 차례 오르내린다는 것을 밝혔다. 공감, 탐색, 소크라테스식 질문의 조합은 동기를 강화하고 책임을 갖게 하는 데 효과적이다. '나 진술(I-statements)'을 가능하게 하는 질문은 내담자가 화제를 바꾸려 하고 다른 사람에 대해 불평할 때 특히 유용하다. 정도를 벗어난 파트너의 불가능한 행동을 설명하는 내담자에게는

---

1. 내담자가 지금 좀 더, 혹은 좀 덜 희망적으로 보이는가?
2. 공동작업인가?
3. 나타난 목표가 분명하고 현실적인가?
4. 내담자와 상담가 사이 작업과 책임의 균형은 무엇인가?

그림 2.2 상담 3, 4회기 후에 어떻게 상담이 진행되고 있는지를 평가하기 위한 질문

'그래서 그가 그렇게 할 때, 당신은 무엇을 하나요?'라고 질문함으로써 초점을 다시 내담자에게로 가져올 수 있다.

CBT에서 내담자의 동기는 미래의 기대에 대한 표시인 과제를 정기적으로 하도록 제안함으로써 평가될 수 있다. 그러나 상담가는 내담자의 지나친 낙관성을 경계해야 한다. 어렵게 성취한 과제가 마지막엔 가장 가치 있을 수 있다. CBT 참여 준비 정도는 어떻게 내담자가 CBT 구조와 합리성 부여에 반응하는가를 관찰함으로써 알 수 있다. 어떤 내담자는 통제당한다고 보기 때문에 구조화하는 것에 저항하기도 한다. 따라서 상담가는 치료적 관계와 다양한 상담 구조화의 능력을 적합하게 보여 주어야만 한다. 그러나 상담가가 각각의 내담자 반응에 다르게 반응할 수 있다. 내담자가 성공하기 위하여 몇 번은 다시금 돌아가고, 그리고 그렇게 하면서 도전을 즐길 것이다.

그림 2.2는 CBT 상담 3, 4회기에서 적합성 요인을 평가하기 위하여 상담가가 스스로에게 해야 하는 질문들이다. 부정적인 대답을 하였다면 재고해 보거나 상담 스타일을 변경해 보길 제안한다.

제안

현재 혹은 최근에 만난 내담자를 생각해 보고 지금까지의 작업을 그림 2.2의 질문에 적용해 보라. 당신의 대답이 상담에서의 어떤 기술적 혹은 관계적 문제를 알려주는가? 그렇다면 그 관계 그리고/혹은 작업을 개선하기 위하여 당신은 어떻게 바꿀 수 있는가?

어떤 내담자는 너무나 혼란되어 어떤 상담을 하기에도 적합하지 않은 것처럼 보인다. 상담가는 때로 이것이 부정적인 표시처럼 느낄 수 있기 때문에 진단을 하는데 상당히 어려움을 겪는다. 이때 '정신상태 검사' 기준을 사용하는 것이 유용하다. 이러한 기준은 내담자의 현재 심리상태가 상담에 부정적으로 영향을 주는지를 살펴보는 데 초점을 둔다. 예를 들어 내담자가 망상 증상을 나타내는가? 웹사이트에 매우 자세한 기준이 있지만 임상에서 상담가는 특별히 도움을 줄 수 있는 MacMahon(1996)의 단순화된 검사를 통해 좀 더 쉽게 도움을 받을 수 있다. MacMahon은 그러한 평가로 인한 고정관념의 위험을 알고 있으며 상담 상황의 필요에 따라 문항을 적절하게 수정할 수 있다고 제언한다. 만약 내담자가 망상을 보인다면 이것이 상담에 어떻게 영향을 주는지 고려하는 것이 옳고 적합할 것이다.

3. 세부정보 얻기 : 횡단적 평가

상담을 진행하는 방법은 다양하므로 중재될 수 있는 영역 안에서 무엇이 가장 효과적인지 알기 위해 내담자의 현재 기능에 대한 세부정보를 받는 것은 대단히 중요하다. 치료 전 내담자의 기능에 대해 잘 알지 못하면 초기에는 호전이 아주 미약하므로 알아채기 힘들다. 좀 확대하자면 평가의 이러한 부분은 올바른 정보 수집 구성 방식을 가지고 앞을 향해 곧장 나가서 정보를 함께 모으는 것이다. 그림 2.3에 제시된 방식은 나와 Diana Sanders가 여러 자료를 가지고 번안한 것이며, 이것은 수년에 걸쳐 검증되었다.

　이와 같은 목록은 내담자가 감내해야 하는 시간과 고통에도 불구하고 오히려 내담자를 기죽게 하며, 클립보드를 들고 등장하는 CB 상담가는 내담자를 공포스럽게 하고, 질문지의 체크박스 또한 너무 많다. 우리는 평가가 이런 방식으로 이루어진다고 알고 있다. 나의 내담자 중 한 명은 이러한 경험을 '클립보드에 의한

1. 현재 문제

무엇이 문제인가? 최근의 것을 중심으로 자세한 예를 기록하고 다음과 같은 정보를 수집하라.

- 문제 촉발(외적 혹은 내적)
- 사고
- 감정
- 신체적 요인
- 행동
- 환경

2. 무엇이 지금의 문제를 지속시키는가?

무엇이 좋아지게 할까? 무엇이 더 좋게 할까?

안전행동과 도움이 되지 않는 대응 전략

- 회피
- 증상 혹은 위험 확인
- 다른 사람의 확신 구하기
- 의식(rituals)
- 계속적으로 문제에 대한 걱정 피하기
- 절망과 변화에 대한 신념 부족
- 다른 사람의 부정적인 행동
- 사회적 지지 부족 혹은 지나친 지지와 의존
- 사고 혹은 감정의 억압
- 지속적인 생활사건과 스트레스

3. 어떻게 문제가 확대되었는가?

문제의 역사

첫 번째 장소에서 무엇이 문제를 유발했는가?

그때 그 사람의 인생에 무슨 일이 있었는가?

이것은 일생 동안인가 혹은 재발인가?

주요 인생사건과 스트레스

개인 혹은 가족의 인생 주제

내재된 가정과 규칙에 대한 생각

4. 발달 개인사

인생 초기 역사, 직업과 교육 배경

가족과 관계

주요 인생사건

가족 내 주제

병력과 정신병력

과거 상담 경험

5. 일반적인 건강 문제

약물

처방받은 혹은 처방받지 않은 약물

알코올, 흡연

의존의 역사

6. 상담의 기대와 목표

상담에 대한 희망과 두려움

문제 목록

상담의 주요 목표 확인

그림 2.3 (내담자의 필요에 적용된) 정보 평가

출처 : Sanders & Wills, 2005.

죽음'이라고 표현하였다. 이것은 Hobson(1985)이 상담의 '대화적인' 방식이라고 부른 것과는 너무 상반된다. 만약 대화적인 방식과 클립보드 방식 사이에 연속선을 그린다면 우리는 아마도 평가 목적을 위하여 가운데쯤에 위치하기를 바라며 상담이 진행되면서 대화 쪽으로 향하기를 바랄 것이다. 내담자는 상담 회기를 단축하기 위하여 상담 회기와 회기 사이에 질문지를 작성하는 것이 유용하다. 상담가는 아마도 그림 2.3 같은 목록을 가지고 그에 맞게 선택할 수 있고, 혹은 평가후에 이미 어떤 기본이 충족되었는지 볼 수 있으며, 그리고 다음 회기에 무엇이 더 필요한지 선택할 수 있다.

특히 CBT 모델에서 평가는 항상 준비되어 있어야 하며 우리에게 새로운 자료가 들어올 때 구조에 적응하기 위한 이론적인 접근이 요구된다. 우리가 체크박스에 매달려 있는 이유 중 하나는 우리의 기억에만 의존하는 것이 아니라 우리가 무엇을 커버했는지에 대해 알아서 좀 더 적합한 방향으로 나가게 돕기 때문이다. 어떤 단계에서도 평가의 기본 기능은 우리가 알고 있는 것을 구조화하는 것인 만큼 아직 알지 못하는 것을 우리에게 상기시키는 것이다. 누락된 것은 차후 만남에서 되찾을 수 있다.

> **제안**
>
> 이전에 다루어 보지 않은 현재 당신의 문제를 생각해 보고 5~10분간 이야기하라. 만약 다른 사람과 함께 작업한다면 그 사람이 말하는 것을 적는다. 만약 당신이 혼자서 연습한다면 테이프에 녹음하고 간략히 적어라. 이 노트를 다시 보며 그림 2.3의 다양한 범주에 맞추어 보라. 그리고 이 연습을 몇 번 반복하라. 당신이 전에 자동적으로 무시하였던 영역을 발견할 것이다. 만약 그렇다면 비구조화인 '대화'가 구조화된 포맷과 상호작용하면서 진전과 반복의 과정이 일어나고 있음을 볼 수 있을 것이다.

일반적으로 평가 항목은 가장 최근 사건의 기억을 가지고 시작하는 것이 좋다.

우리는 CBT에서 '악순환' 개념이 도처에 있음을 강조하며 부정적인 기능이 촉발되는 경우 오늘부터 최근 경험으로 옮겨가며 조사를 시작하는 것이 좋다.

> 상담가 : 그래서 오늘 어떻게 지내셨나요?
>
> 내담자 : 아, 오늘요. 그렇게 나쁘지 않았어요. 그러나 현재 휴가 중이라서 약간은 더 느긋합니다. 사실 오늘 아침에는 상점을 어슬렁거렸지요.
>
> 상담가 : 맞아요. 이런 것들은 직장과 직접 관련되지 않지만 직장에 있다는 것이 당신을 더 우울하게 만드는 것 같군요.
>
> 내담자 : 사실 나는 내 직업을 아주 좋아하지만 스트레스를 많이 받아요. 그래서 이것이 다른 일에 대한 걱정들보다 가장 위에 있어요.
>
> 상담가 : 주말은 어땠나요?
>
> 내담자 : 뜻밖이었어요. 좋았지요. 이번 주가 휴가라는 것을 알고 있었기 때문이었다고 생각해요.
>
> 상담가 : 뜻밖이라니요?
>
> 내담자 : 네, 주말이면 혼자이기 때문에 주말은 최악이지요. 무엇을 해야 할지 모르겠고 혼자 있다는 것이 정말 두려워요.
>
> 상담가 : 그래요. 그러면 그 전 주말은 어땠나요?
>
> 내담자 : 아주 나빴어요. 토요일 아침에 루이스로부터 허튼 수작을 떠는 쓰레기 같은 이 메일을 받았고 오후엔 밖에 나가서 미니 실내축구를 했어요. 저녁에 완전히 만신창이가 되어 잠을 설쳤어요.
>
> 상담가 : 그 이야기는 좀 더 자세하게 들어 보아야 할 좋은 예처럼 들리네요. 우선 루이스에 대한 당신의 생각과 느낌을 다루고 그런 다음에 미니축구에 대해 다룹시다. (내담자 : 좋아요.) 이런 일은 우리 삶에서 규칙적으로 일어나므로 당신이 좀 더 잘 다룰 수 있도록 이것을 작업하는 것이 좋겠습니다.

4. 실제 작업하는 현재 예문을 만들기

내담자가 어떻게 문제 촉발자에 반응하는지를 추적하기 위해 컴퓨터 프로그램 분석을 사용하는 것이 때로는 유용하다. 컴퓨터 프로그램은 한 번의 터치로 작업이 가능하고 이것이 순서대로 더 많은 것을 만들며, 우리 반응도 이런 방법으로 나타난다. 이러한 복잡한 반응들을 빠르게 유지한다는 것은 우리에게 매우 어려워서 마치 우리가 사건을 전혀 통제하지 못하는 것처럼 느끼게 하고 더욱이 반응에 부정적인 요소까지 첨가시킨다. 가장 먼저 상담가가 하는 것은 내담자가 느린 장면으로 반응을 볼 수 있도록 돕는 것이다. 속도를 줄이고 반영하는 것은 내담자에게 자신의 반응패턴과 더 나은 관계를 만들게 하는 데 도움이 된다. 이런 악순환 작업은 사건과 관련된 감정을 충분히 일으키지 못하여 불발에 그칠 수 있다. 만약 CBT가 내담자를 정서적으로 이끌지 못한다면 인지작업의 결과는 '논리적인 절단'과 유사할 것이고 고무적인 변화 또한 충분하지 않을 것이다. 감정과 인지 변화의 두 요소가 모두 필요하며 둘 중 하나만으로는 그 '두려운 네트워크 과정'을 완전히 돕기에 충분하지 않다(Foa & Kozak, 1986). 마치 지금 일어나고 있는 것처럼 현재 시제를 사용하는 것과 외상 상황을 설명하는 내담자의 언어 사용은 감정을 강화시킬 수 있다.

> 상담가 : 그래서 루이스가 당신에게 이메일을 보냈을 때 무슨 일이 일어났는지 다시 이야기해 봅시다. 나는 당신이 현재 시제로 이야기하기 바랍니다. 이렇게 말입니다. "그래서 나는 내 방 앞에 있고 나는 이메일이 들어오는 것을 보고 있다." 그렇게 할 수 있겠어요?
>
> 내담자 : 네, 이게 도움이 될까요?[2)]
>
> 상담가 : 그렇게 보이는데 어디 봅시다. 그래서 지금이 몇 시죠?
>
> 내담자 : 알다시피 늦었어요. 루이스는 미국에 있고 내가 막 잠자리에 들었을 때 그녀의 이메일이 들어왔어요. 내가 그녀에게 더 좋은 시간을 택하라고 말했는데…
>
> 상담가 : 현재 시제로 무슨 일이 일어나는지 말하도록 하세요. 느낌이 어떻습니까?
>
> 내담자 : 좋아요. 덥고, 메스껍고, 속이 좀 뒤틀리는 것 같고, 우리 사이가 문제투성이인 것 같아요. 나는 때로 그녀가 의도적으로 나를 멀리하려고 떠난 것 같다고 느껴

---

2) 당신은 내담자가 이러한 예문에서 아주 쉽게 동의하는 것을 관찰할 수 있다.

요. 그리고 이메일이 왔어요.

상담가 : 당신 마음속에서 무슨 일이 일어나나요?

내담자 : 바로 이거예요. 이메일은 우리가 끝났다고 말할 거예요.

상담가 : 무슨 의미인가요?

내담자 : 그녀는 나의 엉망진창인 행동들과 나로부터 멀리 떠나갔어요. 나는 앞으로는 그
녀 같은 사람을 못 만날 거예요.

상담가 : 그래서 지금 당신은 이메일을 읽고 있습니다. 실제로 뭐라고 쓰여 있나요?

내담자 : 내가 두려워 했던 내용은 아니지만 이것은 애매모호한…

내담자들은 이런 방식으로 이야기할 때 그 당시 그가 느꼈던 실제 감정을 느끼기 시작한다고 보고하곤 한다. 이것은 항상 '느껴진 의미'에 더 큰 감각을 갖게 해 주고 그래서 실제 상황에서 촉발되는 진정한 인지행동 경험에 우리를 더 다가가게 한다. Foa와 Kozak(1986)은 그 느낌이 사건 과정에서 느꼈던, 내담자들의 능력을 압도할 만큼 강한 것은 아니라고 덧붙였다. 이 조건은 외상후 스트레스 장애(PTSD)에서 감정을 다루는 순서와 비슷하고 내담자가 감정을 조절하기 위하여 어느 정도의 능력을 가지고 있어야 한다. 내담자는 감정을 조절하기 위해 '안전지대' 과정을 배울 필요가 있다(6장에서 설명한 것이다). 최적 수준까지 감정을 강화하기 위한 다른 방법은 Gendlin(1981, 1998)의 '포커싱(focusing)' 개입에서 설명되며 6장에서 다시 설명한다.

감정 강도에 대한 논의에서 강도는 상담가가 개선시키고자 목표로 삼고 있는 증상의 '기저(baseline)'이다. 또한 보고는 증상의 빈도와 기간을 포함하여 변화가 더 좋아졌는지 혹은 나빠졌는지 측정할 수 있어야 한다. 또한 CBT 임상가는 증상 변화를 측정하기 위하여 Beck의 불안과 우울 척도(Beck Anxiety and Depression Inventories, BAI & BDI)와 다른(측정도구 리스트는 부록 II에 있다) 도구를 증상의 신뢰로운 측정에 사용한다. CB 상담가는 이것과 좀 다른 방법으로

측정하지만 매주 규칙적으로 목록 점수를 재고하고 도표화하는 경향이 있다. 증상 감소를 보여 주는 도표 곡선이 약간 아래를 향하는 것은 상담이 앞을 향해 나아간다는 느낌을 강화시켜 준다. 나는 내담자가 약간 오르락내리락할 때조차도 전체적으로 증상이 아래로 떨어지는 경향을 보이면 예측이 좋은 것이라고 말한다. 그러나 이러한 측정에는 약간의 주의가 필요하다. 자기보고는 요구적인 특성들 때문에 약간은 문제 쪽으로 기우는 경향이 있다. 예를 들어 어떤 내담자는 상담가로부터 너무나 '보상' 받기를 원해서 그의 증상을 낮추어 보고함으로써 자신을 속인다. 이 외에도 여러 가지가 있지만 이런 이유로 목록 점수의 숫자 자체를 그대로 취해서는 안 되며 항상 내담자와 상의해야 한다(Sanders & Wills, 2005). 논의는 '점수는 이렇게 말하고 있는데 당신은 어떤가요?'와 같이 열려 있어야 한다.

5. 구조화[3] : 불을 통과해 진흙으로 수정 만들기

정보가 축적되기 시작함에 따라 이것을 의미 있게 만들고 사용할 만한 형태로 구성하기 위해 수반되는 일이 있다. 구조화하는 이유 중 하나는 내담자 자료의 다양한 양상을 연결하여 자료에 형태와 의미를 부여해서 내담자에게 문제의 심리적인 설명을 시작하는 데 있다. 일반적인 유형을 강조하는 심리적 접근과 개인적 설명 강조 사이에는 종종 긴장감이 돌곤 한다. CBT 전통에서의 구조화는 개인적인 설명이 일반적인 원리에 근거하여 발전하므로 이러한 두 경향성 간의 연결을 제공한다. 일반적인 유형은 '기성복'이 되지만 맞춤복은 개인의 윤곽에 적합하게 맞춰진다.

---

3) 이전에 공동 출판에서 Diana Sanders와 나는 '개념화(conceptualisation)'라는 용어를 사용하였다. '구조화(formulation)'라는 용어는 같은 의미이지만 모든 양식에 널리 사용되는 용어가 되었다(Eells, 1997). 그러므로 나는 우리의 전문분야 전체에서 상담 통합과 '공통의 언어' 용어로 바꾸어 쓰기로 결정하였다.

본질적으로, 구조화는 내담자 문제의 근본과 발달과 유지를 설명해 주는 자료의 집합체이다. 이것은 '왜 나입니까? 왜 지금인가요? 왜 문제가 저절로 없어지지 않는 겁니까? 어떻게 하면 좋아질까요?'와 같은 내담자의 질문에 대한 답이 된다. 이러한 요인들을 그림 2.4에서 보여 주고 있다.

구조화는 모든 수준에서 내담자를 이해하고 치료 결정을 내리며, 어떤 내담자는 왜 우리를 화나게 하는지 이해할 수 있도록 상담가를 돕는다(Persons, 1989; Beck et al., 2003). 이것은 상담가가 내담자에게 좀 더 공감하게 하고 내담자도 스스로에 대해 더 공감할 수 있도록 느끼게 한다. 상담가를 돕는 것은 또한 내담자를 돕는 일이다.

다음의 예는 일반적인 요인들과 개인적인 요인들이 어떻게 상호작용하는지를 보여 준다. 댄은 매우 심각한 사회불안을 가지고 있는 젊은이다. 사회불안에 대한 훌륭한 연구는 사람들이 사회적으로 불안할 때 어떻게 사고하고, 느끼고, 행동하

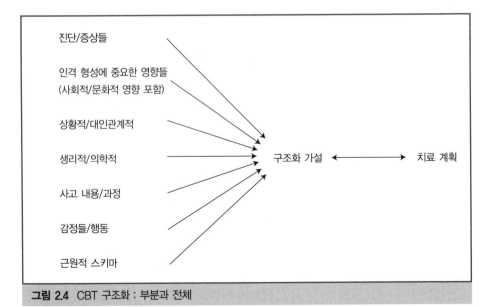

그림 2.4 CBT 구조화 : 부분과 전체

출처 : Wright et al., 2006.

는지를 자세한 그림으로 묘사하였다(Wells, 1997). 이 연구가 보여 주는 일반적인 인지주제는 다른 사람들의 부정적 평가에 대한 자기의식적인 두려움이다. 댄은 다른 사람이 특히 권위적일 때 이것으로부터 극심한 고통을 받았다. 그는 상사를 지나치게 두려워했으며 그의 직장 상사로부터 지시받는 것이 너무나 두려워 그의 동료에게 떠나지 말고 옆에 남아 있어 달라고 부탁해야만 했다. 수 주가 지난 후에 나는 사회적으로 불안한 새로운 내담자인 데이비드를 만났다. 그는 새로운 직장을 얻고 나서 심각한 사회불안으로 고통 받고 있었다. 나는 위험을 무릅쓰고 그가 상사에게 불안을 느끼는지에 대해 물었다. '오, 아니에요.' 그는 대답하였다. '나는 상사에게 해야 할 말은 정확하게 하지요. 내가 불안을 느끼는 것은 동료들과의 사교모임이에요. 나는 말 그대로 무엇을 말해야 좋을지 몰라요. 크리스마스 파티가 다음 주인데 정말 두려워요. 나는 그날 병가를 낼지도 모르겠어요.' 여기까지는 이론이 잘 맞았으나 정말 잘 맞추기 위해 당신은 이제 개인의 사고와 감정을 내담자에게 물어서 심층을 알아보아야 한다. 댄은 지나치게 비판적이고 잔소리를 쏟아붓는 부모를 두었으나 데이비드의 부모는 조용한 사람들로 '자유방임'적이고 그의 인생에 대해 어떠한 도움이나 충고도 주지 않았다. 방임적인 양육 경험, '아무도 나를 도와주지 않을 거야', '나는 나의 일을 스스로 해결해야만 해' 등은 데이비드의 핵심 신념에 영향을 주었다. CB 상담가는 정신분석가처럼 아주 세세한 방법으로 내담자의 역사를 알아보지는 않지만, 점차 역사적인 요인들에 관심을 갖는다. 인생 초기의 경험 탐색과 그에 지나치게 얽매이지 않는 것 사이의 균형을 갖는 데 도움이 되는 방법 중 내가 발견한 것은 내담자에게 아동기 경험을 맛볼 수 있는 예문이나 이야기를 요청하는 것이다. 예를 들어 댄은 학교 성적표를 받는 날 어떻게 아버지와 의식을 치렀는지에 대하여 말했다. 그의 아버지는 성적이 나쁠 것이라고 이미 판단하고 성적표를 읽기도 전에 슬리퍼를 들고 체벌을 가하였다. 결과적으로 댄은 자신이 '나쁜 사람'이라고 믿었다. 데이비드는 몇 가지 경우를 내게 말했다. 학교에서 선택에 대한 어려움이 있어서 부모에게 충고를 구했지만 부모님은 '아주 애매한 대답으로 입막음을 하려고 했다'고 묘사하였다. 이에 대한 논의와 핵심 신념을 이끄는 방법은 7장에서 다룰 것이다.

이후 댄은 그의 불안에 대해 좀 더 강박적인 부분을 드러냈다. 그는 상담 약속 시간에 점점 늦기 시작하더니 마침내 전혀 상담에 참석하지 않게 되어 나는 이것을 알아채기 시작하였다. 나는 이것을 상담을 끝내려는 것으로 받아들여야 할지 혹은 편지를 써서 설득해야 할지를 결정하려고 했다. 나는 그의 구조화를 보았고, 그는 '아무도 나를 돌보지 않는다'는 핵심 신념에 사로잡혀 있었다. 이 핵심 신념에 비추어 볼 때 그에게 적극적으로 편지를 쓰는 것이 내가 편지를 쓸 만큼 충분히 배려하기 때문이라는 반대의 생각을 한다는 것처럼 보였다. 그를 내버려두는 것은 그가 상담에 오든 말든 내가 정말로 배려하지 않는 것이라는 의미로 전달될지도 모른다. 만약 그의 핵심 신념이 '사람들은 내가 혼자 판단하지 못한다고 생각한다'였다면 나는 그 반대 결정을 내렸을 것이다. 하지만 편지를 쓴 것은 옳은 판단이었다. 그는 상담으로 돌아왔고, 상담을 마무리했으며, 역설적으로 상담시간보다 지나치게 빨리 도착하였기 때문에 상담에 늦었다는 것을 내게 말할 수 있었다. 상담은 나의 집에서 있었기 때문에 그는 강박적으로 30분이나 일찍 도착했고, 시간이 너무 일러서 곧장 상담에 들어올 수 없었다. 그래서 그는 상점을 둘러보면서 시간을 잊고 있다가 갑자기 상담 시간에 늦은 것을 깨닫고는 스스로를 비난하게 되었다. 그것은 나에게 기이한 원인으로 보였으며 많은 상담가들이 현재까지 일어난 이 상황만을 보고 추측하지 못했을 거라고 생각한다. 이론도 물론 중요하지만 세세한 부분까지 신경을 썼기에 이 상담은 성공적일 수 있었다.

가장 종합적인 구조화는 그림 2.5에서 나타나듯이 종단적이며 보통 축약된 구조이고, 그림 2.6은 댄의 구조에 대한 축소판이다. 완전히 기록된 구조화는 이 책의 웹사이트 자료실에 제시해 두었다(www.sagepub.co.uk/wills를 참조하라).

초기 경험

핵심 신념과 가정을 만든 내담자의 초기 경험과 다른 중요한 경험에 대한 정보

자기, 타인, 세상에 대한 신념 발달

'나는 나쁘다', '나는 약하고 상처받기 쉽다', '다른 사람들은 언제나 나를 돌보아야 한다' 혹은
'세상은 위험한 곳이다' 와 같은 초기 경험으로부터 무조건적인 핵심 신념 발달

살기 위한 가정과 규칙

조건적인 진술, 흔히 '만약 ~하다면' 규칙과 같은, 핵심 신념에도 불구하고 기능하기 위한
개인적인 가능성(예 : '만약 내가 언제나 건강에 대하여 신경 쓴다면 나는 상처받기 쉬움에도 불구하고
안전할 거야.', '내가 항상 열심히 일한다면 나는 나쁜 사람임에도 불구하고 괜찮을 거야.')

문제를 촉발시키는 비판적인 사건

규칙이 깨지는 상황 혹은 사건 혹은 가정이 활성화된다.

문제와 문제를 유지시키는 요인

'악순환' 내에서 상호작용하는 신체적 증상, 사고, 감정, 행동

그림 2.5 종단적 공식화 지도

출처 : Sanders & Wills, 2005.

경험적으로 이론에 근거하는 것은 우리에게 구조화와 관련된 정보를 어디서 찾아야 할지 알려 준다. 이것은 4장에서 좀 더 자세하게 살펴볼 것이며 걱정이나 거슬리는 사고와 같은 최근 연구는 사고 내용보다는 사고 과정(특히 주의집중)을 가장 관련된 문제로 지적한다(Wells & Mathews, 1994; Wells, 2000). 사회 · 문화적 요인들은 이전의 이론에서는 무시되었으나 현재는 고려되고 있으며 새로운 작업은 그들이 어떻게 포함되는지에 대해 다루고 있다(Tarrier & Calam, 2002). 너무 가득 차서 터질 것처럼 모든 것을 포함하는 구조화 모델과 Beck의 '단순, 단순, 단순' 권고 사이에는 팽팽한 긴장이 있을 것이다(Beck et al., 1985).

CBT 임상가는 내담자와 함께 구조화를 나누는 전통을 가지고 있으며 그들과 협력하여 작업하고 재고하기를 간절히 바라고, 구조화 과정에 대한 가설을 질문

초기 경험

가난한 배경, 고립된 시골 지역. 아버지는 '이상하고 괴롭히는 남자'였다. 그는 의식을 치르듯이 댄을 때리고, 그러고 나서 와락 울음을 터뜨리곤 한다. 아버지는 자신의 인생에서 바라는 것을 성취하지 못했다. 아버지는 댄이 '스스로 뭔가를 이루도록' 해야만 한다고 마음먹었다. 댄은 그것을 자신이 아버지를 '실망'시켰다고 느꼈다. 어머니는 우울하였고 댄의 아버지가 댄을 비난하고 때리는 사실을 애석해했지만 그를 멈추게 하지는 못했다. 댄은 항상 선생님과 거리를 두었다. 댄은 학교에서 다른 학생들에게 따돌림을 당했다. 그는 선생님이 자신을 도울 수 있다고 보지 않았다.

핵심 신념/스키마

나는 쓸모없다.

나는 잘못하는 것 같다.

사람들은 할 수 있다면 당신을 비난할 것이다.

누구도 나를 도우려고 신경 쓰지 않는다.

이 세상은 이상한(믿을 수 없는) 곳이다.

가정

내가 고개를 숙인다면, 나는 눈에 띄지 않을 것이다.

나는 누군가 사랑하고 나에게 관심을 주도록 어떻게 해야 할지 모르겠다.

촉발자

권위 있는 사람/상사

공적 상황에서 나는 실수를 하는 사람으로 보인다.

부정적인 사고

나는 창피당할 것이다.

이 녀석은 나를 바보로 만들려 한다.

모든 사람은 나를 조롱할 것이다.

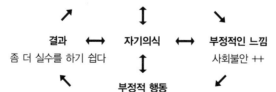

결과	↔	자기의식	↔	부정적인 느낌
좀 더 실수를 하기 쉽다				사회불안 ++

부정적 행동

그가 이해하지 않았을 때도 이해한 것처럼 보려고 하기

그림 2.6 종단적 구조화 : 댄

---

1. 내담자가 이 구조화에 어느 정도 동의해야 하는가?
2. 이 구조화는 다른 설명보다 더 설득력 있는가?
3. 이 상황에 설명되지 않은 어떤 중요한 문제가 있는가?
4. 측정, 임상 보고 등 다른 가능한 정보와 이것은 잘 부합하는가?

그림 2.7 공식화를 검증하기 위한 질문

출처 : Kuyken, 2006.

한다. 최근, 구조화의 신뢰도와 타당도에 대한 토론이 있었다(Kuyken, 2006). 토론은 아직도 완전히 해결되지 않았지만 중요한 것은 상담가가 그들의 구조화에 대하여 어느 정도 회의적인 태도를 가지고 있어야 한다는 것이다. 가장 건강한 방법은 최고의 구조화일지라도 항상 잠정적이며, 그것들은 가능하다면 검증되어야 하거나 적어도 테스트할 수 있어야 한다는 점을 기억하기 바란다. 그림 2.7은 구조화를 검증할 수 있는 영역과 그것을 검증하는 방법을 찾기 위한 질문들로 구성되었다.

제안 : 집단 토론 연습

SAGE 사이트에 완전하게 수록되어 있는 이 책의 구조화를 다운로드하라. 그림 2.7에서 제안하는 질문을 가지고 검증하라. 어떤 질문은 좀 더 시간효율적이다. 그리고/혹은 구조화의 어떤 영역은 집단 구성원 다른 쌍에게 질문하고, 그리고 각 쌍은 전체 집단 회기에서 피드백을 준다.

이 구조화는 어떻게 조사되었는가? 어떤 영역이 개선되었는가? 질문을 더 고안할 수 있었는가? 그리고/혹은 구조화를 검증할 수 있었는가?

6. CBT 시작하기 : 평가와 구조화로부터 치료 구조화까지

나의 연구(Wills, 2006b)는 상담가가 다른 상담 양식에서부터 CBT 학습에 얼마나 잘 적응하는지를 결정하는 핵심 중 하나가 상담 구조에 대한 상담가의 태도임을 밝혔다. 나는 여러 가지 다른 의미층이 상담 구조 개념과 연결되어 있다는 것을 알았다. 그중 하나가 '표층 구조(surface structure)'라고 불리는 것인데, 이것은 관찰자가 상담가의 진행 단계를 지켜봄으로써 관찰할 수 있다. 예를 들어 상담가는 Beck의 우울 척도(BDI)를 내담자에게 제시하고 그 주에 있었던 일에 대하여 가볍게 묻고, 주제를 정하는 것으로 시작할 수 있다. 어떤 상담 전통은 이러한 구조화에 대해 반감을 품고 있기 때문에 이러한 전통에서 훈련받은 사람에게는 CBT 훈련 방법으로 명확하고 효율적인 성취를 이끌어 내기 어렵다. 이것이 CBT에서 평가된 경쟁력 달성을 지연시킬 수 있다. 그러나 '심층 구조(deep structure)'라는 또 다른 유형은 임상에서 쉽게 드러나거나 분명한 것은 아니지만 좀 더 기술적인 훈련과 관련이 있다. 이것은 상담가의 마음에 있기 때문에 눈으로 볼 수 없으며 그것을 구술하기보다는 오히려 움직임으로 안내된다. Padesky(Padesky & Mooney, 1998)는 Beck이 CBT를 실행하는 것을 처음으로 보았을 때 Beck의 작업 구조가 부족한 것 같고 목적이 없는 것처럼 보인다는 점을 발견했다. 그러나 그녀가 면접 기록에 대해 좀 더 깊이 있게 공부한 한참 후에야 그녀는 Beck이 좋은 것은 심층 구조였다는 것을 깨달았다. 그의 느긋한 태도는 그녀가 이것을 알아차리기 힘들게 했다.

우리는 명시적인 구조로 시작할 것이다. CBT 상담 후 평가를 위한 회기 구조는 그림 2.8과 같다. 평가 회기는 문제와 목표 설정 구분하기, 내담자에게 CBT 모델 안내하기, 상담에 대한 내담자의 기대 논의하기, 그리고 도움 제공하기와 내담자 조건에 대한 정보 정상화의 첨부 항목을 가지고 있다.

1. 최근 정보를 짧게 요약하고 기분을 확인한다(척도 사용이 포함된다).
2. 이전 회기를 연결한다.
3. 안건을 상호 합의적으로 결정한다.
4. 과제를 복습한다.
5. 주 안건 항목과 주기적인 요약을 한다.
6. 새로운 과제를 정한다.
7. 요약 및 피드백을 한다.

그림 2.8 CBT 회기 구조 : 후평가

출처 : J. Beck, 1995.

최근 정보와 기분 체크

회기 시작 때마다 비록 짧게라도 내담자가 어떤지 체크하고 시작하는 것이 좋다. 내담자는 상담실에 도착하기 전에 회기에서 말할 것에 대하여 생각하고 오기 때문에 최근에 있었던 스트레스에 대한 긴 설명이나 피곤할 만큼 자세히 이야기를 털어놓을 수도 있다. 연속선의 다른 끝에선 특히 그들이 좋아지려고 할 때 사람들은 '오늘 내가 뭘 말해야 할지 정말 모르겠어요.'라고들 말한다. 어떤 내담자는 가슴에 있는 것을 없앤다는 또 다른 상담 경험이 있을 수도 있어서 마치 그렇게 하기를 바란다고 생각할 수도 있다. 만약 내담자가 이런 방식으로 '짐 내려놓기'를 계속한다면, 이것은 좀 더 구조적인 CBT 활동을 방해할 수 있다. 상담가는 '우리가 궤도에서 좀 벗어난 것 같은데, 당신은 무슨 생각을 하고 있나요?'와 같은 직접적으로 언급함으로써 구조를 재수립하도록 도울 수 있다. 이것은 내담자가 자신을 표현하지 못하게 하는 것이 아니라 그들이 상담을 잘 이용하고 문제 해결의 길 위에 설 수 있도록 돕기 위한 것이다. 상담가는 민감해야 하고 내담자와 함께 협력적으로 협상할 수 있어야 한다. 상담 맥락에서 그들이 요구하는 것이 무엇인지는 확신하기 힘들어도 '한 번에 한 발씩' 움직여서 재빠르게 의문을 갖는 내담자들에게 나는 자주 감사하다.

연결고리

상담가는 이전 회기에 대해 질문할 것이 없는지를 내담자에게 단순히 물어봄으로써 지난 회기와의 연결고리를 만들어 낸다. 이것은 매우 짧은 시간이지만 때로는 그것이 분명해질 때까지 내담자와 함께 어떤 점을 되짚어 보게 한다.

안건 설정

상담가는 회기의 첫 10분 안에 안건을 설정할 수 있어야 한다. 구조화되지 않은 방법으로 훈련받고 온 훈련생들은 상담 초에 종종 안건 설정에 실패하고 회기가 이미 절반이나 지난 다음에도 여전히 안건을 설정하지 못하곤 한다. 특별히 예외적인 이유가 없다면 오랜 시간을 끌어서는 안 된다. 안건을 설정하는 것은 단지 해야 하는 어떤 항목들을 확인하는 것이 아니다. '네, 샘과의 일에 대해 이야기하는 것이 좋겠네요. 당신은 사람들이 당신을 존경하지 않는다고 느낄 때 화가 나는 것 같고 그런 상황에서 당신이 좀 더 잘 대처할 수 있도록 돕는 것이 우리의 목표 중 하나이기 때문입니다.'와 같이 상담가가 강조함으로써 도움이 되는 상담목표와 연결시키는 것이 이상적이다. 또한 안건을 설정하는 기술은 안건을 유지하는 능력을 의미하기도 한다(원인 안에서). 시간의 한계를 정하고 다양한 항목을 다루기 위한 순서를 정하는 것도 도움이 된다.

주 안건 항목 : 문제에 초점 맞추기

여기에서 상담의 표면적인 구조화 원칙은 대단히 분명하다. 나는 책을 쓰면서 어떤 독자에게는 좀 통제적으로 들리거나 지나치게 꼼꼼한 것처럼 들릴 수 있다고 느낀다. 사실 구조는 이런 방법으로 사용될 수 있다. 나는 모든 상담 모델은 그들만의 특정한 문제를 가지고 있다고 믿는다. CBT는 지나치게 구조화되었다는 것이 주문제다. CB 상담이 이런 면에서 보완할 수 있는 방법은 내담자와의 협력을 이끌어 내는 것이다. 예를 들어 내담자가 중요한 초점에서 벗어난다면 '메리, 당신은 전에 어떤 사람과 일하는 것이 어렵다고 이야기했고 그것이 당신의 기운을 빠지게 한다고 말했지요. 나는 우리가 지금 그 작업에서 약간 벗어나 있다는 생각이 드네요. 이것도 물론 중요하지만 우리가 전에 다루었던 주제로 돌아가는 것 또한 중요하다고 생각합니다. 당신은 어떻게 생각하나요?'와 같이 이야기할 수 있다. Padesky와 Mooney(1998)는 상담가들은 이런 개입에 대해 종종 불안을 느끼는데 그것은 '내가 내담자를 구조화한다면 그들이 거부할 것이다.'라는 '상담가의 신념'을 가지고 있기 때문이라고 지적하였다. 특히 구조화에 대하여 양가적인 태도를 가지고 있는 내담자에게는 정말 그럴지 모르나 내 경험상 대부분의 내담자는 상담가의 의도를 이해하고 존경하므로 이에 대해 잘 반응한다. 마지막으로 Aaron Beck이, 그리고 또한 나도 '가볍게 구조적'으로 다가가는 것이 가능하다고 본다. 일부 훈련생들은 작업에서 지나치게 지시적인 경향에 균형을 잡기 위하여 상담에서 비지시적인 가치를 적용한다고 말한다. 나는 이것은 다른 방법으로 작업될 수 있다고 생각한다. 당신이 만약 구조에 대해 뚜렷한 의견이 없다면 그것은 아마도 당신이 가고자 하는 바로 그 방향일 것이다.

과제와 피드백

CBT 구조에서의 또 다른 원칙은 좋은 협력관계를 유지하고 과제를 사용하는 피드백의 중요성이다. 상담 중에 내담자에게 도움이 된 것은 무엇인지, 그리고 이상한 것은 없었는지 혹은 도움이 되지 않은 것은 없었는지에 대해 질문하는 것은 매우 가치 있다. 상담가는 단지 문제를 찾는 것이지 다른 사람들처럼 피드백을 받는 것은 아니라고 생각하기 쉽다. 물론 내담자의 긍정적인 보고를 즐길 수도 있지만 또한 상담에서 무엇이 잘 안 되고 있는지를 알아야 협력적인 상담이 이루어질 수 있다. 과제 정하기는 4, 5장에서 다시 다루겠지만 구조적 원칙은 만약 내담자가 과제를 하는 데 어려움이 있다면 의논해야 한다는 것이며, 그렇게 하지 않는다면 그들은 상담 동기를 상실하게 될 것이다. 우리는 모두 굉장히 바쁜 현대사회에서 살아가고 있기 때문에 내담자가 과제를 해 오는 것에 대해 나는 항상 약간 놀란다는 것을 고백한다. 그러므로 나는 과제가 현실적이면서도 할 수 있는 것을 주기 위해 많은 관심을 둔다. 내담자 스스로 과제가 왜 도움이 되는지 이해하는 것이 매우 중요하며 그들에게 의미 있고 협상할 수 있을 때 과제는 좀 더 완수될 수 있다. CBT 구조의 모든 양상처럼 대부분의 내담자는 여기에 잘 적응하며 그들은 회기가 어떻게 진행될지에 대한 느낌을 즐긴다고 말한다. 물론 모든 것이 때로는 지나친 예측이 될 수 있는데, 몇 가지 변수에 대해서는 7장에서 설명할 것이다.

> **제안**
>
> 당신은 CB 상담 구조를 실행하는 것에 대하여 어떻게 느끼는가? 만약 당신이 유보한다면, 처음부터 그렇게 하지 않을 것이다. 이것은 가지고 있으면 아마도 미래에 사용할 수 있는 좋은 총알이 되겠지만, 현재와 같은 시간은 오직 지금뿐이다. (대부분의 훈련생은 지속성이 부족하고 처음에는 좀 '이상하게' 보이지만 두 번째는 결국 자연스럽다.) 지금 연습하기 위해 구조 항목에서 하나를 골라 보라. 당신은 당신의 말로 '이유'를 가지고 있어야만 한다. 예를 들면 '찰리, 나는 상담을 위해 오늘 안건을 결정하려고 합니다. 이것은 단기상담이며 우리가 시간을 잘 사용해서 당신이 고려하는 모든 문제를 다루고자 하기 때문입니다. 이해가 되나요? 질문이 있나요?'와 같이 이야기할 수 있다.

표면적인 구조는 상담의 구조 양상 중 하나라고 앞서 언급한 바 있다. 다른 것은 당신의 머릿속에 가지고 있는 좀 더 전략적인 구조이며, 이것은 계속해서 다음에 소개될 세 가지 질문의 방향이 된다.

- 문제가 왜 시작되었는가?

- 무엇이 계속되게 만드는가?
- 무엇이 이것을 끝나게 할 것인가?

CBT 임상가들은 내담자에게 귀 기울이면서 이러한 질문과 그것에 반응하기 위해 선택 가능한 참조틀에 대하여 스스로 생각한다. 예를 들면 내담자가 '쓸모없는' 존재로 자신을 비난한다면 아마도 상담가는 여기에서 유용한 신호를 찾을 것이다. CBT 이론과 사고, 신념과 스키마의 모든 수준은 놀랍게도 사물을 보는 다른 방법을 제시하는 데 도움이 된다. '자기중심적 주의집중' 개념과 사회불안에서 이것의 역할은 우리에게 내담자의 불안 신호는 자신의 내면에 지나치게 관심을 쏟느라 외부의 현실에 충분한 관심을 두지 않은 결과라는 것을 알게 해 준다(Wells, 1997). CBT 연구논문의 증가에 따른 지식 또한 다양한 문제를 가진 사람들의 특징적인 사고와 사고 과정을 정확하게 측정하도록 도움을 주고 있다(Wells, 2006의 '불안장애'를 참조하라). 상담가는 내담자의 경험을 이해하기 위해 이러한 모든 방법을 사용할 수 있어야 하며 CB 상담가의 임상적인 판단과 직관에 영향을 주는 CBT 레이더를 증진시킬 수 있어야 한다. 솔직히 말하면, 창조적인 요소와 내담자에게 도움이 될 수 있는 선택적이고 더 긍정적인 사고를 할 수 있는 감각능력에 대한 '남겨진 영역'이 있다. 완전하게 논리적 틀 안에서 언어만으로는 이 기술을 설명하기 어렵다. 이론적 절충의 적합성과 직관은 4, 5장에서 어떻게 이러한 결합이 인지와 행동 중재를 인도하고 나아가게 하는지 보여 줄 것이다.

7. 결론

이 장은 내담자와의 첫 상호작용에서 내담자의 사고방식을 관측하는 데서 시작해서 그들의 현재 문제를 정립하기 위한 자세한 정보까지 많은 영역을 다루었다. 역사적인 자료와 함께 이러한 세세한 부분들이 심리적인 기제를 구별할 수 있고 검증할 수 있는 구조화를 도출했다. 협력적 치료 관계는 이러한 교환이 일어나는 동안 성립되고 유지된다. 그러므로 이러한 관계는 상담을 위한 목표를 수립하기 위해 사용되고 목표를 성취하는 가운데 얻어지는 과정의 구조적인 방법이 된다. CBT 원리는 상담 여행의 각 단계를 알려 주며, 원리와 구조 사용에 대해서는 할 말은 많지만 가볍게 다루었다. 다음 장에서는 여행의 다음 단계에 적용되는 기술인 CBT 기법에 대하여 좀 더 자세한 설명을 할 것이다.

연습을 위한 조언 : 좋아질 수 있는 것을 볼 수 있도록 내담자 돕기

초기 계약과 재교육

심리학자들은 일반적으로 최초의 접촉에서 얻은 인상은 강력하며 오래 지속된다고 말한다. 상담에 오는 내담자는 흔히 의기소침하고 특히 상담 초기에 처음 '재교육(re-moralises)' 접촉으로 확대되고 정상적으로 좋아졌다 나빠졌다 하는 동안 내담자의 동기가 유지되면서 생동감 있게 된다고 느낀다.

　세미나에서 훈련자들은 '첫 회기에서 얻지 못해 가장 짜증나는 것이 무엇인가요?' 라고 질문한다. 나는 이것은 상담가들이 내담자와의 관계를 고려하기 위한 좋은 질문이라고 생각한다. 내가 내담자들과 이에 대해 논의하면, 그들은 항상 첫 회기가 끝날 때 상담이 어떻게 진행되며 상담이 도움이 될지에 대해 알고 싶다고 말한다. 그들은 상담 과정에 많은 시간과 돈을 투자하니 이 질문은 정당하다고 생각된다. 오히려 상담가들이 존재할 수 없는 확실성을 부여하고자 신경증적인 시도로서 그러한 요구를 고려하는 경향이 있다. 상담가는 확실한 '치유'에 대한 약속을 경계해야 한다. 그러나 가능하다면 내담자에게 상담이 진행되면 도움이 될 것이라는 어떠한 제언을 주는 것은 도움이 될 수 있다고 본다. 만약 내가 내담자라면, 그러한 설명 없이 첫 회기를 마치게 되면 짜증날 것이다.

그러므로 나는 첫 회기를 이렇게 마무리하려고 노력한다.

- 이야기한 것을 요약하기
- 도움이 될 수 있는 것들을 요약하기. 예를 들어 부정적 사고에 걸려든 사고 기록하기
- '안 좋은 날도 있다'고 제안하기
- 내 요약에 대하여 내담자가 어떻게 생각하는지 질문하기

나쁜 날에 대한 초점은 상담에 대한 기대가 긍정적일 필요가 있지만 또한 현실적일 필요도 있다는 사실을 강조한다.

추천도서

Grant, A. et al. (2004) *Cognitive Behaviour therapy in mental health care*. London: SAGE.

Kirk, J. (1989) Cognitive behavioural assessment. In K. Hawton, et al. (eds), *Cognitive behaviour therapy for psychiatric problems*. Oxford: Oxford Medical Publications, pp. 13-51.

Westbrook, D. et al. (2007) *Introduction to cognitive behaviour therapy: skills and applications*. London: SAGE.

CBT에서 대인관계 기법 사용하기

공감하는 관심사가 있음에도 불구하고
견딜 수 없을 만큼 서로를 싫어하는 정치가들이 있다.
인간 문제에 있어서 이성이 감성보다 지배적인 역할을 해야 한다고
주장할 때 스토아 철학자가 이해하지 못한 부분이 바로 이것이다.

Robert Harris(2006: 83-4)

대인관계 과정은 상담 작업을 독점한다. 이것은 내담자의 과거의 평가에서, 현재의 기능에서, 그리고 상담실 안의 상호작용에서 뚜렷하게 나타난다. 대인관계 영역은 현재 CBT 이론과 임상에서 확고하게 자리 잡았다(Gilbert & Leahy, 2007). 이 장은 CB 상담가가 상호관계적으로 상담을 민감하게 이끌어 가기 위하여 사용할 수 있는 기법에 대해 설명할 것이다. 특히 대인관계적 교환의 주제에 대한 인본주의와 정신역동적 치료의 수렴을 설명한 Kahn(1991)의 접근, 그리고 CBT 관점과 유사한 기반을 갖고 있는 Safran과 Segal(1990), Gilbert와 Leahy(2007)의 접근에 대하여 소개하고자 한다.

이 장은 CB 상담가들이 지속적인 상담 작업에서 특히 대인관계적인 요인이 영향을 미치는 순간을 어떻게 인식할 수 있는지를 보여 주는 것으로부터 시작한다. 이러한 순간들은 종종 기대하지 않은 감정을 갖게 하는데 이것을 임상 예문을 가지고 설명할 것이다. 그러나 이미 2장에서 살펴본 것처럼 내담자 구조화 안에서 현저한 대인관계 요인을 구별할 수 있을 땐 좀 더 쉽게 인식할 수 있다.

그 다음, 대인관계 요인을 인식하는 것은 심리적인 문제의 발달에서 그 역할을 이해하는 것이 유용하다고 제안한다. 상담가는 애착 이론에서 설명하는 과정과 그러한 과정이 내담자의 삶에서 상호적인 영향을 행사하는 방법, 그리고 상담에서 대인관계 방법을 이해할 때 관계적인 기법을 더 잘 사용할 수 있다. 나는 지금-여기에서의 평가와 상담이 진행되는 동안 상담가와 내담자 사이에 어떤 일이 벌어지는지 상담가가 알아차리도록 하는 대인관계적인 작업의 즉각성(immediacy) 사용에 초점을 두고자 한다. 감정과 스키마를 가지고 작업하는 더 많은 대인관계 기법은 6, 7장에서 살펴보겠다.

1. 일상의 상담에서 대인관계 과정의 영향 인식하기

> **브론** : 1월의 어느 추운 날, 나는 추위 속에서 들어올 내담자를 지글거리는 장작불로 맞이
> 하고 싶었다. 그러나 그날 아침 나무는 좀 젖어 있었고 불은 타오르기보다 칙칙거렸다. 나
> 는 내담자에게 관심을 쏟으려고 했으나 불이 활활 타오르기를 원했기 때문에 결국 그녀에
> 게 불을 보기 위하여 상담을 몇 분간 쉬자고 하였다. 내가 쭈그리고 앉아서 불을 다시 피
> 우려고 하자 그녀는 '미안해요.'라고 말했다. 몇 분이 지난 후 불은 활활 타오르고 있었고
> 나는 그녀가 나에게 사과한 것을 알아차렸다고 말하면서 왜 그랬는지 물었다. '당신을 곤
> 란하게 해서요. 내가 상담하러 오지 않았다면 당신이 쭈그리고 앉아 있지 않아도 되었을
> 테니까요.' 그래서 우리는 그녀의 사과와 그녀가 관심을 보인 나의 불편함에 대하여 아주
> 흥미로운 토론을 하게 되었다. '나는 가끔 내가 살아 있다는 것에 대하여 사과해야만 할
> 것 같아요.'라고 브론이 말했다. 지난주에 우리는 근본적인 문제에 대해 구조화하였고 이
> 제 그것을 상담하고 있었다.
>
> ....
>
> 브론의 어머니는 그녀가 열두 살 때 돌아가셨다. 브론은 그웬 아주머니와 함께 살게 되었
> 는데 그 아주머니는 웨일스 조합교회 신자였고 의무적으로 그녀를 돌보지만 교묘하게 돌
> 보지 않는 복잡한 성격을 갖고 있었다. 브론은 그웬에게 깊이 감사하였지만 정말로 아줌
> 마가 '친절한' 것인지에 대해서는 의문이 들었다. 하루는 동네 사람들이 이 상황에 대하
> 여 이야기하는 소리를 우연히 듣게 되었다. 한 사람이 한숨을 쉬면서 '그웬은 진정한 그
> 리스도인이지.' 그리고 '브론을 데려왔으니.'라고 아주 이상하게 슬픈 목소리로 말했다.
> 브론은 그들의 이야기로부터 그녀가 '부담'이며 '자선한답시고' 그녀가 자신을 '데려온
> 것'에 대해 더 감사해야만 한다고 생각했다.

이러한 사실은 나의 대인관계에 영향을 주었다. 나는 그웬 아주머니와 같은 유형
을 어렸을 때 잉글랜드와 웨일스 경계선 지방에서 알고 있었다. 게다가 불이 타올
라야 한다는 사실은 부분적으로 나의 패턴 중 하나와 연결되었다. 한꺼번에 여러
가지 많은 일을 하려던 나는 불을 피울 수 있는 적절한 때에 충분한 시간을 갖지
못하였다. 이 사건은 우리 둘에 대해 많은 것을 비추어 주었다. 이 대인관계를 강

조시킨 것은 주의하지 않으면 놓칠 수도 있었던 말에서부터 왔다. 내담자에 대해 깊이 생각해 보고 그녀가 하는 말에 조심스럽게 귀를 기울이는 것이 이 상담의 질을 향상시켰다. 이렇게 모인 정보는 브론의 상태를 좀 더 깊이 이해하는 데 많은 도움이 되었고 어떤 신념 변화가 그녀에게 가장 큰 도움이 될지 이해하게 되었다.

2. CBT 구조화에서 대인관계 내용 인식하기

건강한 상담 관계에서의 내담자의 구조화 발달 과정은 2장에서 설명하였다. 이 과정에서 상담가는 내담자의 핵심 문제 영역과 관련된 중요한 자료들을 찾아볼 것이다. 상담가는 내담자의 현재와 과거 대인관계 기능에서 이런 유형의 자료를 많이 발견하게 될 것이다.

돈은 뉴캐슬 지방의 거친 지역에서 자랐다. 그의 부모님은 두 분 다 알코올 중독자였고 자녀양육에 지나치게 일관성이 없었다. 돈은 군대에 입대하였고 무역을 배웠으며, 제대 후 성공하였다. 수년이 지난 지금 그는 현재의 파트너와 좋은 관계를 맺는 것을 힘들어하고 있다. 그의 행동에 신물이 난 그의 아내는 당분간 별거를 하면서 관계를 정리하자고 제안하였다. 그는 우울했다. 그가 과거 이야기를 말하는 동안 나는 돈에게 그의 전형적인 어린 시절의 이야기를 질문하였다(2장과 7장을 참조하라). 다음은 그가 나에게 한 이야기 이다.

내가 학교에서 집에 돌아오면 부모님은 보통 술에 취해서 바닥에 누워 있곤 했어요. 음식도 마실 물도 없었어요. 난로도 전깃불도 없었지요. 가스와 전기는 돈을 내지 않아서 이미 중단되었고요. 마지막으로 기억하는 환멸적인 사건은 호숫가에 갔던 학교수련회에서 돌아왔을 때였어요. 차는 금요일 오후 4시에 학교에 도착했어요. 모든 부모들은 자기 자녀를 만나기 위해 거기 와 있었어요. 우리 부모님만 제외하고요. 끔찍한 일은 이 모든 '행복한 가족들'을 지나 차 뒤에 있는 내 가방을 가지러 가야만 했다는 것입니다. 창피했어요. 그러나 나에게는 잊을 수 없는 순간이었어요. 나는 그때 내 자신에게 '다시는 이런 굴욕을

> 당하지 않을 거야. 다시는 다른 사람에게 의지하지 않겠어. 나는 지금부터 나 자신을 돌볼
> 거야.' 라고 말했지요.

우리는 돈의 최근 경험이 아주 먼 과거와 연결되어 있는 것을 볼 수 있다. '나 자신을 먼저 돌본다'는 전략이 군대에 있는 동안에는 잘 작동하였지만, 친밀한 관계를 맺으려는 지금은 큰 도움이 되지 않는다. 상호의존적인 결혼 상황에서 독립의 욕구가 어떻게 충족될 수 있을까? 특히 돈은 사랑에 대한 강한 욕구를 가지고 있지만 사랑을 가능케 하는 신뢰가 충분하지 않았는데, 이는 그의 어린 시절 경험을 살펴본다면 놀라운 일도 아니다. 그는 적대적인 스키마를 가졌다. 한 욕구는 애착을 추구하지만 다른 욕구는 분리를 추구한다. 우리는 간단한 구조화를 했고 이것은 친구가 전화하기로 한 것을 잊었을 때 그의 부정적인 반응을 이해하는 데 사용되었다(그림 3.1 참조).

그림 3.1의 구조화를 보면 대인관계 자료는 모든 부분에서부터 온 것처럼 보인다. 과거 사건과 현재 촉발된 사건은 오랜 대인관계의 학습 역사가 암시해 주는 자연스러운 대인관계이다. 핵심 인지는 모두 상호 대인관계적이며 심지어 돈이 자신에 대해 가지고 있는 생각조차도 다른 사람과 관계가 있다. 자신과 다른 사람 사이에 어떤 신뢰와 사랑이 있겠는가? 심지어 세상조차도 다른 사람들에 대해 의도를 가진 사람으로 의인화된다는데 이 경우에는 다른 사람을 향한 의도가 부족한 사람으로 의인화된다. 행동은 내담자가 얼마나 다른 사람을 향하는지 혹은 멀어지는지를 측정하며, 부정적 감정은 혐오스러운 대인관계 사건에 반응하기 위해 내재된 경향성이다.

돈을 상담에 오게 한 돈의 파트너는 사실 다른 남자와 관계를 맺고 있었고 잠재적으로 가장 부정적인 그의 모든 대인관계 스키마를 확인하게 했다. 우리는 그가 이미 만든 문제 관리와 문제 해결 기법을 적용해서 그의 상처와 상실을 다룰 수

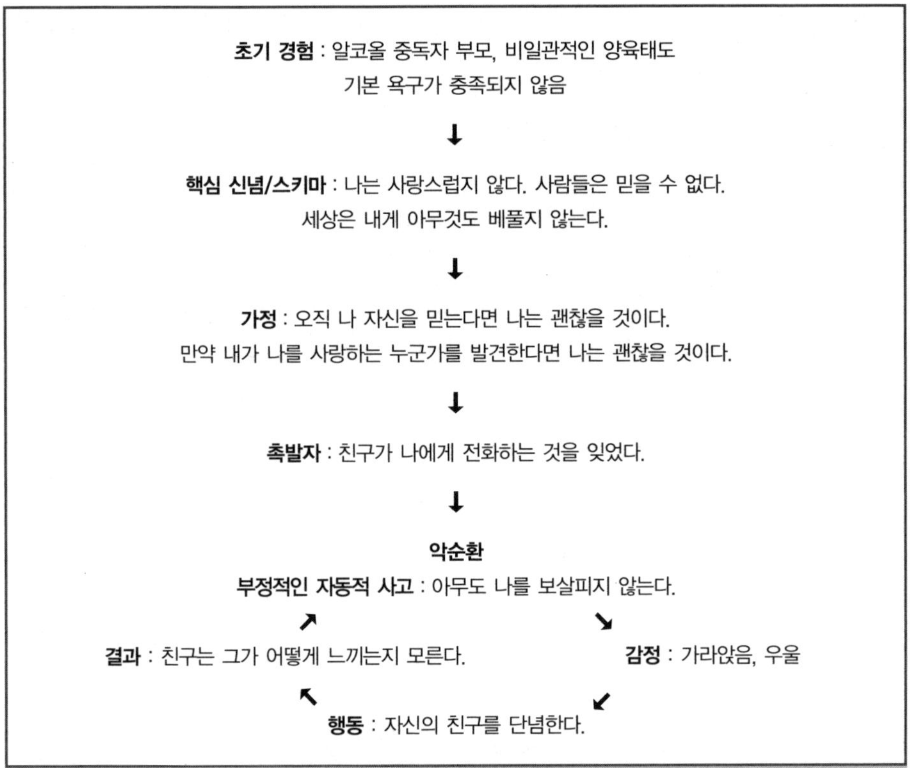

초기 경험 : 알코올 중독자 부모, 비일관적인 양육태도
기본 욕구가 충족되지 않음

↓

핵심 신념/스키마 : 나는 사랑스럽지 않다. 사람들은 믿을 수 없다.
세상은 내게 아무것도 베풀지 않는다.

↓

가정 : 오직 나 자신을 믿는다면 나는 괜찮을 것이다.
만약 내가 나를 사랑하는 누군가를 발견한다면 나는 괜찮을 것이다.

↓

촉발자 : 친구가 나에게 전화하는 것을 잊었다.

↓

악순환
부정적인 자동적 사고 : 아무도 나를 보살피지 않는다.

결과 : 친구는 그가 어떻게 느끼는지 모른다.   **감정** : 가라앉음, 우울

행동 : 자신의 친구를 단념한다.

그림 3.1 돈의 CB 구조화

있게 도왔다. 상담을 종결할 때쯤에 돈은 이민을 갔고 새로운 관계를 형성하였다. 2년 뒤 그는 이전의 파트너와 친구가 되었고 행복한 재혼을 하였으며 자신의 원가족과도 새로운 관계로 평화롭게 지내고 있다며 내게 편지를 보내왔다. 나는 돈과의 작업에서 그의 신념의 다양한 가닥을 구별하고, 그것을 함께 연결하고, 돈에게 언어로 다시 전달하면서 표준 CBT 기법인 기록 형식을 사용했다. 또한 나는 대인관계 본성의 '소프트 핸드'[1] 기법을 확인하였다. 이 기법들은 Young과 동료들(2003)이 묘사했던 '제한된 재양육'과 흡사하다(7장 참조). 이는 여러 가지 고통과

---

1) '소프트 핸드'는 크리켓 게임의 내기에서 더 강하게 볼을 쳤을 때 쓰는 말로 여기에서는 좋은 유추가 된다.

변화가 해결될 수 있는 기준점과 전환점 역할을 해 준다. 마지막으로 상담이 중요한 역할을 담당했다고 확신하지만 결국 이러한 변화들은 성공적인 새로운 관계에 의해 확고해진다는 것을 나는 믿는다.

> **제안**
>
> 당신이 최근 상담한 내담자를 생각해 보라. 상담 중 무엇이 돈의 예에서 나타난 구조화와 유사한가? 내담자가 현재와 과거의 관계에 대하여 무엇을 이야기했는가? 당신과의 상담 관계는 어떠했는가? 이 모든 요소 가운데 무엇이 일반적인 주제에 부합하는 것처럼 보이고, 또 거기에는 어떤 불일치가 있는가?

3. 대인관계와 심리적 문제 사이의 관계 이해하기

초기 CBT에 대한 몇 가지 비판은 우울증 인지 모델을 심리적인 문제의 원인으로 보아서 관계의 어려움에 대해 충분히 강조하지 않았다는 점이다. 이런 비판과 Beck의 반응은 Weishaar(1993)의 연구에 설명되어 있다. 이 비판은 사실과 크게 다르지 않았으며 특히 Beck은 그답게 이론의 몇 가지 양상을 확대하고 다른 것을 구별하여 설명하였다(Beck, 1988, 1991). 예를 들어 어머니를 일찍 상실하고 자신감이 부족한 파트너는 젊은 어머니들에게 우울을 유발하는 핵심 취약성 요소라고 오랫동안 알려져 왔다.

관계 요소는 심리적 문제의 역사적인 촉발자이듯이 우울 유지에 핵심 역할을 한다. 우울한 내담자는 보상 없는 파트너가 될 수 있다. 이러한 내담자들의 파트너 대부분은 처음엔 동정심을 갖지만 우울한 파트너의 자기집착은 이들의 선한 의지를 급속도로 무력화시킨다(Papageorgiou & Wells, 2003). 한 연구는 우울한 내담자의 파트너 중 40%가 우울 진단 분류에 맞춰 볼 때 매우 심한 증상을 나타내고 있음을 밝혔다(Safran & Segal, 1990). 또한 상대적으로 단순한 행동과 그러한 내담자의 대인관계적 중재가 복잡한 심리치료 만큼이나 효과적이라는 것이 논란이 되어 왔다(5장 '행동 활성화'를 참조하라). 대인관계적인 자료를 다루는 것은 심층적인 자기인식에 근거한 정교한 심리작업을 포함하지만 그렇다고 단순하고 직접적인 중재를 무시해서는 안 된다. 이러한 CBT의 새로운 발전은 모델 또한 사회적인 환경을 신중히 고려해야 하고 심리적 결함에 근거한 설명에 지나치게 의존해서는 안 된다는 사실들을 분명하게 보여 준다. Epictetus[2]의 유명한 격언은 오해를 일으킬 수 있다. 방해는 흔히 실제 사건을 보는 사람들의 견해에 대한 결과이다. 그런 일이 없다면 부정적인 견해는 처음부터 생길 수가 없다.

우울한 내담자들은 상담가에게 보람을 주지 못하며 상담가 수용과 공감을 최대한으로 시험하는 것 같다. 많은 상담 훈련생이 마치 그것에 전염되는 것처럼 우울에 대한 두려움을 표현하는 것이 아직도 나를 놀라게 하는데, 아마도 상호관계 감각이 다른 사람에게 강력한 영향을 주기 때문일 것이다. 흔히 사람들은 사람들이 자신을 어떻게 보는지에 대해 절반 정도는 자각하고 있으므로 이러한 문제는 내담자와 함께 알아볼 때 도움이 될 수 있다고 생각한다. 엄격함과 지나친 심각함은 우울과 함께 자리 잡을 수 있으며 이것은 내담자로 하여금 예전의 자신과 소원하게 할 수 있고 이것으로 인해서 그들의 파트너와도 멀어지게 할 수 있다. 치료 회기란 행동의 새로운 방법(그리고/혹은 더 예전 방법을 회복할 수 있는)을 시도할 수 있고 실험적으로 해 볼 수 있는 안전한 환경이다. 기분전환은 좀 진부한 이야기일 수 있지만 나는 이렇게 구분된 내담자에게는 어떻게 할 수 있을지를 사고하게 함으로써 긍정적인 효과를 얻었다. 기분을 가볍게 하는 것이 '우울 원인의 경향성을 극복하기'보다 좀 덜 걱정스럽게 들린다. 상호관계적인 경험은 1장에서 논의

---

2) '사람들은 사건 자체에 의해서보다 그 사건을 어떻게 보는가의 관점에 의해 방해받는다.'

한 행동의 활성화와 재구조화의 원리와 연결된다. 결정적으로 내담자가 우울하지 않았던 이전의 자신을 되찾을 수 있다는 기분을 느끼도록 도와야 한다. 이러한 발상은 이야기하지 않고 내담자의 참조틀 안에서 나타나야만 하며 그 틀이 외부에서 온다면 해가 될 수 있다.

4. 애착 이해 사용하기

애착은 상담에서 영향력 있는 아이디어다. 이것은 내담자와 상담가의 친밀한 관계가 어떻게 작동하는지 이해할 수 있게 해 주므로 유용하다. Bowlby(1980)의 애착 작동 모델은 Beck의 유형 개념과 유사하다(Beck, 1996). 영아는 특별히 오랜 기간 동안 의존하여 성장하므로 애착 유대는 어머니와 아기를 위한 내재된 반응으로 생존의 가치가 있고 생애 첫 순간에 나타난다. Beck(1996)은 CBT 이론의 진화론적인 토대를 설명하였다. 예를 들어 불안은 생존의 적합한 예방조치가 무시되지 않으면서 위험의 가능성에 대한 내재된 반응처럼 볼 수 있다(Beck et al., 1985). 또한 우울은 실패한 계획에서 자원을 철회하여 에너지를 보존하려는 진화적인 반응일 수 있다(Gilbert, 1992). 좀 더 대인관계적인 견해로 본다면 집단에서 제외된다는 것은 잠재적인 위험이다. 이러한 가능성에 대한 자각은 '2F : 공격ㆍ도피반응(fight or flight)' 이라는 동기로 불안을 촉발시키기 쉽다. 예를 들어 사회불안을 가진 내담자는 어떤 직장 동료를 무리의 주변을 돌면서 약한 동물을 골라 무리의 끝으로 밀어붙이는 '포식자'처럼 설명했다(Sanders & Wills, 2003). 그러한 가능성에 대한 적절한 불안은 적응적일 수 있는 반면 심각한 불안은 적응적인 행동을 가로막아서 얼어붙게 하고, 그래서 도망갈 수 있는 가능성을 제한하게 된다. 만약 영아가 안전 기지를 가지고 있다면 탐색하는 데 좀 더 자신이 있다. 그러나 불안은 탐색행동을 제한시키는 것처럼 보인다. Bowlby(1988)는 발달적으로 안전 기지가 어떻게 탐색을 용이하게 하고 안전 영역을 확대하는지, 불안전 기지는 어떻게 부정적인 애착 유형을 유도하는지를 보여 주었다. Liotti(2007)는 만약 상담 관계에서 합리적인 협력이 붕괴된다면 내담자는 아마도 과거 부정적 애착 유형으로 되돌아갈 수 있다고 제언하였다. 그러므로 상담가는 상담 회기 동안 내담자가 충분한 안전을 만들어 나갈 수 있도록 관계가 포함된 발달을 실현해야만 한다.

상담가는 내담자가 기능하는 방법을 탐색하기 위해서 그들에게 분명하게 질문한다. 그러므로 내담자는 자신이 하는 것처럼 부정적으로 판단되지 않을 것이라고 느낄 필요가 있다. Winnicott(1965)은 자녀가 탐색하기와 안전 기지로 돌아오기를 반복하는 '엄마의 현전 안에서 혼자 존재하기'를 설명하였다. 만약 상담가가 안전 기지를 제공할 수 있다면 탐색은 적응할 수 있는 불안을 상승시켜서 내담자는 가까이에서 친밀한 존재를 안전으로 경험하게 된다. 그러나 분리 또한 애착 단계에서 중요하다(Guidano & Liotti, 1983). 안정애착은 안전한 분리를 가능하게 한다. 이와 유사하게, 상담가 또한 적합한 시기에 분리할 수 있도록 내담자를 도와야 한다. 그러나 불안은 문제를 만들 수 있고 탐색을 차단하거나 적절한 분리를 늦출 수 있다. 행동적 실험은 안정적인 상담 관계 안에서 내담자에 대한 탐색으로 볼 수 있다(5장에 설명되어 있다). 애착 개념은 또한 상담 관계를 포함한 관계 유형의 발달과 종결에 대한 설명을 가능하게 한다. 이러한 면에서 볼 때 내담자의 여러 가지 필요를 알고 반응하는 것은 중요하다. 또한 애착은 자신을 둘러싼 사회 집단과 합리적이고 안전한 관계를 갖고자 하는 더 넓은 감각인 욕구로 이해되기도 한다. 신화의 많은 이야기에 등장하는 것처럼 집단에 의해 거부되는 두려움은 사회적으로 불안한 내담자의 근원적인 불안을 나타낸다(Girard, 1977).

제안

한쪽 끝이 '애착'이고 다른 끝이 '분리'(혹은 '자율성')인 연속선을 그려라. 그리고 여러 사람들을 그 선 위에 배치하라. 예를 들면 어떤 사람들은 애착하고자 하는 강한 욕구를 가지고 있는 한편 다른 사람들은 자율성을 가짐으로써 더 행복해 보인다. 자기 자신으로부터 시작하고 그다음 거기에 내담자를 넣어라. 그들 사이의 관계와 이 사람들에 의해 가정되는 여러 위치는 무엇을 암시하는가? 예를 들어 애착에 강한 욕구를 가진 사람이 자율성에 강한 욕구를 가진 사람과 연결될 때 어떤 일이 벌어지겠는가? 이런 경우 가족과 조직의 각 사람들의 욕구 균형을 이룰 수 있는 생산적인 방법이 있는가?

5. 부정적 상호작용 유형 변화 증진을 위한 기법 ― 먼저 확인하라

부정적 대인관계 행동은 흔히 다른 사람들이 '대체 반응'을 하게 하며, 그 결과는 자신의 최악의 두려움을 더욱 굳힐 뿐이다(Safran & Segal, 1990). 초기 훈련 동안 나는 경험집단에서 분리된 느낌이 있고 다른 집단원에 대해 부정적인 느낌으로 가득 차 있었다. 집단 조교가 갑자기 나에게 무엇을 생각하고 있느냐고 물었다. 나는 입을 다물어야 했음에도 불구하고 'R에 대해 너무 화가 나요. 그는 얼굴에 미소를 띠고 슈퍼바이저와 함께 저기 앉아 있고 아무 말도 하지 않아요.'라고 터뜨렸다. 내 눈이 갑자기 R의 눈과 마주쳤고 이것은 단순한 '마주침'이었다. 나는 집단 안에서 그가 매우 두려워하고 있다는 것을 보았고 내가 본 것을 그도 보았다. 내가 본 것을 그가 보았고 그것을 내가 보았다! 우리는 둘 다 그 상황이 우스꽝스러워서 낄낄거렸다. 이것이 우리의 좋은 우정의 시작이었다. 나는 이와 같은 패턴을 사회불안[3]으로 고통 받는 많은 내담자들 사이에서 발견한다. 사람들은 흔히 사회적 상황 안에서 판단되는 두려움을 느낄 때 방어적으로 다른 사람이 더

---

3) 귀족의 예로, Juliet Nicholson의 *The perfect summer: dancing into the shadow in 1911* (Nicholson, 2006)에 나오는 '오만한' 메리 여왕의 묘사를 보라.

'우월'한 것처럼 봄으로써 분리 상태를 취한다. 이 패턴은 원치 않는 주의집중을 유도하며 다른 사람으로부터 사람들이 가장 두려워하는 적대감을 이끌어 낸다. 그들은 원치 않는 주의집중은 피할 수 있지만 관심만 더 끌게 될 뿐이다(Sanders & Wills, 2003). 그리고 이 패턴은 '사람들은 나를 좋아하지 않으며 나를 비난할 것이다.'라는 자기충족적인 예언의 결과가 된다. 이것은 전통적인 '악순환'으로 Karen Horney(1951)가 처음 설명하였고 후에 Paul Wachtel(1982), 그리고 지금은 CBT 구조화의 대부분이 그렇게 설명한다(Sanders & Wills, 2005).

자기충족적 패턴은 아주 잘 성립되므로 흔히 그 사건의 자연스러운 순서처럼 보인다. 실제로 상담가가 알아차리지 못하고 회기에서 반복된다. 만약 상담가가 이와 같은 것에 민감하다면 그 패턴은 갑자기 우리의 주목을 받게 되므로 우리는 다시 돌아가서 생각하고 이전 상호작용 패턴으로 그것을 구분하기 시작할 것이다. 상담가는 패턴을 파악하는 것에 사로잡힌다. 슈퍼비전은 이러한 통찰이 시험되고 다루어지는 장소이다. 심지어 아주 분명한 패턴이 있을 때나 혹은 그렇지 않을 때에도 대답 자체를 어떻게 해야 하는지는 분명하지 않을 수 있다. 우리의 이러한 질문들이 구조화를 결정하도록 도움을 줄 수 있는 자료는 현재와 역사적 내용 안에서 내담자의 대인관계에 관한 것이며 우리가 이미 학습한 것이다. 대인관계 전략은 스키마, 핵심 신념과 가정 속에 흔히 나타난다.

6. 대인관계적 CBT : 평가 기법

평가 과정 동안 많은 질문을 하는 것은 내담자의 대인관계 기능의 그림을 그리기 위함이다. 반복적 주제는 상담가가 보지 못하는 어떤 부분의 가능성에 대해 의문을 갖게 할 수 있다.

> **레이첼** : 간호사로서 레이첼의 일은 그녀에게는 분명히 매우 중요한 주제였다. 그녀는 자신의 일이 그녀 생각에 얼마나 '중요한지'에 의해 자신을 정의하였다. 그녀는 자신의 일이 중요하지 않으며 다른 분야의 일을 찾아야만 한다고 고민하는 기간이 잦아졌다. 그녀가 일을 과소평가한다 할지라도, 그녀는 매일 현재 직장에서의 생산성에 대해 자신을 냉혹하게 비판 하였다. 우리는 문제의 정도를 평가하기 위해 지난 다섯 번의 직장을 탐색하며 최근 직장에 대한 역사를 살펴보았다. 레이첼은 각 직장을 모두 실패라고 평가하였고 수간호사에 대해 항상 불평하였으며 이는 수간호사가 자신의 개인적 재능을 고마워하지 않았기 때문이라고 하였다. 어떤 수간호사는 자주 비판적이라는 NHS 관리기준의 예상과 맞아떨어진다고 하더라도, 레이첼이 5명의 수간호사가 모두 비판적이라고 했을 때 상담가는 수간호사들과의 관계에 맹점이 있지 않았나 하는 의문을 갖기 시작했다.

주제들은 치료적인 자료에서부터 자연스럽게 나타나는 반면 대인관계적으로 잠재적인 유의미한 정보가 여기는 두 가지 있는데, 그것은 **관계 신호**와 **관계 실패**이다.

관계 신호는('대인관계 표시') 아래에 놓여 있는 대인관계 패턴을 드러내는 사건이다. 그것은 행동샘플로 내담자의 '전체 인지적 대인관계 유형을 이해하는 창'이다(Safran & Segal, 1990: 82). 상담가가 내담자에게 뭔가 어색함을 느끼고 '세상에 이게 다 무슨 소리야?'라는 고찰을 통해 내담자 행동에 반응하는 자신을 발견할 때 분명해질 수 있다.

> **메리**는 첫 회기에서 앉자마자 나에 대한 질문공세를 했다. 계속해서 미소를 띠며 나의 상담 훈련에 대하여, 그리고 내가 어떻게 이 분야에 흥미를 갖게 되었는지, 어떻게 상담실을 열게 되었는지, 그리고 또 다른 질문들을 하였다. 상담가는 그러한 행동이 불안의 신호, 혹은 신뢰의 주제로 생각하는 경향이 있다. 그러나 이후의 상담 회기에서 메리는 그녀의 질문에 대하여 아주 색다르고 독특한 동기를 보여 주었다. 그녀는 집안의 맏이로서 어린 동생들을 하고 싶은 대로 해 주기 위하여 '하녀'처럼 살아온, 기본적으로 병든 냄새를 풍겼다. 그녀는 '나는 단지 기대에 미치지 못한다. 나는 다른 사람만큼 좋지 않다.'라고 믿게 되었다. 무엇을 성취하든 혹은 그녀가 얼마나 노력하든 사람들이 자신을 부정적으로 판단할 것이라고 생각했고 어느 누구도 결코 자신에 대하여 관심이 있을 것이라고 기대하

> 지 않았다. 몇 년이 지난 후에 판매 과정에 관한 수업 중 교수는 자신도 모르게 이 문제
> 를 극복하기 위한 전략을 제시하였다. '당신 고객에게 질문하십시오. 고객에게 관심을 보
> 이세요. 그러면 그는 당신에게 관심을 보일 것입니다.' 그녀는 나에게 많은 질문을 함으로
> 써 '나는 당신에게 관심을 갖고 있으니 제발 나에게 관심을 가져 주세요.' 라고 말하고 있
> 었다.

좀 더 많은 질문을 한다는 이 특정한 전략은 메리가 열광적으로 좇았던 좀 더 일
반적으로는 '다른 사람 기쁘게 하기' 전략의 한 부분이라는 것으로 드러났다. 그
러한 전략으로부터 초래되는 모순적 결과는 어린 시절로 되돌아가므로 실제로 이
행동은 메리의 직장 동료와 말썽을 일으켰고, 그들은 그녀를 이용하고 하녀처럼
취급하였다. 슈퍼비전에서 내가 메리의 회유적인 역할을 하고, 나의 슈퍼바이저
는 '만약 그녀가 밝아져서 조금만 더 놀기를 좋아한다면 얼마나 근사하겠어요.' 라
고 조언하는 역할을 하였다. 나는 메리에게 그것을 반영하였고 그녀는 금방 그것
을 받아들였다. 나는 잠재적인 문제 해결을 보면서 아주 큰 안도감을 느꼈고 그녀
는 그 후 빠른 속도로 진전하였다.[4] 이러한 방법으로 그녀가 새로운 전략, 즉 이
경우에는 장난기인데 이것을 시도할 수 있는 상황의 범위를 브레인스토밍하도록
자극해서 시도하도록 돌파구를 찾는 것은 큰 도움이 된다. Egan(2002)은 생존 가
능성과 효율성을 위하여 브레인스토밍으로부터 나타나는 여러 가지 가능성에 대
해 상상으로 검증하는 방법을 미리 생각해 보는 단계들을 제안한다. 예를 들면 앞
으로 누구와 처음으로 '장난'을 연습해 볼 것인지 실제로 해 보는 것이다. 아마도
사람들은 대부분 긍정적으로 반응하지 않을까? 이러한 참여는 내담자가 행동하도
록 돕는다. 모든 잘못된 방법으로 메리가 얻으려고 찾았던 행동은 긍정적 피드백
이 된다. 이것은 나에게 '사회적 공포'라 불리는 끔찍한 '장애'라는 말보다는 '좀
더 즐거울' 필요가 있는 문제라고 하는 것이 훨씬 더 좋다는 깨우침을 주었다.

---

4) 더 자세한 설명은 Sanders & Wills(2005: 13-20)를 참조하라.

메리에게 대인관계 '표시' 행동의 효과는 상대적으로 어린 시절을 통해 찾았고 작업하였다. 다른 대인관계 표시는 예를 들어 누군가가 상담가에 대한 신뢰가 부족하다는 것을 드러냈음에도 부주의하게 그대로 두었다면 상담 관계에 문제 원인이 있기 쉽다. 우리는 좀 더 힘든 단절과 동맹의 방해, 그리고 그것을 취급하는 방법에 대해 간략하게 언급하고, 7장에서 자세히 살펴보도록 하겠다.

제안

당신과 내담자 사이에서 여러 해를 두고 발생한 사건을 생각해 보라. 한 훈련생은 나에게 내담자가 상담 회기마다 규칙적으로 과자 봉지를 들고 상담에 왔다고 말했다. 이러한 일이 내담자의 근원적인 '대인관계 표시'로 보이고/보이거나 이것이 당신의 근원적인 대인관계 패턴을 가지고 상호작용하는 방법인지 되돌아 생각해 보라.

7. 상담 밖 내담자의 대인관계 유형 작업 기법

내담자가 잘못된 대인관계 경험을 보고할 때 그들은 흔히 강렬한 감정과 부정적 사고를 표현한다.

> **앨런**은 직장 회의가 어떻게 우울 반응을 촉발하는지 설명한다. 그는 '정말로 그를 위해 거기에 있었던' 사람은 아무도 없다는 개인사를 가지고 있다. 그의 부모는 '나쁜 부모'는 아니었지만 그를 돕기 위해 어떤 일도 나서서 하진 않았다. 그는 '사람들은 절대로 나를 돕지 않을 것이다.'라는 신념을 가지고 성장하였다. 그의 직장 상황은 압력이 있었고 정리해고가 있을 것이라는 루머가 퍼져 있었다. 앨런은 그의 동료들을 경쟁자와 '약탈자'로 보았다. 그는 회의에서 보고서를 발표해야만 했다. 그는 그 경험을 '참담했지요. 모든 사람들이 나를 공격하기 위해 달려들고 싶어 하는 것처럼 느꼈어요. 내 보고는 쓰레기 같았고요… 나는 너무 기분이 나빠서 밖으로 나와 곧장 집으로 돌아왔고, 그리고 아팠어요.'라고 보고하였다.[5]

직장에서의 회의를 이렇게 설명하면서, 앨런은 이것이 정확하게 발생한 사건이라는 데에는 의심의 여지가 없었다. Safran과 Segal(1990)은 이러한 마음 상태를 '완전히 가라앉은' 상태로 설명한다. 내담자의 현실 지각에 덜 걸러듦으로 상담가는 좀 더 자유롭게 정말로 무슨 일이 있었는지 의문을 가져 볼 수 있다. '인지 왜곡'에 대한 지식을 갖고 시작하는 것이 좋다(4장 참조). CB 상담가는 인지 왜곡에 대하여 아주 정통하여서 그것을 빠르게 알아낼 수 있어야 한다.

앨런 : 상담가는 앨런에게 '과잉 일반화'에서 올 수 있는 가능한 결과에 대하여 생각해 보도록 도움을 주었다. 전체 회의는 아홉 명이 참석하였는데 앨런이 생각한 것처럼 그의 보고는 정말 만장일치로 엉망이었을까? 보통 회의는 자유로운 토론이기 때문에 만장일치는 상당히 어렵다. 상담가는 그날의 경험 전부를 다시 진행하고자 하였고 앨런에게 가능한 아주 세밀하게 회상할 것을 요청하였다. 흔히 그렇듯이 세세한 부분이 중요하다. 앨런은 기억할 수 있는 모든 내용을 자세히 적었고, 놀랍게도 그가 기억한 내용의 오직 10%만이 비판적이었다는 것에 놀랐다. 그는 또한 긍정적인 언급에 대한 기억도 찾아냈다. 사실 전체적으로 부정적인 만큼 긍정적인 것도 있었고 대부분의 언급은 강력한 '중립'으로 분류되었다. 현실은 당시 그가 불안을 느꼈을 때 생각했던 것보다 좀 더 부드러운 것으로 밝혀졌다. 앨런과 상담가와의 좋은 관계는 재구조화 시도를 개인적 도전이라기보다는 지각의 도전으로 보게 하였다.

기술적인 시각에서 보자면, 당신은 내담자와 좋은 관계를 가지고 있으며, 내담자가 부정적인 사고를 할 때 이런 인지에 대한 도전은 아마 새로운 근거를 보여 줄 수 있기 때문에 좀 더 치료적일 것이다. 불안하고 스트레스를 받았다는 사실에 영향을 받은 내담자의 이전 관점은 이제 좀 더 정연한 논리의 새로운 관점으로 재사고한다. 그러나 이성에 호소하는 것이 감정이 역할을 하지 않았다는 것을 의미하지는 않는다. CBT에서 변화는 부정적인 감정과 함께 적응성 있는 사고가 경험될

---

5) Sanders & Wills(2005: 82-3)를 참조.

때 좀 더 일어나기 쉽다(Foa & Kozak, 1986). 감정 없는 재구조화는 단지 '지식 화(intellectualisation)'일 뿐이다. 내담자는 자신의 부정적인 패턴에 대한 역할을 좀 더 받아들일 수 있다. 이것은 '그래, 그거야. 나는 이것이 진정 의도하는 것보다 너무 개인적으로 보고 있어.'라고 스스로에게 말하는 과정이다. 첫 번째 불협화음의 불편함은 변화를 위해 필요한 동기의 한 부분이다. 새로운 위치에 편안히 자리 잡도록 권한을 주고 자유롭게 하는 생각은 '나 자신에게 이것을 말할 수 있다면, 나는 이것을 밖으로도 말할 수 있어.'이다.

그러나 또 다른 가능성은 내담자가 그의 부정적 사고를 완전히 이해하지 못하여 계속되는 언쟁을 다루지 않는다는 것이다(Safran & Segal, 1990). 내담자는 이미 인지의 불협화음을 느꼈고 사실상 지금은 두 가지 마음을 갖고 있다. 이것은 이 장의 도입부에 소개되었던 브론의 예에서도 볼 수 있다. 그녀의 회유하기는 브론이 '이것은 미친 짓이에요, 그렇지 않아요? 나는 왜 내가 언제나 사과를 해야만 하는지 모르겠어요. 나는 살아 있는 것에 대하여 때로 미안하게 느껴져요.'라고 언급했다. 우리는 이것이 도전하기에 좋은 위치라고 생각할 수 있다. 브론은 거기에 반쯤 도달하였으므로 아마도 우리는 그녀의 합리적인 면에 맞추어서 마지막 몇 걸음을 움직이도록 용기를 줄 수 있다. 그럴 경우도 있지만 그렇지 않을 경우도 있다. 언어적 확대라는 하나의 가능성이 우리에게 '왜'라는 이유를 보여 준다.

상담가 : 그래서 당신이 상황에 대해서 사과하는데 당신은 그것에 전혀 책임이 없지요.
내담자 : 알아요. 그런데 왜 내가 사과해야만 하나요?
상담가 : 당신은 그 질문에 어떻게 답하나요?
내담자 : 왜냐하면 나는 형편없는 바보이기 때문이지요.
상담가 : 당신이 형편없는 바보라는 증거를 나에게 줄 수 있나요?
내담자 : 왜냐하면 나는 항상 바보같이 모든 것에 사과하는 형편없는 멍청이니까요!
상담가 : 거기서 다른 방법으로 당신이 하는 것을 볼 수 있나요?

내담자 : (아주 스트레스를 받은 것처럼 보이면서) 모르겠어요… 단지 나는 그렇게 하찮
　　　　게 느껴져요.

이 시나리오는 부정적 사고가 비효과적임에 어떻게 도전하는지의 예를 보여 준
다. 만약 도전을 지나치게 의욕적으로 한다면 내담자를 소원하게 할 수도 있다.
문제는 내담자가 자신의 부정적 사고에 대하여 스스로 자신과 논쟁하는데, 그래
서 상담가는 어떤 새로운 문제도 발생하지 않을 것이라는 열린 문으로 그들을 밀
어넣는 것이다. 치료적 달성은 중재의 힘과 그들 마음이 완전히 '설득된' 상태일
때 내담자의 의심 없는 저항과 중재 사이의 역동적 상호작용으로부터 비롯된다.
그러므로 CB 상담가는 내담자가 부정적 사고뿐만 아니라 그 사고와 함께 관계에
서도 그렇다는 것을 염두에 두는 것이 중요하다. 많은 내담자들은 항상 그들의 사
고와 협상한다. 그러나 문제는 자주 그들이 관심을 갖는 방식으로 협상하므로 유
지한다(Williams et al., 2007). 왜냐하면 협상의 한쪽은 내담자의 목소리가 명령
할것이고 다른 한쪽은 다른 것이 명령할 것이므로 상담가에게는 수수께끼처럼 보
일 수 있는 역설이 된다. 그러므로 상담가는 내담자의 사고를 감시할 필요가 있을
뿐만 아니라 그러한 사고들과의 관계를 알아차려야 한다. 더욱이 개입은 마지막
언어에서 나타난다. 사고는 의미 있고 '기술적으로 옳다'고 할지라도 대인관계로
는 잘 드러나지 않는다. 브론은 상당히 인지적이고 능력 있는 사람이지만 오랜 시
간을 어리석다고 느끼고 있었다. 내담자는 상담가의 개입을 종종 잘난 체하는 것
으로 경험할 수 있으며 상담가가 내담자를 바보처럼 본다고 내비치는 것으로 경
험할 수도 있다. 이것은 부정적으로 확인되는 강력한 경험이 될 수 있고 내담자가
피하려고 하는 부정적 자기 스키마와 잘 맞아 들어간다. 우리는 열린 방법으로 부
정적 사고를 유지하는 역할을 내담자가 경험하도록 도울 수는 없다. Safran과
Segal(1990)에 따르면 올바른 치료적 책략은 젠들린의 '포커싱'(Gendlin, 1981)

으로 내담자를 감정경험으로 유도함으로써 부정적인 것으로 내담자를 다시 향하게 하는 반직관적인 유사요법이 있다.

상담가 : 당신은 당신이 만들지 않은 상황에 대해 사과하고, 그것에 대하여 바보처럼 느낍니다. 거기로 들어가 보지요. 그러한 느낌을 가지고 멈추세요.

내담자 : 무슨 의미지요?

상담가 : 자, 지금 당신은 그것을 밀어내려고 합니다. 반대로 해 보세요. 상황을 받아들이고 그것이 무엇과 같은지 함께 느껴 보세요

내담자 : (호기심을 가지고) 네. 그런데… 이게 도움이 된다고 생각하세요?

상담가 : 그것과 함께 몸의 어디에 느낌이 있나요?

내담자 : 머리가 아프고 이마가 터질 것 같은 압박을 느껴요. 마치 천둥치는 날처럼 느껴져요. 당신도 알다시피 이런 분위기는 우울하지요.

상담가 : 그러면 천둥을 그대로 가지고, 잠시 압박하는 느낌을 그대로 유지하세요. 그리고 단지 유지하면서 무슨 일이 벌어지는지 봅시다.

내담자 : 구름이 나를 따라오고 있어요. 그것은 일생 동안 나를 따라다녔어요. 좋지 않아요… 그러나 그것은 내 것이지요… 나의 날씨, 내 기후의 한 부분… 내가 함께 살아가는 것이지요… 이것은 단지 나의 변덕스러운 부분이지요.

브론은 인지적-대인관계와 인지적-감정적인 의미 덕분에 자신을 기능하도록 하는 과정을 거치면서 치료적인 움직임이 시작되었다. 그녀는 '어리석음'과 '변덕스러움' 사이에는 차이가 있다는 것을 깨달았다. 변덕스러움은 삶을 살아가는 데 용이하게 하고 심지어 다른 사람에게 매력적인 느낌을 줄 수도 있다. 설명을 이끌어 낸 사건은 회기 중에 발생한 것이지만 상담가는 상담실 밖의 일상생활에서 경험하는 일반적인 패턴으로 초점을 바꾸었다. 우리는 이제 상담의 지금-여기에서 일어나는 치료적인 사건에 관심을 둔다. 상담가의 목표는 회기 동안 일어나는 일을 작업하기 위해 지금 상담가와 내담자 사이에 무슨 일이 일어나는지에 머물고 있다.

관계 실패(동맹 결렬)는 상담가와 내담자 사이의 관계가 흔들리기 시작할 때 발생한다. 그것은 항상 대단히 극적인 사건일 필요는 없으며 상담의 작고 세세한 부분이라기보다는 분명히 어떤 것이 있는 것처럼 보이지만, 그들을 떨어져 나가게 하는 것은 혼자 혹은 다른 사람 혹은 양쪽 감정의 강도이다.

8. 상담 회기에서 대인관계 유형 작업 기법

상담 회기 동안에 관계 신호가 드러날 때, 특히 '동맹 결렬'로 상담이 실패로 끝날 때 상담가와 내담자 사이의 지금-여기 대인관계 과정에 초점을 두는 것이 적합하다(Safran & Segal, 1990).

Safran과 Segal(1990)은 CBT에서 흔히 볼 수 있는 일곱 가지 동맹 결렬을 언급하였다.

1. 내담자가 회의적이다.
2. 내담자가 빈정거리건 그렇지 않건 부정적이다.
3. 내담자가 상담에서 다른 관계를 들먹이면서 간접적으로 문제를 암시한다.
4. 내담자와 상담가가 목표나 과업을 동의하지 않는다.
5. 내담자가 지나치게 비위를 맞춘다.
6. 내담자가 개입에 반응하지 않는다.
7. 내담자가 '치료적 안전행동'을 작동시킨다.

관계 실패는 먼저 신체적으로 불편한 감각으로 분명해진다. 나의 경우에는 목이 까끌까끌한 느낌이 든다. 그러나 이것은 상담이 진전되기 위한 엄청난 기회일 수도 있다. 상담가는 지나치게 곤경에 처했다고 느끼지 말아야 하며 또한 너무 빠르게 반응하기보다 한 걸음 뒤로 물러설 필요가 있다. 이러한 반응은 늦어지는 경향이고 내담자에게 실망을 주거나 지나치게 성급한 확신을 주거나 혹은 사과하게 만드는 결과를 초래할 수도 있다(상담가도 실수를 할 수 있다는 것을 항상 염두에 두는 것도 좋지만). 공감을 사용하는 것은 언제나 관계 실패를 치유하는 통합적인 부분이며 이전의 공감 부족을 만회할 수 있는 기회가 된다. 때때로 관계 실패는 내담자가 회기에서 수치심을 경험하는 것으로 인해 발생한다(Gilbert, 2006). 예전의 상처로 돌아간다는 것은 쉽게 수치심을 촉발시킨다. 가끔 상담가는 자신도 알지 못하는 사이 내담자가 '멍청하다'는 그들의 부정적인 자동적 사고에 도전할 수 있다.

상담가는 우선 내담자의 대인관계 패턴에 '걸려들지' 않는 것이 중요하다. Casement(1985)가 '내적 슈퍼바이저(internal supervisor)'라고 부르는 능력을 사용할 수 있어야 한다. 다른 상담 모델에서도 설명되듯이 상담가는 자신의 감정에 대하여 매우 편안해야 하며 특히 상담에서 일어나는 부정적 감정에 대해서는 더욱 그렇다. 그러한 느낌은 Padesky와 Mooney(1998)가 설명한 '상담가의 신념'인, '나는 내담자에게 분노를 느끼면 안 된다.', '내담자를 지루하게 느끼는 것은 좋지 않다.'와 같은 것으로 때때로 차단된다. 우리는 때때로 우리의 신념에 매달려서 혹은 무의식적으로 우리 자신에게 압력을 주고 있다는 것을 기억해야 한다. 그것은 우리로 하여금 '무엇인가 이루어야만 한다', '무엇이 되고자' 혹은 '무엇을 해야만 한다'는 것을 지나치게 생각하게 하고 아마도 이것은 특히 CBT의 후반에 더욱 그럴 것이다. 상담가는 애착되지 않은 자각, 내가 이 책 어디선가 설명하게 될 '마음챙김(mindfulness)'이라는 것과 같은 종류의 다른 관심을 발전시키는 것으로 작업할 수 있다. Joyce와 Sills(2001: 38)는 게슈탈트 상담에서 이런 태도를 '풍성한 공허', 혹은 '창조적 무관심'[6]이라고 설명한다.

---

6) 역주 : 박의순(2010), 게슈탈트 상담과 심리치료 기법, pp. 58-59.

이것이 상대방을 배려하지 않는 태도를 의미하는 것은 아니다. 이것은 상담가가 진솔한 관심을 기울이는 것만큼 동등하게 어떤 특정 결과에만 지나친 관심을 두지 않고 진정으로 임상을 아우르는 것을 포함한다.

때때로 대인관계의 파괴는 사실 상담가와 함께 일어나는 것이므로 우리는 이에 대한 책임을 준비해야 한다. 이러한 이유와 더불어 '영리한 꽉 막힌 사람(clever clogs)'으로서 내담자를 극복하려는 어려움 때문에 우리는 '어떤 것에 대한 정보'로 파괴 가능성의 불편함을 기록해야 하며 아마도 슈퍼비전에서 그것이 무엇인지 살펴보기 위해 우리의 무의식에 대한 고찰을 가능한 정직하게 해야 한다. 슈퍼바이저는 그 상황과 그 상황에서 우리 역할을 구조화하고 기제에 관한 검증할 만한 가설을 형성함으로써 우리를 돕는다. 우리의 가설은 틀릴 수도 있기 때문에, 그리고 내담자-상담가의 협력은 좀 더 정확한 것을 발견할 수 있게 해 주기 때문에 구조화는 검증될 필요가 있다.

> **조** : 너무나 우울하여 학위를 거의 포기하다시피 한 조는 학부 졸업반이었다. 상담은 상당한 회복(결과적으로 좋은 학점)을 동시에 가져왔다. 2월부터 회복의 조짐이 보이기 시작했고 상담가는 조가 계약된 상담 종결 기간이 가까워 오자 상담 회기를 계속해서 늘리고 있다고 기록하였다. 조는 상담을 통해 자율적인 모습을 강하게 보이고 있었기 때문에 이 점은 약간 의문스러웠다. 슈퍼비전에서 상담가는 자신이 상담 종결을 위하여 많은 작업을 해야 한다고 압박을 느끼고 있음을 알게 되었다. 가능한 오픈하는 방법으로 조에게 전체 상황을 결정하게 하였고 그들의 욕구와 관심을 충족시키는 방법으로 해결하기를 제안했다. 흥미롭게도 조는 '의존'으로 보이는 사고에 매우 즐거워했으나 어떻게 상담을 종결할지에 대해 확신하지 못하는 것이 드러났다. '일을 어떻게 끝내야 할지 모른다'는 주제는 그녀의 구조화에서 분명히 드러났다. 그녀는 부모님의 이혼 후 오랜 시간을 아버지와 어머니 사이를 왔다 갔다 하며 지냈고 부분적으로는 한 부모 혹은 양 부모 모두의 행동 때문에 매번 일정을 변경하는 어려움을 겪곤 했다. 이 주제가 표면으로 떠올랐고 그래서 그녀와 상담가는 '점점 줄여 나가는' 상담과 추후 면접에 대해 의논할 수 있었다.

이 경우 전달된 메시지는 내담자와 상담가 안에서, 그리고 초기 연결 탐색 안에서의 대인관계 문제 유형은 의사소통 유형처럼 고려된다. 시작점은 흔히 내담자가 다른 사람의 영향을 인정하도록 돕는 것이다.

슈퍼바이저로 활동할 때 나는 훈련생들이 지나치게 많은 자료를 가진 내담자를 다루는 데 어려움을 겪는다는 것을 자주 발견했다. 훈련생들은 흔히 '짓밟힌' 느낌이라고 묘사한다. 나는 이런 문제와 직면할 때 일반적으로 '우리 잠시 이대로 있으면 어떨까요. 나는 당신과 함께하는 것이 좀 어렵군요. 우리가 조금 천천히 그리고 좀 더 초점을 맞춘다면 내게 도움이 될 것 같은데요?'라고 말함으로써 편안함을 느끼게 된다. 내담자는 언제나 흔쾌히 승낙하며 '당신이 그렇게 말해 주어서 기뻐요. 많은 사람들은 내가 좀 더 나가기를 기대하지요. 당신이 나에게 초점을 맞추는 데 도움이 되기 위하여 얼마나 자세한 것이 필요한지 나는 결코 알 수 없지요.'라고 덧붙인다. 훈련생은 이렇게 말하는 것이 무례한 것처럼 보이거나 혹은 내담자에게 영향을 미치지 않을까 두려워하지만, 그 두려움은 내담자가 느끼는 것에 대한 가설을 만든다. 가설을 만드는 것보다 직접적으로 묻는 것이 더 쉽다. 우리가 마음에 들게 정말로 다른 사람을 더 잘 다룬다는 것은 우리에게 엄청난 통찰의 능력을 갖게 한다. 우리가 다른 사람에게 인상을 만들기 위해 사용하는 방법이 행동이고 이것은 항상 수정할 수 있다. 상담에서 생성되고 연습해 보는 새로운 행동은 내담자가 환경과 그 안에 있는 사람들과 좀 더 보상받는 관계를 갖도록 도울 수 있다.

사람들이 만나서 느낌을 나누기에 가장 좋은 방법은 '즉각성'(Inskipp, 1996)을 사용하는 것과 '당신/나의 말(you/me talk)'이라는 용어(Egan, 1975)를 사용하는 것이다. Egan(2002)은 '관계의 즉각성(relationship immediacy)'과 '지금-여기에서의 즉각성(here and now immediacy)'을 구분하였다. 관계의 즉각성이란 다른 사람과 당신의 관계의 역사, 그리고 그것이 어떻게 발전되었는지를 반영하는 능력이다. 지금-여기에서의 즉각성은 관계의 즉각성으로부터 반영되고 그것을 지금-여기에서 내담자와 사용하는 것이다. 이것은 두 단계 과정인 것처럼 생각하는 것이 유용하다. 이것은 처음에 슈퍼비전에서 반영하는 것이 도움이 되고, 예를 들어 즉각성을 사용하려고 움직이기 전에 사건이 여러 번 발생하도록 기다리는 동안에도 도움이 된다. Egan(2002)은 즉각적인 진술을 전달하는 유용한 조치를 제공한다.

- 당신이 내담자에 의해 얼마나 영향을 받는지 말하라.
- 현재 일어나고 있는 일에서 당신의 역할을 탐색하라.
- 내담자의 행동을 묘사하고 무슨 일이 일어날지에 대한 '합리적인 예감'을 제공하라.
- 무슨 일이 일어날지 고려하도록 내담자를 초대하라.

'즉각적'인 작업을 잘하도록 만드는 요인 중 하나는 우리가 수취인보다는 전달자의 행동과 감정을 강조하는 사용자 중심의 피드백을 사용하여 상대방이 받아들일 수 있는 피드백을 제공할 때이다. 앞에서의 압도당한 감정과 '늦추는' 것의 필요성에 대한 나의 반응은 Egan의 조치 중 첫 두 조치를 사용하였다. 시작된 지점은 '나는 계속할 수 없다'는 나의 취약점이고, '우리 좀 천천히, 좀 더 집중하자'는 것이 제안된 행동인 합류이다.

내담자가 상담에서 빈정거리고, 분노하거나, 불만족할 때 좀 더 어려운 상황이 발생한다. 첫째로 상담가가 이에 대하여 실망을 느끼는 것은 자연스러운 일이며 그것을 느낄 수 있는 것이 때때로 더 도움이 되기도 하며, 이것을 드러내는 것은 보복도 아니고 실망을 표현하는 것도 아니다. 내담자로부터 비난을 받는 것은 어려운 일이며 자신을 방어하고자 하는 것은 당연하다. 그러나 우리가 너무나 쉽게 자신을 방어한다면 내담자의 대인관계 패턴, 자신과의 상호관계 패턴, 혹은 이 두 패턴이 서로 상호관계 하는 방법인 치료적인 어떤 것을 발견하는 황금 같은 기회를 놓치게 된다. 상담은 대개 내담자가 스스로 기능에 책임질 수 있는 것보다 더 빠르게 진행된다. 만약 상담가가 과정에 대한 우리 역할을 알고 있다면, 이것이 똑같이 하도록 내담자를 도울 것이다. 가끔 두 사람 모두 무슨 일이 벌어지고 있는지 분명하지 않을 수 있지만, 그들에게 무슨 일이 일어나고 있는지 집중하면서 Joyce와 Sills(2001)가 설명한 '마이크로 과정 조사'와 '순간순간(장면 장면)을 천천히 보는 것'으로 묘사한 상담 탐색의 여행을 하는 것이 유용할 수 있다.

9. 시간을 두고 대인관계 반응을 발달시키기

상담가는 자신만의 대인관계 반응 스타일을 발달시킬 것이다. 내담자의 다른 패턴에 대해 배우는 것처럼 그들은 자신의 패턴과 다른 내담자의 도전에 반응하는 방법을 배울 수 있다. 슈퍼비전에서 이 발달을 재고해 보는 것은 유용하며 관련된 학술지를 보는 것도 도움이 될 수 있다. 일단 상담가가 약간의 성공적인 대인관계 개입을 하였다면 그러한 작업에 도취될 수 있다. 그러나 상담가는 대인관계의 실패를 그것이 마치 전적으로 내담자의 '것'에서 발현된 것으로 분석하는 것은 조심해야 한다. Kahn(1991)은 설득력 있게 상담가의 실수를 포함하여 자신의 문제와 행동이 치료 실패에서 어떻게 작용하였는지를 고려하라고 했다. 이런 방법으로 우리는 작업에 도취될 수 있지만 근본을 지켜야 한다.

> **제안**
> 세 명이 한 집단으로 작업하라. 집단의 각 구성원은 질질 끄는 어려움을 가진 내담자이다 (힌트 : 어려움이 잘 압축된 '비난하는 사건'을 제시하면 도움이 된다). 다른 집단원은(한 사람은 '내담자의 지지자'이고 다른 한 사람은 관찰자이다) 상담가의 도움이 포함된 대인관계 패턴 아래에 놓여 있는 지도를 그리기 위해 발표자를 도와야 한다. 그들은 구조화를 시도해 보고 대안적인 반응도 이끌어 볼 수 있다.

10. 결론

상담의 다른 모델은 명확하게 내담자 삶의 대인관계 영역과 상담 회기 안에서의 만남에 근거한다. 이러한 관점으로부터 이론가와 임상가들은 상담 과정에 대한 우리의 이해에 많은 것을 덧붙인다. 이 관점은 초기 CBT 이론과 임상에서는 명시적이지 않았지만 임상가가 사람들을 돕기 위하여 어쩔 수 없이 엉망인 과정들과 작업할 때 더욱 분명해진다. CBT는 내담자 삶 안의 대인관계 영역의 풍성한 이해와 이 자체가 상담 회기 밖에서 어떤 역할을 하는지의 이해를 가지고 발전되었다. 이것이 또한 임상가가 내담자의 대인관계 욕구에 반응하는 것을 도와주는 쪽으로 좀 더 발전하였다.

제안 : Kagan의 대인관계 과정 회고(IPR)

방식 : 작은 집단(2명, 3명 혹은 4명의 참여자)

녹음, 녹화는 상담 회기에서 상호관계 과정을 탐지하는 데 아주 훌륭한 자원이므로 슈퍼비전에서 흔히 사용한다. Kagan(1975)의 첫 번째 번안인 IPR은 학습과 슈퍼비전의 맥락 안에서 대인관계 과정을 추적하기 위한 훌륭한 절차이다. 기본 방식은 상담에서 반영하고자 하는 사람이 배우고자 하는 순간에 테이프를 멈추고, 다른 사람은 무슨 일이 벌어지는지 반영하도록 그들을 돕는 '질문 유도'를 할 수 있다. 참여자들은 그들이 들을 때 자신의 신체와 마음이 어떻게 반응하는지의 새로운 자각을 갖기위해 회기 탐색을 시작할 수 있다. 그들은 회기에서 말하지 않은 어떤 분명한 느낌이 있는지, 그리고 다른 무엇을 말했어야 하는지 생각할 수 있다.

[자세한 설명과 연습을 보려면 Inskipp(1999 : 96-100)의 연구를 참조하라.]

연습을 위한 조언 : 바로 여기, 바로 지금…

즉각성

'즉각성'은 '강력한 약'이 될 수 있다고 말했다. 그러므로 사실 넘치는 분량은 권장하지 않는다. 대인관계 영역은 아주 흥미로운 것이다. 상담가가 먼저 알고, 그러고 나서 대인관계 자료에 근거하여 개입을 시도하는데 이는 꽤 성급할 수 있다. 그러나 상담가는 많은 이득을 가지고 이러한 교환에 들어간다는 점을 기억하는 것이 매우 중요하다. 항상 상담가의 계획으로 그들은 시작한다. 상담가는 내담자가 어떻게 반응할지 알려 줄 정보와 이론과 임상적 접근을 가지고 있다. 내담자는 이 출발에 의해 일상 각본에서 멀어질 수 있다. 개입은 내담자가 좀 더 자기의식적이 되면서 작동되지만, 내담자는 더욱 자기의식적이 되므로 매우 불편해진다. 이것은 상담가에게는 '영리한 꽉 막힌 사람'이 되는 결과가 될 수 있다. 진전의 표시는 '당신 ~라고 말하는 거예요?', '나는 당신이 여기서 무엇을 얻으려는지 잘 모르겠네요.'와 같은 언어화로서 얼떨떨하고 불편한 얼굴 표정, 신체 떨림으로 언제나 분명하고 빠르게 나타난다. 어느 면에서는 새로운 동맹 파괴이다. 항상 이 지점에서는 뒤로 물러서는 것이 최선이다. 파괴는 어느 정도 고쳐질 수 있으나 지나친 자기의식은 그렇게 하기에 적합한 때가 아닐 수도 있다. 이것은 회기 마지막 부분의 피드백이나 혹은 차후의 만남에서 집어낼 수 있다. Egan(2002)은 즉각성의 다양한 양상에 대한 좋은 훈련 연습을 제시하고 있다.

역할극

역할극은 내담자의 패턴과 새로운 반응 방법을 탐색할 때 감정과 즉시성을 보여주는 좋은 방법이다. 특히 내담자의 대인관계 평가와 자동적인 부정적 사고를 평가하는 데 좋다. 상담가와 내담자에게는 몇 가지 가능한 선택이 있으며 이는 창조적으로 좀 더 첨부할 수 있다. 예를 들어 만약 내담자가 단지 대인관계의 묵살이나 굴욕으로 고통 받는다면, 내담자는 묵살하는 사람의 역할을 할 수 있고, 상담가는 내담자 역할을 할 수 있고, 혹은 그 반대, 혹은 둘 다 할 수 있다. 창조성은 다른 양상을 첨가할 수 있다. 예를 들어 우리는 과장하여 연기할 수 있다. 세상에서 가장 굴욕적인 억양을 가진 사람을 불러오고 혹은 가장 차가운 반격을 가하는 여성을 데리고 온다. 나는 항상 '모든 방향에서' 시도하는 것이 도움이 된다는 것을 안다. 모든 내담자가 역할극에 반응하는 것은 아니다. 어떤 사람은 오히려 과정에 의해 차가워지는 것처럼 보인다. 그들의 레퍼토리가 아닐 때는 지나치게 집요하게 하지 마라. 상담가와 내담자의 역할에서 상담가가 악역이라는 역할극에 의해 오염되는 것을 피해야 한다. 역할을 하는 사람들은 역할에 의해서 힘을 얻고 '지금 문제에 대해서 무엇인가를 한다'는 느낌을 받을 수 있다. 이것은 또한 내담자가 과정에 대하여 지나치게 열의를 가지고 있으며 회기 중의 역할극 안에서 발생한 것이 회기 밖 세상에서 전개되는 방법이 아니라는 것을 재고할 필요가 있을 때 가능하다. 아주 곤란한 상황에 내담자가 앞으로 있을 수 있는 묵살에 어떻게 대처할지에 대하여 생각해 보는 것이 도움이 될 수 있다. 이렇게 하는 메시지는 이것이 그 상황에서 당신을 승리하게 하는 데 도움이 되려고 하는 것이 아니라 적어도 무엇인가를 해서 더 좋게 느끼게 하고자 함이다. 어떤 내담자는 경험적 집단 작업에서처럼 역할극 후에 의식적으로 그 역할을 벗어버리는 '역할 벗기'로부터 이득을 얻는다.

추천도서

Glbert, P. & Leahy, R.L. (2007) *The therapeutic relationship in the cognitive behavioural psychotherapies.* London: Routledge.

Safran, J.D. & Segal, Z.V. (1990) *Interpersonal process and cognitive therapy.* New York: Guilford Press.

04

부정적 사고 작업 기법

우리 마음의 생각을 씻어라.

준비 기도(영국 성공회, 2005년)

부 정적 사고를 확인하고 도전하는 것은 인지행동치료의 중추 활동이다. 이 러한 개입에 의한 변화가 CBT 상담의 중심이다. 이 장은 이러한 작업이 왜 치료적인가를 고려하는 것으로 시작하며 '정서적으로 느낀' 인지 변화의 중요성을 강조할 것이다.

이 장에서는 부정적 사고 내용의 변화에 대한 직접적인 인지 개입의 분명한 세 단계인 확인하기, 평가하기, 그리고 마침내 반응하여 그것에 도전하기를 알아볼 것이다(J. Beck, 1995). 각 단계는 언어와 기록의 두 절로 이루어져 있다 (Sanders & Wills, 2005). 단계와 절은 분리되어서 사용되지만 사고 기록을 사용하는 핵심적인 CBT 방법으로 만들어진다. 과정에 대한 설명과는 대조적으로 어려움은 작업하는 동안 끊임없이 뒤따라올 것이다. 여기서는 이러한 어려움과 가능한 해결책을 설명할 것이다. 인지 내용에 직접적인 인지적 개입은 특히 경험을 묘사하고 평가할 때 핵심적으로 현상학적이다. 평가는 전형적으로 Karl Popper (1959)로부터 유래된 과학적 원리의 통찰력을 사용하여 사고와 신념을 확인하거나 혹은 조작하는 것으로 고려된다. 부정적 사고의 도전에 포함되는 작업은 Albert Ellis의 합리적 정서적 행동치료(REBT)와 관련된 적극적인 기술이 특히 유용하다(Dryden, 2006).

최근 몇 년간 정신병리학과 관련된 경험들은 부정적 사고의 내용을 고려할 뿐만 아니라 또한 인지와 연결되고 기억과 주의집중 같은 기능이 포함된 메타 인지 과정과도 관련된다는 것이 분명해지고 있다(Harvey et al., 2004). 더욱이 이러한 과정은 다양한 질병의 증상에 접근하는 상담가에게 DSM 라벨이 '초진단적 (trans-diagnostic)' 접근보다 덜 유용하다고 제언하므로 전통적인 진단 분류에 영향을 미친다. 예를 들어 걱정은 대부분 장애의 두드러진 특징이다. 이것은 우리가 미래의 위험에 대해 경계하는 것처럼 정상적이고 기능적인 양상을 많이가지고 있다. 그러나 걱정에 대한 심리적인 문제들은 일단 우리가 걱정하는 것으로부터 이득을 얻고 나서도 이 과정을 '그만둘 수' 없을 때 일어나기 시작한다. 그렇게 되면 걱정은 엄청나게 파괴적으로 우리의 주의집중을 지배하기 시작하고 계속해서 부정적인 '비디오'가 도는 것과 같은 경험을 하게 된다. 이 장은 걱정과 주의집중의 과정에 초점을 맞춘 새로운 인지 개입으로 마무리될 것이다.

비록 행동 개입과 인지 개입을 이 책에서는 다른 장으로 나누어 설명하고 있지만, 당신은 임상에서 이 둘이 빈번히 '연결되어' 있다는 것에 주목해야만 한다. '행동적 경험'에 대한 인지적 의도는 다음 장에서 설명하도록 하겠다. 이와 마찬가지로 아래에 서술된 사고와 작업하는 방법은 감정을 확인하는 것이 포함된다. 감정 확인은 6장에서 좀 더 자세히 설명하겠지만 인지 작업과 연결되어 있으므로 이 장에서도 다룰 것이다. 아마도 때로 그것은 다양한 개념과 방법의 최적의 위치를 알기가 어렵다는, CBT 의견을 점차적으로 공감하고 있음을 입증하는 것이다.

1. 왜 인지적 개입이 작동하는가?

CB 상담가들은 내담자의 삶에 대한 사고, 가정과 신념을 탐색하기 위해 기본적으로 과학적이고 합리적인 방법을 사용한다. 이 방법은 심리 문제의 원인과 이것을 유지하는 기능에 초점을 둔다. 기본적으로 우리의 방법이 합리적이라고 할지라도 그들이 핵심 감정을 떠올리고 수정하지 않는다면 효과적으로 이루어질 수 없다 (Foa & Kozak, 1986). 심리적 기능에서의 '머리와 가슴'의 상호 역할은 아주 오래되고 익숙한 것이다. 인지와 정서 사이의 관계는 복잡하며 서로 다른 이론적인 설명의 대상이다. 그러나 대부분의 문제로부터 자유롭게 기능하는 것은 두 요인 사이의 균형과 연결된 것처럼 보인다는 사실을 강조하고 싶다. 그러나 여기서의 균형은 상당한 차이가 있다. 감정에 지나치게 의존하는 사람들은 '감정적인 추론'을 보여 주고 바람직하게 철저히 사고하지 않는다. 반면 스펙트럼의 끝은 그들의 감정과의 접촉이 없으며 자신의 직감을 신뢰할 수 없어서 고통 받는 '지성인' 이다. 과학자인 한 내담자는 자신이 배우자를 사랑했는지 말할 수 있는 유일한 방법이 '내가 만약 죽는다면 나는 그녀가 내 곁에 있기를 원할까?' 라고 스스로에게 질문하는 것이라고 했다. 이것은 '지성화'의 표시가 아니라 내가 처음에 생각했듯이 엄청나게 동요하는 감정을 억제하려는 절절한 시도이다.

Teasdale(2004)은 정보를 만들어 내는 방식에 있어서 '명제적' 방식은 기본적으로 사실에 기반을 두고 특별한 양적인 지식을 다루는 것이고, '함축적' 방식은 좀 더 평가적이고 질적인 지식을 고려하는 것이라고 정의하였다. 전자는 '사례의 사실' 을 밝히고 후자는 그러한 사실의 의미를 규명한다. 또한 Epstein(1998)은 합리적 정보 과정 체계와 '경험적' 혹은 직관적인 것을 제안하는 이중트랙(twin track) 이론을 발달시켰다. Epstein은 적절한 기능은 이러한 체계들이 함께 작업될 수 있는 조화의 정도와 관련된다고 언급하였다. 극심한 불안과 우울로 고통 받는 내담자는 그들의 심리적 기능이 경험적, 감정적 체계의 자료에 의해 '넘쳤기' 때문에 합리적인 평가 과정 기능을 잘 사용할 수 없다. 그러므로 인지기술은 합리적인 과정의 기본 단계를 재도입함으로써 '갈등 상황(전체 시스템이 부정적인 정서로 넘쳤을 때)' 에 그것을 사용하도록 재교육해서 내담자를 도울 수 있다.

'잠깐만, 케이티가 나를 무시하는 경우가 진짜 있었어? 아니면 그녀는 단지 다른 일로부터 스트레스를 받는 것이 아닐까?'처럼 경험을 좀 더 평온한 순간에 재조사하고 재진행할 때 우리는 자신의 경험으로부터 화나는 느낌이 어떻게 뒤따라오는지 안다. 화가 더 많이 날수록 현실 검증의 자연스러운 단계를 시작하는 데 더 오랜 시간이 걸린다. 감정적으로 심하게 방해받은 내담자는 일관적인 방법으로 이러한 자연스러운 접촉 과정을 잃을 수도 있다. 그러한 사람들에게는 의식적이고 의도적인 CBT의 단계가 필요하며 특히 글로 씀으로써 강화된다. 몇몇 독자들은 이 점에서 내가 승리주의와 합리주의를 옹호한다고 두려워하기 시작할 수 있다. 이 경우에 오히려 평가적이고 감정적 기능이 조화를 이루며 함께 작업하는 것을 요구한다. 이것이 상담에서 '지성화'가 문제일 수 있는 이유이며, 치유가 '정서적으로 변화된 느낌'을 요구하는 이유이고, 마음의 변화만큼이나 가슴의 변화인 메타노이아(metanoia)를 필요로 하는 이유이다. 메타노이아는 언어 그 자체가 그것을 찾는 것을 방해하므로 발견하기 어려울지도 모른다. CBT의 목표는 부정적 언어를 해체하는 것이고 수용전념치료(Acceptance and Commitment Therapy)의 목표는 모든 언어를 해체하는 것이라고 말하므로 Pierson과 Hayes(2007)는 좀 더 전통적인 CBT로 ACT 모델의 과정을 대조했다. 그들은 "나는 나쁜 사람이야."라고 이야기했다가 "나는 좋은 사람이야."라고 말을 바꾸는 사람은 "나는 좋은 사람이야."라고 생각하는 사람과는 다르며, "나는 나쁜 사람이야. 아니야, 나는 좋은 사람이야."라고 말하는 사람일 뿐이라고 말하는 것으로 CBT의 '제3의 물결'의 정신을 잘 표현했다(Pierson and Hayes, 2007: 207).

이후에 탐색하겠지만 인지 변화는 부정적 사고 내용의 변화보다 사고 과정의 변화로부터 온다.

내담자들은 감정과 접촉하고 자각하기 위해 격려받을 필요가 있다. 전통적으로 기분을 가지고 작업하는 인본주의적인 활동은 6장의 CBT 관점에서 제시할 것이다.

제안 : 사고 실험

당신 스스로 혹은 집단 안에서 다음의 사고 실험을 해 보라. 당신은 상을 받기 위해 런던으로 가는 기차를 타려고 역으로 운전해 가고 있다. 하지만 엄청난 교통 체증 때문에 20분이나 늦게 역에 도착했다.

시나리오 1 : 기차는 20분 전 정시에 떠났고, 다음 열차가 올 때까지 1시간 40분을 기다려야만 한다. 상 받는 장소에 정시에 도착할 수 있을지 분명하지 않다.

시나리오 2 : 기차는 연착되었고 막 2분 전에 출발했고 100분을 더 기다려야만 한다. 당신은 두 가지 시나리오를 다르게 느끼는가? 왜 그런가?[1]

2. 부정적 사고 확인하기

CBT의 평가 단계에서 상담가는 내담자가 상황을 고려하는 중에 일으키는 부정적인 자동적 사고(negative automatic thoughts, NATs)의 내용과 과정에 초점을 맞추어 자연스럽게 내담자의 주의집중을 찾는다. 상담가는 심리적 기능의 다양한 영역을 현재 일반적인 구조화 지식을 가지고 돕는다. 예를 들면 Westbrook과 동료들(2007), Sanders와 Wills(2003)는 불안장애를 위해 업데이트된 구조화들을 읽기 쉬운 짧은 장으로 제시하였고, Wells(2006)는 상담 회기에서 즉각 사용할 수 있는 방법에 주요 초점을 둔 속기 서식 버전(short-hand pro-forma version)을 개발하였다. 상담가는 일반적 구조화의 유용성을 인식하면서 각 내담자가 보고하는 개인적이고 독특한 사고를 매우 주의 깊게 들을 필요가 있다. 또한 CBT 상담가는 감정에 민감해야 하는 것이 핵심인데, 그렇게 되기 위해서는 훌륭한 경청자가 되어야만 한다. 상담 교육은 조심스럽고 능숙한 경청을 할 수 있도록 훈련생을 이끈다. 전통적 경청 기법은 잘 만들어진 훈련 방식 기법에 의해 강조되었다(Inskipp, 1986, 1996). 경청 기법은 효율적인 CBT 임상에서 핵심적이며 CBT 상담실 밖에 버려두어서는 안 된다.

그러나 다양한 문제의 인지적 내용과 과정에 대한 뛰어난 구조화는 CBT 최고의 힘이다. 특정 사고 양식이 특정 문제 영역('인지적 특정 가설')과 연결된다는

---

1) 이것은 Christine Padesky에 의해 고안된 사고 실험의 한 변형이다. 사람들은 서로 다른 반응들을 보이는데, 어떤 사람들은 두 번째 상황에 훨씬 더 나쁜 감정 반응을 보이는데 어떤 사람들은 합리적으로 말해서 두 가지 시나리오에서의 최종 결과는 동일하다고 한다.

Beck(1976)의 초기 안내를 따르므로, 수없이 증가되는 영역들은 일시적으로 지도를 그리게 된다(Salkovskis, 1996a). 여기서 '일시적'이라는 단어는 우리 구조화 지도가 오늘날 구글의 지구 위성 지도보다 18세기 탐색자의 것에 아마도 더 가깝다는 것을 인정한다. 그렇다고 할지라도 이러한 지도들은 상담가에게 매우 유용하며 핵심 인지를 찾기 위해서 시작해야 하는 질문을 하게 한다. 예를 들어 사회 불안을 느낄 때 사람들은 매우 자기의식적이며 사회적 상황 안에서 부정적 평가에 사로잡힌다(Wells, 1997). 다음은 제약회사 판매원인 내담자가 일을 하는 동안 불안해진 경험에 대해 발췌한 것이다. 상담가의 이해 참조틀은 사회적으로 불안한 내담자가 어떻게 사고하고, 어려운 상황에서 부정적 신호에 어떻게 선택적인 주의집중을 하는지에 대한 수많은 결과에 의해 만들어진다.

> 상담가 : 방에 무엇이 있나요?
> 내담자 : … 많은 사람들이 내 앞에 앉아 있어요. 불빛이 어둡지 않아서 그들이 입고 있는 하얀 가운과 청진기를 목에 걸고 있는 것으로 보아 그들이 의사라는 것을 알겠어요.
> 상담가 : 무슨 생각이 드나요?
> 내담자 : (어두운 표정으로) 내 말을 안 듣고 있어요. 지루한가 봐요. 저는 말도 안 되는 헛소리만 하고 있어요. 그들은 저보다 똑똑하잖아요.
> 상담가 : 그중 몇 명이나 당신의 말을 안 듣고 있나요?
> 내담자 : 한, 네다섯 명 정도요.
> 상담가 : 방에는 대략 몇 명이 있나요?
> 내담자 : 한 50명 정도인 것 같아요.
> 상담가 : 그러면 50명 중 한 네다섯 명이 당신의 이야기를 안 듣고 있군요?[2]

우리는 이 대화를 통해 내담자의 참조틀로 유도하는 질문 순서의 시작을 볼 수 있

---

2) 이것은 CBT 시범 DVD/비디오(Simmons & Wills, 2006)에서 인용된 것이다.

으며 내담자의 기분이 표면으로 드러나면서 과정들이 나타나는 것을 볼 수 있다. 질문 순서는 부정적 인지 수정의 방식으로써 치료 목표를 구별할 수 있게 도와준다. 때때로 단순히 부정적 사고 그 자체를 확인하는 것이 변화 과정의 시작이다. 반영적인 논의는 내담자가 처음으로 자신의 내면의 사고와 느낌을 진정으로 '들을 수 있게' 돕기 때문에 그 자체만으로도 변화 생성이 될 수 있다(Nelson-Jones, 2005). 내담자는 종종 '내가 그것을 말할 때 미친 소리라는 것을 알아요.' 그리고 '바보 같은 얘기지요, 나도 알아요. 그러나 그것이 바로 내가 우울할 때의 느낌이에요.'와 같이 이야기하곤 한다. 변화의 흐름을 느낄 수는 있으나 반영에 의해서 '좀 더 좋게 느낄 땐 느껴지지 않는 우울한 느낌과 함께하는 사고 유형이 있나요?'와 같이 그 지점을 강조하는 것이 매우 유용하다. 치료적인 묘책은 좀 더 의도적 변화를 시도하려고 압박하는 대신에 여기에서 부정적 느낌을 '가지고 머물기', 그리고 사고하고, 그것을 개방하기다. 우리는 이 과정이 감정(Gendlin, 1981)을 다루는 것으로, 혹은 다른 개입에 의해서 가속화될 수 있는지 나중에 고려할 것이다.

내담자는 CBT에서 합리성을 제시함으로써, 그리고 사고와 감정의 연결을 이해하기 위해 훈련시킴으로써 준비된다(Wright et al., 2006). 이 과정을 시작하기 위한 좋은 기회는 내담자의 기분이 회기 중 고조되었을 때이다. 내담자는 현재의 어려움, 혹은 과거의 어려움을 말하는 동안 갑자기 눈물을 보일지도 모른다.

상담가 : 우리가 지금 당신의 아버지에 대해 말했을 때 당신은 마치 화가 난 것처럼 보이네요.

내담자 : 네. (잠시 멈추고 흐느낀다.) 그래요. 바로 그렇게 빌어먹을 듯이 슬프네요… 나는 그에게 작별인사도 하지 못했고, 나의 어머니가 소위 충성심이라고 말하는 것과는 거리가 멀었지요. 지금은 정말 후회돼요.

상담가 : 그래서 바로 지금 당신은 '나는 안녕이라고 말했어야만 한다'고 생각하였고, 그

리고 그다음에 당신은…

내담자 : 네, 죄책감을 느껴요. 나는 사실은 너무나 화가 나요.

상담가 : 그리고 그 화나는 생각은요?

내담자 : 어머니는 방해하지 말았어야 했어요. 어쨌든 그녀는 그것이 특별한 순간임을 알
았어야 해요.

상담 회기에서 내담자에게 분노를 느끼게 한 생각을 확인하는 것이 유용하다면
상담 회기 밖에서도 같은 작업을 통해 동일한 순간에서 내담자를 도움으로써 일
반화시킬 수 있다. 내담자는 아래에 묘사된 것처럼 사고를 기록해서 점차 채워 나
가는 간단한 일기장에 사고와 감정을 기록함으로써 용기를 낼 수 있다.

> ### 제안 : 현장작업 과제
>
> 내담자는 가정이나 직장에서 특히 그들과 가까운 사람이 그들에게 말하는 것을 듣고 한때
> 부정적 사고의 개념을 자각했다고 말했다. 처음에는 자신의 생각보다 다른 사람들의 생각
> 을 듣기가 더 쉽다. 자신의 사고를 듣는 것은 이후에 올 수 있는 새로운 통찰이다. 몇몇
> 사람들에게 극히 가치 있는 통찰은 그냥 들리는 부정적인 자동적 사고(NATs)를 글로 적
> 고, 그런 뒤 '내가 그렇게 생각하는가?'를 정기적으로 질문함으로써 통찰을 앞당길 수 있
> 다. 현장작업 과제로 시도해 보기 바란다.

강렬한 감정에 의한 인지 확인하기

부정적 사고의 뚜렷한 양상은 부정적 사고가 일으키는 흔히 강렬한 감정이다. 감
정의 정도는 감정에 대한 어떤 믿음(예 : 그것은 '위험하다')(6장 참조)이나, 혹은
다른 맥락 요인들 때문에 알기 어렵다. 예를 들면 PTSD로 고통 받는 내담자는 종
종 경찰이나 법조인들에게 말하듯 극히 사실적인 방식으로 이야기를 말할 것을
지시받는다. 그들은 단순히 압도당하지 않고 그들의 이야기를 말하는 일반적인

방법을 발달시킬지도 모른다. 때로는 상담가가 단순히 질문함으로써, 혹은 그렇게 하도록 허락함으로써 좀 더 감정적으로 살아 있는 이야기를 얻을 수 있다. 또 다른 때에는 상담가가 이런 결과를 얻기 위해 좀 더 적극적일 필요가 있다. 강의실에서의 불안 경험을 재검토하기 위해 내담자를 돕는 앞의 인용에서(p. 88) 상담가는 마치 사건이 지금 벌어지는 것처럼 현재시제로 그 사람과 내담자를 반응하도록 격려하고 있음을 볼 수 있다. 이것은 실제 상황에서 경험한 느낌의 강도를 심화하는 것처럼 보인다. 심화된 느낌은 그 상황에서 내담자가 자신의 사고를 좀 더 정확하게 확인할 수 있고 그것은 또한 변화된 느낌을 알 수 있게 한다.

감정과 신념 평가

CB 상담가는 흔히 내담자에게 감정이 촉발되는 상황에서 그들이 느끼는 감정의 강도와 순간적인 부정적인 자동적 사고(NATs)로부터 형성된 확대된 부정적 사고 두 가지를 평가하라고 요청한다. 상담가는 다음의 예문에서 묘사된 것과 유사한 방법으로 이러한 평가를 질문한다. 내담자는 지금의 사고 기록과 그에 반사되어 점차 확대되는 이후의 사고 기록의 단순한 두 항목 평가를 기록한다(그림 4.1 참조).

상담가와 내담자는 불쾌한 전화통화에 대한 내담자의 반응에 대해 논의하고 있다.

상담가 : 그래서 아버지와 전화한 후에 당신은 화가 났군요. 무슨 이야기를 했나요?

내담자 : 기본적으로 아버지는 어머니의 생신 카드를 잊지 말라고 내게 상기시키기 위해 전화했어요.

상담가 : 그래서 당신은 그것에 대해 어떻게 느꼈나요?

내담자 : 난 화가 났지요. 당신도 알다시피 아버지는 내가 잊을 거라고 생각한 것이잖아요. 나는 결코 잊은 적이 없어요! 왜 아버지는 내가 이번에 그걸 잊을지도 모른다고 생각할까요?

상담가 : 그렇게 말하는 근거가 뭐죠? 아버지가 왜 그렇게 생각하는 것 같나요?

내담자 : 그는 단지 날 신뢰하지 않아요. 아버지는 나를 결코 능력 있는 성인으로 보지 않아요. (무척 화가 난 것처럼 보인다.)

상담가 : 지금은 어떻게 느끼나요?

내담자 : 슬프죠, 슬퍼요… 절망적이지요. 이건 절대 바뀌지 않을 거예요.

(잠시 후에)

상담가 : 그래서 지금은 두 개의 감정을 느끼는 것처럼 보여요. 분노와 슬픔이요. 그것을 하나씩 살펴보고 그 감정 뒤에 무엇이 있는지 볼 수 있을까요? 먼저 분노예요. 만약 당신이 가장 화가 났을 때가 100%라면, 그때 당신이 느낀 것이 몇 %일까요?

내담자 : 그렇게 나쁘진 않네요. 아마 40% 정도. 나는 아버지에게 이골이 났어요.

상담가 : 그 생각은 '아버지는 내가 어머니의 생신을 잊을 것이라고 생각한다'처럼 보이는데, 맞나요?

내담자 : 네. 그러나 나는 그것을 진짜로 믿는 건 아니에요. 그가 참견하는 방식이죠.

상담가 : 그러면 당신은 그 생각의 100% 중 얼마나 믿나요?

내담자 : 그렇게 크진 않아요. 내 생각엔 30%쯤 되는 것 같네요.

그들은 슬픔 평가는 좀 더 높은 80%라고 확인하였고 '그는 절대로 나를 능력 있는 성인으로 인정하지 않는다'라는 생각에 대해서는 90%의 신념 평가와 결부시켰다.

슬픈 사고와 감정이 내담자의 '눈에 띄게' 되고, 아마 처음으로 태클에 걸려들었을 것이다.

내담자는 종종 많은 부정적 신념을 드러내지만 그렇다고 그것들이 모두 관련된 것은 아니다. 위에서 볼 수 있듯이, 흔히 가장 뚜렷한 부정적 신념과 사고의 평가 과정이 상담의 목표를 정하는 데 도움이 된다. 신념 평가는 보통 시간이 지남에

사고	감정
그는 내가 어머니의 생신을 잊을 것이라고 생각한다. (30%)	분노 (40%)
그는 나를 결코 능력 있는 성인으로 보지 않는다. (90%)	슬픔 (80%)

그림 4.1 사고 감정 평가

따라 달라지며 양자택일의(100%/0%) 형태가 아니라는 결정적인 메타메시지를 가져온다. 이런 메시지들은 사고와 신념이 믿는 것과 유용성에서 차이가 난다는 가능성을 내담자에게 알려 준다.

3. 사고 평가하기 : 소크라테스식 질문과 안내에 따른 발견

CB 상담가에게는 지나치게 설득하려는 것이 유혹이 될 수 있다. 당신이 규칙적으로 CBT를 연습한다면 부정적인 자동적 사고(NATs)의 어떤 유형들은 점차 익숙해질 것이다. 그러나 당신이 그렇다고 해서 내담자 또한 그러한 논의 방식에 익숙해지는 것은 아니다. 그러므로 CB 상담가들은 내담자를 압도시키는 이러한 지식을 사용하고자 하는 자신의 경향성에 제동을 걸어야 한다. 첫째, 오직 내담자만이 무엇이 진정으로 자신을 설득할 수 있는 가장 좋은 것인지를 알며, 둘째, 상담가가 지나치게 설득적인 것처럼 보일 때 내담자는 더욱 상담가의 말에 저항한다는 증거가 있다(Heesacker & Meija-Millan, 1996). 내담자의 사고를 개방하도록 도울 때는 설득보다 안내에 따른 발견(guided discovery)을 사용하는 것이 좋다. 안내에 따른 발견은 그가 말하는 것이 무엇인지 탐색하기 위하여 내담자에게 질문하고 다른 각도에서 사물을 보기 위하여 그리고 추가적인 정보를 위하여 '박스의 외부'를 살피는 것이다. 이러한 질문들은 소크라테스식 대화의 의도와 유사하므로 소크라테스식 질문이라고도 한다. 소크라테스는 논쟁의 가설을 조사하기 위해 사람들을 모아 끝없는 즐거움을 보여준 아테네의 철학자였다. 그는 자신의 의견을 거의 표명하지 않으면서 토론 파트너들이 더 깊게 생각할 수 있도록 많은 질문을 하였다. 이러한 토론은 종종 교체에 대한 전적인 확신 없이 낡은 생각을 버림으로써 오는 혼란의 종류인 **아포리아**(aporia)[3]로 마무리 되었다. 이러한 마음 상태는 아이디어나 사실이 양립할 수 없고 해결할 수 없는 것처럼 보일 때를 말하는 인지적 부조화에 대한 현대의 심리적인 개념과 유사하다. 인지적 부조화 이론가는 그러한 부조화는 변화가 일어나기 전에 흔히 따라오는 필수적인 불편함을 만든다고 본다. 최초의 인지적 개입이 분명한 혼란을 이끌 때 상담가는 지나치게 놀라지 않아야만 한다. 시간이 지나면서 혼란은 더 높은 수준의 해결로 결실을 맺게 된다. 이와 같이 '어렵게 얻은 승리'는 내담자에게 좀 더 의미 있으며 치유적이라고 입증되었다.

상담가와 내담자 모두를 위해 소크라테스식 질문의 목록을 가지고 있는 것은 유용하다(그림 4.2 참조). 소크라테스식 질문은 내담자의 시야를 확장할 수 있도록 열린 질문 방법을 사용한다는 것이 중요하다. Padesky(1993, 2004a, 2004b)는 안내에 따른 발견의 순서에서 그와 같은 질문을 성립하기 위한 4단계 과정을 확인하였다.

1. 현재 내담자의 자각 밖에 있는 드러난 정보를 질문하라.
2. 정확한 경청과 공감적인 반응을 제공하라.
3. 자주 요약하라.
4. 내담자의 원래 사고에 새로운 정보를 적용하기 위해 도움이 되는 통합된 질문을 하라.

다음의 예문에서 내담자와 상담가는 내담자의 상황, 즉 상사가 그의 일을 비난하고 그 상사는 '위험하다'에 대한 사고를 논의하고 있다.

상담가 : 그래서 얼마나 위험하다고 당신은 생각하나요?
내담자 : 음, 그의 눈 밖에 났다는 것을 의미해요. 그는 결코 내게 좋은 일은 주지 않을
거예요. 난 그저 직원 중 한 사람에 불과해요. 나는 뒤처질 거예요.

---

3) 원래 아포리아(aporia)는 그리스 말로 '건널 수 없는 점'을 의미한다. 이 용어는 현재는 토론 중에 막다른 곤경(impasse)을 표현하는 데 쓰인다. (역주 : 하나의 명제에 대해 증거와 반증이 동시에 존재하므로 그 진실성을 확립하기 어려운 상태를 의미한다.)

- 당신이 x라고 말했을 때 당신은 무엇을 의미하는가?
- x가 사실이라는 증거가 무엇인가? x가 진실이라는 것에 반하는 증거는 무엇인가?
- 무엇이 일어날 수 있는 최악인가?
- 발생할지도 모른다고 사고하도록 당신을 이끈 것은 무엇인가?
- 그리고 만약 그것이 발생한다면, 그러면 무엇인가?
- 발생했다면 당신은 무엇을 했겠는가? 당신은 어떻게 대처했겠는가?
- 당신은 과거에도 유사한 상황에 처한 적이 있는가? 그때는 어떻게 대처했는가?
- 그 생각을 하면 당신은 어떤 느낌이 드는가?
- 당신은 편향되게 사고하는가? (그림 1.2 참조) 예를 들면 당신은 미래를 예측하는가 혹은 마음을 읽는가?
- 당신은 오직 하나에만 주의집중하는가? 다른 각도에서 본다면 당신은 무엇을 보는가?
- 자신에게 계속해서 x라고 말하는 친구에게 당신은 무엇을 말하는가(예 : '나는 멍청해', '나는 끔찍해')?
- 그것은 당신의 신체에 어떻게 작동하는가?
- 대안적인 설명이 있는가?
- 상황을 보는 다른 방법이 있는가?
- 그런 생각의 이익과 불이익은 무엇인가?
- 이것은 유용한가 혹은 유용하지 않은가?
- 다르게 사물을 본다는 것은 당신에게 어떤 의미인가?
- 당신의 감정에 기반을 두고 결정하는가 혹은 현실이 당신에게 다르게 하라고 말하는가?
- 당신은 이 상황에서 친구에게 할 것이 무엇이라고 말하는가?
- 당신의 친구는 당신에게 무엇을 말하는가?
- 당신이 자신에게 좀 더 도움이 되려면 말할 수 있는 것이 또 있는가?
- 당신이 당신을 더 좋게 만들기 위해 변화할 수 있는 것이 무엇이라고 생각하는가?
- 어떻게 다르게 하고 싶은가?
- 대신 무엇을 하고 싶은가?
- 가능하도록 만들기 위해서는 어떤 일이 일어나야 되겠는가?

그림 4.2 소크라테스식 질문

상담가 : 그만두고 싶군요. 발생할 수 있는 최악의 상황은 무엇일까요?

내담자 : 실직할 수 있겠죠. 그럴듯하진 않지만, 난 그렇게 생각하지 않아요. 나는 뒤처지게 될 거예요.

상담가 : '뒤처진다'구요?

내담자 : 네. 당신도 실직 수당이 나오기만을 기다리며 살아가는 사람들을 알잖아요.

상담가 : 그건 아니지요. 뒤처진다면 당신은 어떻게 대처할 수 있죠?

내담자 : 글쎄요. 진절머리 나겠지만 어쩔 수 없겠죠, 아마도요. 최악의 운명이겠지요. 나

는 아마도 다른 직장을 구하려고 할 거예요.

상담가 : 당신이 생각하기에 당신은 어떤 것을 찾을 수 있나요?

내담자 : 결국엔 그렇게 되겠죠.

상담가 : 그래요. 그래서 이것들을 다 모아 봅시다. 당신은 당신의 상사에게 호감을 갖고 있는 것처럼 보이지만 현재는 어떤 이유들이 성립되지 않았어요. 그래서 그 호감이 감소했고요. 당신은 직장을 떠날지도 모르고, 만약 이것이 오랫동안 지속된다면 그만두겠죠. 그래서 '위험하다'는 것은 그와 어떻게 연결되어 있나요?

내담자 : 아니에요. 위험하지 않아요. 단지 그가 좀 냉정하다는 거예요. 정직히 말한다면 나는 항상 그의 오른편에 서있어서 기뻤는데 지금은 내가 오른편에 있지 않고, 그리고 나는 어디로 갈지 확신이 없어요.

상담가 : 그래요. 그러나 그가 '위험하다'라고 말한 것은… 그것이 당신에게 어떤 영향을 미쳤지요?

내담자 : 제 생각에는요. 나를 좀 무력하게 만들어요.

상담가 : 네. '위험하다'는 말처럼 강한 단어를 사용하는 것은 당신의 문제 해결을 가로막는 '증폭기'로서 작용할지도 몰라요. 문제는 상대적으로 확실하군요. 일에서 빠졌고 당신은 어떻게 되돌릴지 확신이 없네요. 그것이 우리가 작업해야 하는 문제입니다.

내담자 : 그렇군요. 나는 두려움을 만들어 냈고 정말 걸려들었다고 생각해요.

상담가는 언제나 부드럽게 진행하기 위하여 부정적 사고의 확인을 기대하지 말아야 한다. 임상에서는 다양한 문제가 발생하며 이런 것들은 상담가의 인내와 창조성을 요구한다. 만약 내담자가 사고와 감정 사이의 연결을 만들기 힘들어한다면 상담가는 좀 더 천천히 진행하고 좀 더 교육적인 스타일을 작업에 적용한다. 흔히 사용되는 문제 해결은 표 4.1과 같다.

CBT 방법을 잘 사용하기 위해서 내담자는 사고와 감정을 구별할 수 있어야 하며 이 둘 사이를 연결 지을 수 있어야 한다. 그러나 사람들은 일상적인 언어로 '나는 시험에 떨어질 것이다'라는 사실이 인지이고 부정적인 예측이라는 사실을 감춘 채 '나는 시험에 떨어질 것 같이 느껴진다'라고 말한다. CB 상담가들은 전

표 **4.1** 부정적 사고와 감정을 확인하는 어려움을 위한 문제와 해결

부정적 사고를 가지고 문제 작업하기	가능한 해결책
내담자는 사고로 감정을 혼동한다. 예) '나는 시험에 떨어질 것처럼 느껴요.'	정확한 용어를 가지고 내담자에게 반영하라 : '그래서 당신은 시험에 떨어질 것을 생각하고, 그러고 나서 불안을 느낀다고 추측하는데요?' 내담자가 그것을 옳게 할 때 언어적인 어려움을 역참조해 준다.
내담자는 왜 본인이 힘든지를 구체적으로 모른다. 예) '난 혼자였어요, 나는 불안하기 시작했어요. 나는 아무 생각이 없는 듯했어요.'	이론적 설명으로 돌아가 작업하고 내담자에게 그의 경험과 가장 가까운 것을 질문하라. '사람들이 언제 그들에게 나쁜 일이 일어날 것을 두려워하죠? 당신에게는 어떠한 신호가 있나요?'
내담자의 부정적 사고는 '확대 진술'이다. 예) '나의 차가 고장 났을 때, 나는 '늘 이런 식'이라고 생각했어요.'	반영해 주고 속담을 덧붙여라 : '당신은 늘 이런 식이라고 생각했어요… 당신의 운에 대해서? 당신에게 대항하는 운명 같은 건가요?'
내담자의 부정적 사고는 질문의 형태 안에 있다. 예) '왜 내가 제외되어야 하나요?'	그 질문이 부정적 사고를 덮을 수 있음을 지적하라. 그리고 '만약 그렇다면 질문에 대한 '부정적 대답'은 무엇인가요?'를 질문하라.
내담자의 부정적 사고는 다른 내용에 의해 감춰진다. 예) '나는 나의 일이 어떻게 돌아가고 있는지 생각했어요.' (우울한 느낌과 관련된)	'당신의 일이 잘 되지 않아서 두려워하는 우울한 감정을 느끼고 있는 것이 사실인가요?'와 같이 질문으로 사고/감정과 연결을 만들어라.
내담자는 부정적 사고와 관련된 부정적 감정을 확인하지 못한다. 예) '나는 역하게 느꼈어요.'	상담 과정에서 좀 더 정확한 감정이 나타나도록 내담자의 용어로 신념에 대해 진술하라.
내담자는 경험한 감정을 평가하지 못한다.	아날로그 척도를 사용하라(중간 지점뿐 아니라 끝 지점 두 개의 극한의 감정에 선 긋기). 그리고 그의 감정이 선 위의 어디쯤인지 지적하도록 질문하라.

문적 지식을 언급하기보다는 부드러운 방법으로 이것을 지적해야 한다. 내담자의 이해를 돕기 위한 가장 좋은 방법은 예문을 통해 인지(사고가 의미하는 것) 안의 '평가' 요소와 감정의 관계가 왜 유의한지를 보여 주는 것이다. 표 4.1에 나열된 다른 문제들은 대화의 어떤 다른 형태로 인지를 감추는 방법을 포함하고 있다. 예를 들면 세 번째 단의 '늘 이런 식'이란 표현은 '나의 불행은 늘 이런 식이에요.'라는 생각을 감추는 것처럼 보인다. CB 상담가들은 얄팍한 동의를 얻거나 기술을

조심해야만 함에도 불구하고 그 말 속에 담긴 생각이 무엇인지 추측하는 것을 배울 필요가 있다. 어떤 내담자들은 어떠한 사고도 확인하기 힘든 것처럼 보인다. 그러면 상담가는 합리성 추구 단계로 돌아가서 간단한 단계를 이해하게 하거나 혹은 행동적인 작업에 핵심을 두어 적용한다.

부정적 감정과 사고는 오직 내담자가 기능하는 방법의 일부라는 것을 기억해야 한다. 아마도 CB 상담가들은 일반적인 구조화(Kuyken, 2006)와 작업의 일반적인 방법(Seligman, 2002; Duckworth et al., 2005)에서 지나치게 문제를 고려하는 경향이 있다. '긍정심리학'과 '해결중심치료' 운동은 우리의 이런 경향성에 균형을 갖도록 도움을 주는데, 예를 들면 기분이 좋지 않을 땐 예외상황[4]에 대하여 내담자에게 질문하는 것이다.

> 내담자 : 나는 요즘 매우 스트레스를 받아요. 나는 집에서도 엄청난 양의 일을 하고, 그리고 때로는 까다로운 고객과 통화를 하고, 그리고 그들은 나를 열 받게 해요. 나는 시무룩해져요. … 어느 날 아내가 나에게 '이요르[5]한 아침입니다.'라고 말했어요. 그리고 나는 '그래 당신이 맞아. 난 고통스러운 녀석이 되었어.'라고 생각했어요.
>
> 상담가 : 그래요. 어느 날 아침 당신은 이요르같이 느꼈고, 그것은 내가 추측하기에 우울하고 침울한 것처럼 보이네요. 그렇지만 어떤 아침은 푸우[6]와 같지 않나요? (내담자 : 맞아요.) 그래서 까다로운 고객과 통화할 때 무슨 일이 일어나나요?
>
> 내담자 : 오, 모르겠어요. 대수롭지 않게 취급해요. 나는 기쁘게 듣고 기꺼이 서비스를 제공하고, 소매를 걷어 붙이고 계속 나가지요.
>
> 상담가 : 그래요. 그래서 푸우와 같은 생각을 가지고 일하면 좋지요. '소매를 걷어 붙이는' 날과 이요르 날을 생각해 보고, 우리가 좀 더 많은 푸우 날과 더 적은 이요르 날을 만들 수 있을지 한 번 생각해 봅시다.

---

4) 이 관점을 제안한 나의 동료 Rosa Johnson에게 감사한다.
5) 역주 : 이요르는 1977년 월트 디즈니 프로덕션에서 밀른의 동화를 원작으로 하여 제작한 애니메이션 영화의 등장인물 중 하나로서 부정적이고 비관적인 성격을 대변한다.
6) 역주 : '위니더푸우'의 주인공으로 낙천적이고 느긋한 캐릭터이다.

내담자　(생기를 띠며) 그래요, 그게 좋겠어요.

상담가　이요르 또한 어떤 장점이 있는지 생각해 보는 것은 가치 있을 거예요. 많은 사람들은 그에게 사랑스러움을 느끼죠.

상담 초반에 '예외'에 관해 질문하는 것이 유용하다. 그들은 좋은 분위기를 조성할 뿐만 아니라 사용자 친화적인 용어(user-friendly terms)로 목표를 정하는데, 예를 들면 '덜 이요르처럼, 좀 더 푸우처럼'이다.

> ### 제안 : 좋은 날/나쁜 날
>
> Marcus Aurelius(100)부터 Carlson(1997)까지의 작가는 우리의 '별 것 아닌 걸로 속 태우는' 성향(삶의 작은 좌절에 과잉반응을 보이는 것)에 주목하였으며 그래서 나는 독자도 예외는 아닐 것이라고 추측했다! 좌절의 상황을 하나 선택하여, 당신의 '나쁜 날'에 그런 좌절의 부정적인 사고, 감정, 행동의 반응을 가지고 작업하라. 그리고 '좋은 날'에서 당신의 반응을 추적하라. '나쁜 날'과 '좋은 날'의 반응의 차이는 무엇인가? 좀 더 많은 좋은 날 그리고/혹은 더 적은 나쁜 날을 얻기 위해서는 당신의 반응을 어떻게 변화시켜야 하겠는가? 노력할 가치가 있는가?

부정적 사고 평가하기 : 인지 왜곡 검사하기

모든 사람들은 낙담하는 친구를 격려하는 시나리오에 익숙하다. 그를 즐겁게 해 주기 위한 모든 상상력이 동원된다. 만약 당신이 그의 삶에서 좋은 것들을 기억해 내게 하려고 시도한다면, 그는 '누구도 그렇게 할 수 있어!'라고 말하면서 '긍정성을 제외'하는 경향을 보일 것이다. Beck(1976)은 이것을 심리적 문제를 가중시키거나 영향을 미치는 '인지적 오류'와 왜곡으로 정의하였다. 어느 정도의 부정적 사고는 정상적이며 문제가 되지 않지만, 부정적 감정 상태가 좀 더 지속적으로 형성되면 사고의 왜곡은 우울과 두려운 감정을 유지시키는 역할을 한다. 부정적 사고를 가지고 작업하는 초기 단계는 내담자에게 그것을 확인하도록 돕고, 그 과정은 인지적 왜곡이 일어나는 지점을 알게 한다. 우리는 상담가가 이 과정을 얼마나 용이하게 할 수 있는지에 대해 논의할 것이다.

대부분의 CBT 책은 부정적 사고 인식 과정에 도움을 줄 수 있는 신념의 정의와 예를 포함한 인지적 왜곡 목록을 제시한다. 이 목록의 용어들은 시간이 지남에 따라 점점 증가하여, 쉽게 쓸 수 있는 기술보다는 지나치게 중복되는 개념들을 포함하게 되었다. 나는 최근 연구논문(Wills, 2007)에서 1년 동안의 상담 기록을 부정적 사고와 인지적 왜곡으로 분석하였다. 나는 자기에 대한 사고, 다른 사람과의 관계에 대한 사고, 다른 사람에 대한 사고와 삶/세상에 대한 사고에 관한 네 가지 기본 주제를 발견하였다. 나는 또한 왜곡의 세 가지 기본 유형을 발견하였는데, 부정적 이름 붙이기, 부정적 예측하기와 과장하기가 그것이다. 나는 표 4.2에서 이 두 가지 차원을 함께 제시하였다.

간결한 목록은 왜곡에 대한 중요한 견해를 가지고 있는 훈련자와 내담자 모두를 도울 수 있다. 왜곡의 풍성한 목록이 이후에 상담에서 사용될 수 없다는 것을 말하는 것이 아니다.

예를 들면 '재앙화(catastrophisation)'(간결 목록의 '과장된 진술' 항목에 포함됨)는 불안의 모든 유형에서 매우 자주 발견되는 요소이다. 그러므로 왜곡의 전체 목록을 표 4.3에 제시하였다. 그러나 이 목록의 예문들은 내담자가 그것을 알아차리도록 돕는 것에 완전하게 익숙해지도록 당신에게 도움을 주기 위한 연습이므로 정의와 꼭 일치하는 것은 아니다. 예문은 당신이 스스로 학습할 수 있도록 도와 내담자를 위해 더 나은 튜터로 거듭나는 데 목적이 있다. 이런 연습 유형들은 David Burns(1999a, 1999b)가 쓴 내담자를 위한 자조(client self-help) 서적에서 인용하였다.

심리학에는 사고의 편향과 왜곡을 정의하는 데 도움이 되는 또 다른 전통이 있다(Harvey et al., 2004). 인지 이론가들은 왜곡을 유지하는 사고 유형에는 다양한 항상성 경향이 있다고 한다. 예를 들어 자신을 위한 편향은 편향으로 인해 자신이 무엇을 잘못했는지, 즉 문제에 대한 자신의 역할을 보지 못하게 한다. '제한된 조사 습관'은 사고의 적합한 증거를 찾기 위한 광범위한 탐색을 방해할 수도 있다. 그러므로 상담가는 지속적으로 창의적인 소크라테스식 질문으로 이러한 한계를 넘을 수 있도록 준비해야 한다.

표 4.2 부정적 사고의 왜곡 유형과 영역

왜곡	자신에 대한 사고	다른 사람과의 관계에 대한 사고	다른 사람에 대한 사고	삶/세상에 대한 사고
부정적 이름 붙이기 : 자신 혹은 다른 사람에게 부정적 과잉 일반화하기	나는 지루해. 나는 쓸모없어. 나는 진짜 이요르야. 내 삶의 모든 것들은 절반밖에 못했어. 나는 '왕따 빌리'야.	나는 적합하지 않아. 나는 주위 사람들의 기대에 미치지 못해. 나는 사람들을 회유하고 있어. 파트너가 없다면 나는 쓸모없어.	나의 상사는 멍청해. 그는 큰 일에 아주 작은 남자야. 나의 아내는 자신의 병에 대해 제멋대로야. 나의 네 살배기 아이가 나를 약올려.	세상은 춥고 냉정한 곳이야. 삶은 지금 정글과 같아. 나의 직장은 혼란으로 가득해.
부정적 예측하기 : 알 수 있는 것보다 느끼는 것에 근거하여 미래 예측하기	시험을 본다면 나는 완전히 망칠 거야. 나는 절대 다른 파트너를 찾지 못할 거야. 내가 느꼈던 감정을 결코 다시는 느낄 수 없을 거야. 나는 지금 즐길 수 없어.	사람들은 나를 불쌍하게 생각할 거야. 어느 누구도 나에게 관심 없어. 내가 진짜로 어떻게 느끼는지 사람들에게 말한다면 그들은 나를 멀리할 거야.	여자친구는 항상 나를 버릴 거야. 나의 동료들은 내가 회의에서 말하는 모든 걸 비난할 거야. 만약 내가 사람들에게 도움을 청한다면 그들은 거절할 거야.	여기서부터는 내리막일 뿐이야. 사람들은 나에게 기회를 주지 않아. 내가 이것을 망친다면 따돌림을 받게 될 거야.
과장된 진술 : 상황의 나쁜 면을 지나치게 강조하기 그리고/혹은 좋은 면을 과소언급 혹은 무시하기	거래를 잃었다는 사실은 내가 무능하다는 거야. 내가 지금껏 노력한 것은 그 실패로 인해 무산되었어.	샘 없이는 살 수 없어. 나는 사회 정세에 대해 몰라. 만약 사람들이 나의 일을 비난한다면 끔찍할 거야.	그들은 다른 사람들을 절대 배려하지 않아. 사람들은 항상 자신의 이익을 가장 우선시해.	삶은 무의미해. 세상에는 폭력과 증오만 가득해. 사회는 실수에 대해 관대하지 않아.

표 4.3 인지 왜곡 유형

NB : 아래의 왜곡 유형이 적절한 반대 예문 리스트는 아니다. 이것은 왜곡의 다른 유형들을 구별할 수 있도록 훈련하기 위한 예문들이다. 정답은 이 장의 마지막 페이지에 제시되어 있다.

인지왜곡 유형	예문
1. (자신에 대해) 양극적으로 사고하기 이 사고 유형은 극단적인 하나만을 고집한다. 아니면 반대로 자신을 완전히 비난하기.	a. 오늘은 지옥 같은 날이었다. 론은 나의 보고서를 마음에 들어 하지 않았고 아무도 나에게 잘 했다는 말 한마디 하지 않았다.
2. 지레짐작하기 사람들이 어떤 방식으로 사고한다고 추측하기.	b. 나는 아침에 지갑을 어디 두었는지 잊었다; 이는 내가 지갑을 정말로 잃어버렸다는 증거이다.
3. 미래 예측하기 '수정구슬점'이라고도 알려진 미래에 일어날 일을 추측하기.	c. 나의 고객 중 몇몇은 나의 판단을 신뢰하는 것처럼 보이지만 그들은 단지 소수 고객일 뿐이다.
4. 부정적 사고에 빠지기 일상의 부정적인 면을 과장해서 강조하고 반추하기.	d. 모든 사람들이 나를 좋아하지 않는다면 그것은 내가 실패했다는 것을 의미한다.
5. 긍정성 무시하기 당신은 그들을 비하하므로 좋은 점을 거부한다.	e. 나의 상사는 정말 멍청이다. 그는 어느 누구에게도 존경받지 못한다.
6. 부정성 부풀리기 틀렸다고 과장하기	f. 그처럼 좋은 일이 내게 주어질 리 없다.
7. 이름 붙이기 지나치게 부정적인 이름 붙이기.	g. 나는 모든 것이 엉망진창이 될까 정말 무섭다.
8. 재앙화 최악의 가능성이 일어날 것을 생각하기.	h. 모든 사람들은 나를 정말로 바보라고 생각할 것이다.
9. 감정 추론하기 당신이 강력하게 느끼는 것은 사실임에 틀림없다고 가정하기.	I. 나는 나의 직장을 잃을 것이고 그러면 가족도 잃을 것이다. 나는 살 이유가 하나도 없다.

답

1.	6.
2.	7.
3.	8.
4.	9.
5.	

출처 : Sanders & Wills, 2005: 7.

사고의 증거 평가하기 : 타당성과 유용성

CBT 정신을 하나의 문장으로 표현할 수 있다면, 혹은 좀 더 정확하게는 인지상담의 정신을 한 문장으로 담아 낼 수 있다면, 이것은 아마도 '무엇이 당신 사고/신념에 반하는 증거인가?'에 바로 뒤따라오는 '무엇이 당신 사고/신념의 증거인가?'일 것이다. 종종 내담자의 부정적 사고는 자신에 대하여 엄청난 악의적 비난을 만들어 내기 때문에 인지상담의 어느 면은 '피고측 변호사'와 묘하게 닮은 구석이 있다(Leahy, 2003). 나는 종종 내담자에게 이런 질문들을 한다. 이게 '정말 죽을 죄입니까?(보통 약간의 자유재량권)' 또는 '법원에서(완전히 무능한 채로) 이 죄목에 대해 (자신을) 법정에 세우겠습니까?'. 아이러니하게도 변호사인 내담자들 자신이 스스로에게 무죄 판결을 내리지 못하는 경우를 많이 보았다. 이것이 부정적 사고의 힘을 보여 주는 좋은 예가 아닌가 싶다. Albert Ellis는 '결과는 아직 모른다.'라며 스스로에게 내리는 판결을 반대하는 주장을 펼친다. 사람으로서의 유용성은 일생에 걸쳐 형성된다. 경기 후반에 넣는 골은 경기의 판도를 바꿀 수 있다. 1939년에 Churchill은 정치적인 실패자로 간주되었다. 뿐만 아니라 '나는 쓸모없어.'라는 비난은 유용성과 무용성에 대한 기본적이고 핵심적인 성격 판단에 대한 말인 데 반해, 유용성이라는 말은 여러 가지 관련 없는 분리된 행동에서부터 나온다. 내가 이렇게 말한다고 해서 인간 행동 양상에 대한 판단의 타당성을 배제하는 것은 아니다.

우리가 직면하는 이러한 사실들은 증거를 가지고 CBT에서 재검토된다. 상관된 모든 정보가 거의 완전히 가능하지는 않다. 예를 들어 종종 불안을 동반하는 부정적 예측을 한다고 해서 미래가 어떻게 될지 우리가 알 수 있는 것은 아니다. 우리가 바랄 수 있는 최상이라는 것이 특정 결과에 대한 확률의 정도이다. 인생과 세상은 불만스럽게도 확실성이 부족한 채 남아 있다. 강박적이고 걱정이 많은 내담자는 우리가 인생에서 알 수 있는 것보다도 더 많은 확실성을 원한다. 내가 만약 그들이 바라는 것처럼 핵심적인 결과를 확신하게 된다면, 삶은 지루해질 것이라고 말했을 때조차도 그들은 결코 확신하지 못하는 것처럼 보였다.

또한 증거에 대한 양과 질의 상대적인 강도에 관련되는 문제들도 있다. 예를 들면 하나의 커다란 무능의 예는 작은 여러 유능의 예들보다 좀 더 기억에 남고 더 중요시된다.[7] 하지만 상담가는 큰 증거뿐 아니라 작은 증거까지 모든 증거를 다 모아서 볼 수밖에 없다. 이렇게 전반적으로 수집된 증거들은 여러 가지로 뒤섞여서 상담가와 내담자가 지나치게 일반화하는 것을 막을 수 있고, 고통스러운 감정에 휩싸인 이들에게 삶에 대한 균형적인 시각을 증진시킬 수 있다.

4. 사고 기록을 사용하여 부정적 사고에 도전하고 수정하기

사고 기록의 본질과 목적

사고 기록은 부정적 사고를 확인하고 평가하기 위해 이미 설명한 많은 방법들의 집합체이다.

- 부정적 사고로 이끄는 사건의 촉발자를 구체화한다.
- 촉발자(trigger)에 반응하는 사고, 감정, 행동 반응을 설명한다.
- 부정적 사고와 관련된 증거를 평가한다.

사고 기록은 또한 부정적 사고를 재구성하도록 돕는다.

---

7) 나 자신의 '어설픔'을 고맙게 생각하며, '스스로 완벽주의자'의 경향을 가진 내담자들이 나의 그런 점에 호감을 갖는 것을 알고 기뻤다. 최근에 한 내담자가 나에게 그렇게 말했고 나는 '네, 완벽하지 않은 것에 상당히 익숙하지요.' 라고 대답했다.

- 이것은 미래에 일어날 특정 촉발사건에 대해 좀 더 적응적인 사고 혹은 인지 방식을 발전시킨다.
- 이것은 원래 반응을 검토하면서 새로운 인지, 감정과 행동 반응의 핵심 요소를 요약한다.

아래의 사고 기록의 예는 실제 사고 기록을 가지고 위에 나열된 작전연습을 연결시킨 것이다. 사고 기록을 작성한 내담자는 오염이라는 주제에 대해 강박적 사고로 고통 받고 있는 유능한 의료 전문가이다. 그녀의 강박 중 하나는 의료활동에서 다른 물질과 피의 접촉으로부터 오염된다는 공포이다. 그녀는 강박충동장애(OCD)와 혈액공포증(DSM-IV-TR)으로 공포증 기준에 해당된다. 표 4.4의 사고 기록은 내담자가 기록한 원래 사고 기록이고, 후에 상담가와 내담자가 함께 작업해서 수정하였다. 표의 윗부분은(명조체로 쓰인) 내담자가 과제로 처음 실행한 사고 기록이다. 표의 아래쪽은 내담자와 상담가가 다음 회기에서 어떻게 재작업했는지를 보여 준다. 사고 기록을 완성하는 방법에는 숙련된 방식과 미숙한 방식이 있고, 이러한 기술은 내담자와 상담가에 의해 학습되고 발달한다. 내담자가 과제로 기록한 사고 기록은 일부 방향을 잃었고 이것은 사고 기록이 그녀의 부정적 사고를 다루어 그녀를 돕기에 비효과적이라는 것을 의미한다. 내담자는 재작업된 표가 더 편안하며 쉽게 이해되고 상황에 대하여 좀 더 좋게 느껴진다고 보고하였다. 이것은 그녀가 완성한 첫 번째 사고 기록이므로 이것이 목표에서 좀 벗어났다고 해도 전혀 이상한 일이 아니다. 나는 그녀와 함께 이전 회기에서 하나의 예를 검토했다. 돌이켜보면 나는 완전한 기록을 사용하기 위해 서두르지 않았다. 나는 일반적으로 내담자에게 사고 기록을 사용하기 위한 안내서를 주지만[8] 이번에는 복사본을 가지고 있지 않았다. 사고 기록의 각 섹션은 표 4.4 같이 사고 기록 전체

---

8) 이 책에 첨부된 SAGE 웹사이트 '자료실'에 수록되어 있다.

표 4.4 사고 기록 7개 항목(작업의 예)

촉발자	감정	NAT	NAT 증거	NAT 반증	대안적인 적응적 사고	결과
피가 묻은 돈	불안 80%	나는 손을 씻는다. 나는 옷을 갈아입는다.	위생적이지 않음	감염은 쉽게 일어나지 않는다. 아마도 매우 흔한 일일 것이다.	나는 위험은 무시할 만하다고 이성적으로 생각해야만 한다.	불안 60%
피가 묻은 돈	불안 80%	내 손에 위험한 세균들이 있다. 나는 아들과 남편을 죽일 수도 있다.	세균은 도처에 있음	세균은 거의 위험하지 않다. 혈액 감염은 쉽게 일어나지 않는다.	내 손에 세균이 있겠지만 그것은 분명히 거의 해롭지 않다.	불안 30% 손 씻는 것/옷 갈아입는 것에 반대

를 재작업하고 원본의 각 섹션을 위해 조언하면서 따라가고 각 섹션의 기본 목적과 함께 개방하면서 설명될 것이다.

◆ 촉발자/감정

이 항목의 목표는 특정 문제에 대한 반응을 이끌어 내는 특정 촉발자를 규명하는 것이다. 아마도 촉발 상황은 매우 분명하겠지만 항상 그런 것은 아니다. 문제적인 반응은 내담자가 언급한 문제의 주된 양상을 구성하는 증상의 한 부분이다. 이 경우에 불안은 OCD 기준의 대부분이다.

표 4.4의 상단에서 내담자는 두 항목을 적절하게 잘 채웠다. 자신의 용어로 사고와 감정이 '시작하는' 순간이 되는 특정한 촉발자를 발견했다. 때로는 내담자가 '내 여자친구가 나와의 관계를 끝냈어요.'와 같이 좀 더 일반적인 촉발자를 이야기할 때에는 사고 기록을 작업하지 않기도 한다. 그런 경험은 대개 하루, 한 주, 한 달을 두고 일어나는데, 그동안 내담자는 다른 여러 가지 사고와 감정을 갖는다. 상담가는 '어느 것이 최악의 순간인가요?'라고 좀 더 구체적으로 질문함으로

써 내담자가 이러한 촉발자 유형을 만들 수 있도록 장려해야 한다. 이것은 '그녀 가 전화해서 전남편이 연락을 해 왔다고 말했고 그녀는 지금의 우리 관계를 끝내 고 싶어 해요.'와 같이 특정 촉발자를 바꿀 수 있는 답을 만들 수 있다. 특정한 순 간을 설명하게 하는 것은 더욱 강한 감정 반응을 일으킬 수 있고, 분명하고 뚜렷 한 부정적 사고를 이끌어 내기 쉽게 한다. 표 4.4의 부정적 감정은 기본 감정을 단 순한 단어로 분명하게 정의하지만, 우리는 감정을 확인하는 데 언제나 이것과 같 이 분명하지만은 않은 내담자와 함께 작업하기 위해 준비되어 있어야 한다(표 4.1 과 4.5 참조).

◆ 부정적인 자동적 사고(NAT) 혹은 심상

정서적, 심리적 어려움을 유지하는 데 있어서 부정적 사고와 심상의 중요성에 대 해서는 이미 설명하였다. 특정 사고를 검토하는 것이 사고 기록과 CBT에 중요한 만큼 사고 또는 심상이 검토될 수 있도록 분명하게 정의되는 것도 중요하다. 이것 은 아마도 그 순간이 정확하지 않다고 보고하는 내담자에게 도움이 될 것이다. 이 미 기억 속에서 그것은 재구성되었으므로 상담가는 숨어 있는 의미를 분명히 하 고 사고 기록이 좀 더 검토될 수 있는 방법으로 사고를 정의하는 작업을 적합하게 느낄 수 있다.

표 4.4에서 보고된 사고는 내담자의 마음을 반영할 수도 있지만 사실은 부정적 사고를 평가한 것이라기보다는 행동 습관이다. 핵심 사고를 정의하기는 어렵지만 확신이 서지 않는다면, 상담가는 '이 사고가 부정적 감정을 설명하는 것인가?'라 고 스스로에게 질문해야 한다. 이 경우에 그녀의 손 씻기는 불안을 감소시키기 때 문에 대답은 '아니요'여야만 한다. 이것은 불안을 일으키는 사고가 아니라 불안에 대한 반응이다. 사고 기록을 재검토하면서 상담가는 내담자에게 '당신이 손을 씻 고 옷을 갈아입어야 한다고 생각하는 이유가 무엇인가요?'라고 질문했다. 내담자

는 '내 손에 세균이 있다고 느껴져서요.'라고 대답했다. 그 후 상담가는 '그것이 왜 나쁘죠?'라고 '하향화살(downwards arrow)' 질문을 했다. 그녀는 '위험할 수 있잖아요. 나는 다른 사람을 감염시킬 수도 있어요. 나의 아들이나 남편을 죽일 수도 있고요.'라고 대답했다. 이러한 사고는 불안을 설명한다. 내담자가 NAT에 대한 자신의 신념 정도를 평가하지 않음을 주목하라. 상담 회기에서는 상대적으로 고요한 가운데서 이루어지므로 그 당시에 그녀가 어떻게 평가했는지를 반영하지 못하므로 상담가는 그 정도를 표시하라고 요구하지 않았다. 이것은 '투쟁 조건'에서의 순간적인 열기로 인해 그 순간에 기록하지 못한다는 점이 사고 기록의 빈번한 문제점이다.

NAT가 상담 회기 동안에서 나오지 않는 한 부정적 사고의 회상으로 만들어지는 기록이 단순히 최선이다. 상담가는 일어난 사건의 실제 순간에 사고 기록지를 적으라고 할 수도 있다. 하지만 이것이 언제나 현실적으로 가능한 것은 아닐 수도 있다. 내담자들은 종종 다른 사람이 사고 기록을 볼까 두려워하며 그들의 완벽한 프라이버시가 보장된다고 느낄 때 비로소 사고 기록을 적는다. 내가 3개월 동안 사고 기록을 적을 당시에 나는 사고 기록지를 주머니 속에 들어갈 수 있게 만들어서 이것을 어디서나 자주 사용할 수 있다는 것에 놀랐다. 내담자와 과제를 논의할 때는 실용적인 문제점도 이야기해야 한다. 예를 들어 분명치 않았던 사고가 분명해짐으로써 더욱 부정적 감정을 포함한 여러 가지 두려움이 나타날 수 있다. 일부 사람들은 그들의 사고에 접근하는 것은 물론, 사고에 접근할 수 있을 때조차도 보고하는 것을 어려워한다. 때때로 사람들은 그들이 경험한 심상을 묘사함으로써 그들의 마음속에 무엇이 있는지 접근하기가 더 쉽다고 느낀다. 예를 들어 한 내담자는 회사에 지원하지 않겠다는 결정으로 인해 우울한 느낌이 든다고 했다. 우리가 그녀의 경험을 좀 더 살펴보았더니, 그녀가 회사에 지원할지에 대해 생각할 때 면접관으로부터 거절당하는 선명하고 상세한 심상이 떠오른다는 것이 드러났다.

내가 그녀에게 이미지에 대해 아주 상세하게 설명해 달라고 부탁하였더니 그 속에 담겨 있던 부정적 의미가 쏟아져 나왔다. 그 후 나는 그녀와 함께 그 의미에 대해 탐색하였다. 예를 들어 그녀는 면접관이 자신의 지원서를 읽으면서 고개를 가로젓는 모습을 떠올렸다. 내가 그것이 그녀에게 의미하는 것이 무엇인지 묻자, 그녀는 '그들은 나 같은 사람이 회사에 지원하다니 뻔뻔하다고 생각했을 것이고 내가 그들의 시간을 낭비한다고 생각했을 거예요.' 라고 말했다.

◆ NAT와 심상의 증거와 반증

부정적 사고와 심상에 대한 증거와 반증을 재검토하는 것은 내담자를 그것으로부터 한 걸음 물러나게 돕고 새로운 견해로 그것을 고려하는 데 목표가 있다. 이것은 우리가 사람들이 정서적으로 방해받는 순간을 알기 때문인데, 그들은 해석이나 가설이라기보다 사실로서 부정적 사고를 갖는 경향이 있다. 부정적 사고는 부정적 감정을 유지하는 주요 역할을 하며, 내담자의 마음을 사로잡고 있는 것이 느슨해질 필요가 있다.

표 4.4에서 내담자는 'NAT를 위한' 과 'NAT에 반하는' 항목에서 증거의 좋은 예를 만들었지만, 그것은 행동 지향의 반응이고 그래서 부정적 사고와 그 밑에 깔린 신념을 얻어내지 못했다. 재작업 버전에서 보여 준 증거들은 내담자의 본래의 항목들과 유사하지만 내면 사고에 좀 더 가깝다. 또한 이것이 좀 더 현실적이다. 공공장소에 세균이 있다는 것은 인정하지만 그것의 유해성에 대한 위험은 희박하다. 흥미롭게도 우리는 후에 감염될 가능성은 피부의 상처에 의해 더욱 커진다는 것을 알았고, 피부 상처는 피부를 손상시킬 수도 있는 그녀의 지나친 손 씻기에 의해 좀 더 발생할 수 있다. 심상은 이와 같이 동일한 방법으로 재검토될 수 있다. 예를 들어 회사에 지원하는 것에 대해 부정적 심상을 가지고 있던 여성과 함께 우리는 만약 그녀가 지원하기 위해서는 어떤 일이 벌어져야 하는가에 대한 합당한

심상의 증거들을 조사할 수 있다.

◆ 대안적 사고/결과

증거 항목에서부터 대안적 사고를 설정하는 목적은 촉발된 상황을 만날 때 다른 방법으로 생각할 수 있는 가능한 지점을 만들기 위해서다. 표 4.4에서 두 번째 각색의 비회피성 말투는 좀 더 현실적이며 부정적 감정을 감소시킨다. 상담가는 손 씻기의 '안전행동 감소'에 대해 대화를 시작함으로써 결과 항목을 강화한다. 이 경우에 내담자는 받아들일 수 있지만, '협상하고 동의하는 것을 한 번에 하나씩 하기'로 동의하였다.[9]

이 사고 기록은 단일 상황과 사고만을 보여 주므로 장황하지 않다. 많은 경우 사고 기록이 모든 항목의 다양한 내용들을 포함하므로 그것을 효과적으로 사용하기 어렵게 한다. 사고와 감정 사이에 연결된 단순하고 이해할 만한 사고 기록이 작업하기에 가장 좋다. 강박적 사고를 갖은 내담자와 끝없는 리스트를 만드는 행동은 모든 뉘앙스와 감정을 기록하기 때문에 일을 복잡하게 만든다. 또한 강박적 사고는 '당신이 안전하려면 얼마나 '안전'해야 합니까'와 같은 '위험 평가'를 흔히 고려하기 때문에 평가를 더 어렵게 한다. 그러나 사고 기록은 그들이 토해 낸 자료의 양에 따라 현저하게 다른 것이 사실이다. 나는 이 사례가 인색하고 그래서 인색한 논의를 할 수 있기 때문에 나의 목적 성취에 좋은 것으로 보아 이 예를 선택했다. 그러나 사고 기록은 때때로 강박적이고 걱정으로 가득한 내담자에게는 역효과가 될 수도 있다. 이제 이 장의 마지막 절의 주제인 걱정이 많고 강박적인 사고의 인지 과정을 살펴볼 것이다.

---

9) 천천히 늦게 손 씻기(delayed hand washing)의 점진적 프로그램은 그 후 빠른 진전을 보였짜.

임상에서 사고 기록 사용하기

Sanders와 Wills(2005)는 사고 기록의 여러 가지 요소를 더 작게 분리된 기록으로, 예를 들어 한 번에 한 항목씩 잘라서 좀 더 천천히 누적하여 사용이 가능하다는 것을 보여 주었다. 이 장은 사고 기록의 다양한 요소가 분리되어 사용될 수 있는 것과, 전체적으로 조립된 틀 안에서 그것들이 어떻게 사용될 수 있는지를 고려한다. 흔히 전체 형태(표 4.4처럼)는 실제로 두 단계로 제시된다. 첫 번째 단계는 다른 항목을 잠시 내버려두거나 혹은 차단하고, 감정과 부정적 사고의 촉발자를 확인하기 위한 항목만으로 구성된다. 상담가는 기록지 양식을 제작하고 내담자에게 적절한 현장질문으로 설명해야만 한다. 그리고 나서 내담자와 상담가는 상담 회기 동안 항목들을 채우고 작업을 위한 예문의 주제를 가지고 내담자의 삶에서 최근에 있었던 사건들을 기록한다. 이것은 흔히 상담가가 먼저 언급하고 아마도 나중에 내담자가 실제로 개입하여 기록하도록 격려함으로써 정교한 요소를 강조하게 한다. 사고 기록 작업이 교과서에 그려진 것처럼 부드럽게 진행되는 일은 거의 드물다. 대부분의 내담자들은 사고 기록 논리에 대해서 약간 이해하긴 하지만 실생활에서 적용하는 데에는 많은 경우 어려움을 느낀다. 상담가와 내담자는 적어도 표 4.1과 4.5에서 묘사된 몇 가지 문제를 경험하게 될 것이다.

사고 기록에 반응하는 내담자가 겪는 어려움은 다른 사람에게는 상담이 효과적이었을지 몰라도 자신에게는 적용되지 않는다고 의심하는 상담에 대한 비관적인 신념으로 인해 발생한다. 이 신념은 마치 그들이 처음 문제에 부딪혔을 때 확인된 것처럼 사고 기록이 완전히 그들을 당황하게 만들고, 조금도 더 나은 느낌을 주지도 않는 것으로 볼 수 있다. 사고와 감정을 확인하고 측정하는 첫 세 항목에 대한 문제는 이미 증거와 대안적 사고를 만드는 것과 관련하여 발생한 어려움에 좀 더 초점을 맞춘 표 4.1과 표 4.5에서 제시하였다(항목 4~7까지 포함). 과정은 이런 항목들이 믿을 만한 증거와 믿을 만한 인지 변화를 위해 노력함으로써 작동된다.

표 4.5 부정적 사고 평가와 반응의 문제와 해결 (사고 기록 7개 항목)

문제	해결
증거 있는 문제(항목 4와 5)	
강하게 부정적인 인생 사건	공감적 경청에 초점을 두라. 문제를 더 악화시키는 사고 방식을 확인하라. 그러한 사고가 어떻게 도움이 되는지 검토하는 것이 유용하다고 제안하라.
증거가 양적으로 부정적이다. 증거의 질이 부정적이다.	증거의 균형을 논의하라. 증거의 양과 질 중에 어떤 것이 부정 쪽으로 균형을 이루는지, '열린 결정'을 제안하라.
내담자는 부정적 사고를 진실이라고 평가하기 어렵다는 것을 발견한다(부정적 증거가 더 강력하거나 혹은 믿을 만하다).	신뢰 척도를 사용하라 : 100%보다 작다는 것은 근거가 의심된다는 것을 보여 준다.
대안적 사고 문제(항목 6)	
내담자는 감정적 신념이 아닌 이성을 가지고 대안적 사고를 묘사한다(가슴이 아니라 머리).	전체 순서로 다시 돌아가라. NAT와 대안의 정확한 문구를 주의 깊게 체크하라. 증거를 재확인하라. 또한 감정적 신념이 더 오래 유지되고 자리 잡는다는 것을 제안하라.
내담자는 '네(나는 진짜 실패가 아니라는 걸 알아요), 그러나…'로 말한다.	'그러나'를 뽑아내라. '이것에 대해 걱정하지 않는다면, 나는 현실에 안주하게 될 거야.'와 같은 초인지 규칙에 의해 언급되지 않은 공포가 자주 기저에 깔려 있다.
마지막 결과 문제(항목 7)	
내담자는 부정적 감정에 변화가 없음을 보고한다.	시간 걸리는 방법 사용이 필요한지 논의하라. 다음에 어떻게 다르게 할 수 있는지에 대해 기록하라. 만약 지속된다면, 초점을 재검토하고 내용보다는 인지 과정에 초점을 두는 것을 고려하라.

◆ 증거의 문제

CBT의 발전에 큰 기여를 한 것은 우울증 환자가 인지 왜곡에 의해서 지배된다는 인식이었다. 이것은 내담자가 분명하게 그러나 전혀 과장하지 않고 인생 경험(예를 들면 생명을 위협하는 질병)을 극심한 부정성으로 보고할 때이다(Moorey & Greer, 2002). 그러한 사건에 대한 증거는 부정적 사고로 확인될 수 있다. 공감 표현하기와 지지해주기와 달리 추가적인 인지 작업은 내담자의 사고가 현실을 '왜곡하는' 방식에 대해 반대하기보다는 그들에게 도움이 되지 않는 내담자의 사고방식을 보아야 한다. 예를 들어 암 환자와 작업할 때의 인지 상담은 그들에게 남은 시간이 얼마나 적은지, 남은 시간을 사용하는 방법은 무엇이 있는지에 대해 생각하도록 도움을 줄 수 있다. 이러한 종류의 대화는 상담가가 우월하거나 이미 다 아는 듯한 태도로 접근하지 말아야 한다. 상담가는 이 순간의 힘든 현실과 내담자가 겪고 있을 어려움에 대해 스스로 민감해져야 한다.

증거의 문제는 증거에 대한 내담자의 접근이 다른 요인에 비해 몇 가지 요인에 불균형적인 무게를 줄 때 일어나기도 한다. 증거의 양과 질의 균형을 측정하는 것이 도움이 될 수 있으며, 때때로 '열린 결정(open verdict)'을 통해 알 수 있다. 내담자의 증거 신뢰성은 증거와 관련된 신념이 적용된 신념 척도를 가지고 평가할 수 있다.

◆ 인지적 변화의 신뢰성 문제

내담자는 긍정적인 대안적 사고를 그들의 가슴이 아닌 머리로 믿는다고 종종 보고한다. 인지적 신념이 자주 감정적 신념을 앞서는 것은 사실 자연스러운 일이다. 많은 경우 이것은 Albert Ellis의 단어로 '작업하고 연습하기'를 위한 표시이다 (Dryden, 1991). 때로 대안적 사고와 신념의 변화에 대한 신뢰는 발달하는 데 시간이 걸린다는 점을 인식하는 것이 유용하다. 자기 자신과 삶에 대한 시각은 여러 해에 걸쳐 발달하며 변화를 만들기 위하여 끊임없는 대안의 반복이 있을 수 있다. 그러나 특히 내용보다 인지 과정 작업에서 내담자가 특히 직관적 사고, 강박, 고민이나 걱정(이 장의 다음 절을 보라)을 가지고 있다면, 이러한 문제는 상담이 궤도에 있지 않고 상담가가 대안으로 그것을 사용할 수 있다는 징후이다.

우리는 항상 이러한 과정을 가지고 내담자의 어려움에 공감하려고 해야 한다. 사실상 우리 삶의 어떠한 모습을 바꾸기 위해 우리 자신의 시도에 대해 생각해 본다면 그와 같은 변화는 가장 빈번히, 점진적으로, 서서히 일어난다는 것을 알 수 있을 것이다. 예를 들면 우리는 음악이 정말로 귀에 들리기까지 여러 번 귀 기울여 들을 것이다. 상담가와 내담자는 즉각적인 변화를 매우 간절히 바랄 수 있다. 그러나 새로운 증거와 아이디어들이 자리 잡고 의식적으로 실현되기까지는 시간이 걸린다. 또한 상담가는 그들이 새로운 정보를 차단하는 것처럼 보일 때 내담자와의 언쟁을 항상 조심해야 한다. '그래서 당신이 사실 괜찮은 사람이라는 생각을 지금 당장은 신뢰하기가 어렵겠지요.'와 같이 새로운 정보에 대한 내담자의 의심을 단순히 인정하는 것이 타당하다.

CB 상담가는 내담자와 함께 상담에서 내담자의 의심과 어려움을 철저하게 다루는 것이 중요하다. 이는 이를 바탕으로 내담자가 사고 기록을 집에서 규칙적으로 사용할 수 있는지 질문할 것이기 때문이다. CBT에서 정기적으로 과제를 해 오는 내담자는 그렇지 않은 내담자보다 눈에 띄게 향상된다는 증거들이 있다(Kazantzis et al., 2005). 만약 내담자가 과제로서 완성된 하나 혹은 그 이상의 사고 기록지를 가져왔다면, 다음 회기에 그것을 바탕으로 한 주제에 놓고 집중하고 시간을 보내야 한다. 만약 내담자가 고생스럽게 해 온 과제를 상담가가 대충 훑어보거나 전혀 살펴보지 않는다면 내담자는 매우 낙심할 수도 있다. 사고 기록은 시간과 노력을 요구하는 일이며 내담자들은 그들의 노력이 부정적으로 판단되는 것에 두려움을 느낄 수 있다. 예를 들어 상담가들이 사전에 문제될 만한 것이 아닌 철자와 문법을 분명히 한다면, 내담자들은 도움을 받을 수 있다.

우리는 사고 기록의 반응과 도전 항목을 적을 때 사고 기록의 치료적인 목표에 대하여 그리고 어떻게 사용하는 것이 최선인지에 대해 좀 더 논의하는 것이 좋다. 사고 기록의 주된 목표는 내담자가 그들의 사고에 좀 더 반응적인 관계를 발달시킬 수 있도록 돕는 데 있다. 새로운 관점은 단기적으로 장기적으로 모두에서 내담자가 좀 더 좋게 느끼고 좀 더 분명하게 사고하도록 희망을 준다. 때때로 내담자는 부정적 사건을 테스트하는 동안 새로운 대안적 사고에 도달하는 진전을 보일 수도 있다. 그 대신에 그들은 이것을 과거의 일을 회상하는 데 사용할 수 있어서 그래서 부정적인 심사숙고를 연장하는 것으로 스스로를 막기도 한다. 내가 석 달 동안 사고 기록을 유지했을 때 나는 이것이 상당히 유익하다는 것을 알았다. 첫째로, 나는 내 머릿속에서 나온 엄청난 양의 쓰레기로 인해 놀랐다. 둘째로, 나는 나의 생각을 적고 그것을 평가하는 것이 내 기분을 더 좋게 하고 더 분명하게 만들기 때문에 하루를 생활하는 데 도움이 된다는 것을 알았다. 셋째로, 나는 때로 사고 기록이 잠시 동안은 비효과적이었지만 오후가 되면 나의 태도가 밝아진다는 것을 알아차렸다. 이러한 경험은 나에게 일관적으로 사고 기록을 유지하는 것의 중요성을 강조해 주었다. 나는 모든 CB 상담가들에게 이 경험을 추천하고 싶다. 스스로 사고 기록을 지속적으로 유지한다는 것은 상담가가 좀 더 많은 권한과 이해를 가지고 내담자에게 맞추어서 요구할 수 있게 해 준다. Leahy(2003)는 더 많이 연습하고 더 많이 배울 필요가 있다고 강조했다. 순전히 부정적 사고[10]의 무게와 끈질김 때문에 절대 '제비 한 마리'가 왔다고 해서 '여름이 오는 것'은 아니다[11]는 것이다. 사고 기록에 관련된 문제를 해결하기 위한 가장 좋은 방법은 회기 안에서 문제를 해결하고, 사고 기록을 중단하기보다는 더욱 연습하기를 제안하는 것이다. Hollon(2003) 또한 CBT 기술은 종종 CBT의 효과를 달성하기 위해 지속시키는 것이 필요하다는 관점을 강조하였다.

사고 기록의 창조적 사용 발달시키기

인지작업의 진정한 목표는 사고의 대안적 방법을 만들어 내는 것이다. 의식과 사고의 이러한 전환은 힘들 수 있으나 어느 순간 생각지도 않게 일어날 수도 있다.

---

10) 앞에서 언급한 강박적인 어려움들은 제외될 수도 있다.
11) 역주 : one swallow doesn't make a summer- '작은 조짐 하나를 너무 크게 확대 해석하지 말라.'는 의미의 속담이다.

최근에 나는 나의 아버지가 내담자로서 사고 기록을 사용하는 꿈을 꾸었다. 그러나 사고의 최종 대안적 방법은 머그잔 옆면에 적혀 있는 로고에서 발견되었다. 아버지는 자신의 머그잔을 매우 아꼈고 나는 결국 이것이 사고 기록을 사용한 그의 경험을 완성하기에 아주 효과적인 방법일지도 모른다고 이후에 반영했다! 나는 때때로 우리가 작업 방법에서 훨씬 더 창조적일 수 있다고 느낀다. 한 번은 효율적인 자기주장 훈련 워크숍에 참여하였는데, 발표자가 나에게 '나는 완벽하지 않지만 어느 면은 정말 괜찮아요.' 라는 글귀가 적힌 배지를 주었다. 나는 이 배지가 특히 당시의 나의 상태를 의미한다고 느끼고 수년간 이것을 보물로 간직해 왔다. 한 번은 CBT 회의를 위해 'Put Your Beck into it!' 이라는 슬로건과 함께 Tim Beck이 그려진 티셔츠를 만들었다. 우연히 회의장에는 Tim과 그의 딸이 있었고 그녀는 나에게 티셔츠를 줄 수 있는지 물었다. 나는 필라델피아에 있는 그녀에게로 절차에 따라서 이것을 보냈다. CB 상담가가 적응적 사고 슬로건을 대처카드로 사용했기 때문에 나는 이따금 내담자와 함께 배지와 티셔츠의 개념을 사용한다 (그들의 삶에 이러한 것들을 사용하여 좀 더 반응할 수 있도록 한 의미 있는 사람과의 논의가 얼마나 도움이 될지는 몰라도 말이다).

나는 CB 상담가들이 사용한 사고 기록의 다른 유형을 20가지 이상이나 확인하였다. 그들은 모두 위에서 언급한 단계들을 포함하고 있지만 때때로 다른 용어와 실행 순서를 사용하고 있다. 나는 종종 Greenberger와 Padesky(1995)가 제시한 '사고 기록 7개 항목'을 기초로 한 번안을 사용하지만, 때로 다른 내담자에게 다른 유형의 사고 기록을 사용하는 것이 도움이 되는 것도 안다. 예를 들어 어떤 내담자에게는 상담의 보조처럼 David Burns의 자조 책이 특히 효과적이며 그가 '기분 일지(Mood Log)' 라고 부르는 사고 기록의 버전을 사용하는 것이 가장 적절하다는 것을 발견하기도 한다. 나는 일반적으로 상담가와 내담자 모두의 특정한 필요를 위해 CBT 도구를 각색하는 것을 선호한다. 내담자 맞춤 운동에 사용할 수

표 4.6 사고 기록 요소

언어	개념
사고 기록 : 기분일지[1], 매일의 사고 기록, 역기능적 사고 기록	
촉발자 : 상황, 사건, 선행사건 (A)[2]	시간, 장소, 누구와 함께, 무엇을 하는지 등의 질문을 포함할 수 있다.
감정 : 기분, 느낌, 감정적 결과(Ce=감정적 결과)[2] [또한 Cb(행동적 결과)를 포함][2]	5, 10 혹은 100의 강도 척도를 포함할 수 있다.
부정적인 자동적 사고 : 사고, 인지, 신념 (B)[2]	인지 왜곡 유형을 포함할 수도 있다.[1,3] 부정적 심상을 포함할 수도 있다.
지지하는 NAT 증거 :	증거 항목은 오직 7항목 기록에만 포함되었다.[4]
지지하지 않는 NAT 증거 :	
대안적인 균형적 사고 : 합리적 사고/대안적 논쟁 (D)[2]	
결과(대안적인 균형적 사고를 유지하는 결과로서 감정 정도 변화) 효과 (E)[2]	대안적 사고에 기초한 행동 결과 혹은 미래 계획을 포함할 수도 있다.

주 1. David Burns(1999b) 참조
   2. Albert Ellis & Windy Dryden(1987) 참조
   3. Gary Emery(1999) 참조
   4. Greenberger & Padesky(1995) 참조

있는 사고 기록의 자료는 표 4.6과 아래의 '제안' 상자와 같다.

> **제안 : 당신의 사고 기록을 만들어라.**
> 표 4.5에서 보여 준 다양한 사고 기록의 요소와 언어를 사용하여 당신과 당신이 예측하는 내담자 필요에 가장 적합한 방법으로 당신만의 버전을 만들어라.

자료의 다른 유형을 사용하는 정신으로 나는 표 4.7의 REBT에서 사용하는 ABC 유형이 제시하는 동일한 예와 함께 표 4.4의 7개 항목 기록 작업의 예에서 제시된 상황을 따른다.

표 4.7 ABCDE 분석 (작업 예문)

A (선행사건)	B (비논리적 신념)	C (결과) 감정적·행동적	D (각 비논리적 신념에 대한 논쟁)	E (효과적인 논리적 믿음)	F (효과적인 합리적 신념을 고려한 후 도달하는 감정과 행동)
피가 묻은 돈.	이것은 위험하다.	불안. 손 씻기와 옷을 갈아입으려는 충동.	나는 여기에서 위험을 과장하는가? 예방대책이 정말 필요한가? 장기적으로 이것이 나에게 미치는 영향은 무엇인가?	약간 해로울 수 있지만 나는 지나치게 위험을 과장한다. 나는 이렇게 반응하지 않고 해롭다는 가능성을 가지고 살 수 있다.	줄어든 불안. 손을 씻거나 옷을 갈아입는 것을 좀 더 거부.

5. 인지 과정과 작업하기

나는 이 책 곳곳을 통하여 상담가는 인지 내용과 마찬가지로 인지 과정에 초점을 두어야 한다는 CBT의 새로운 이해를 언급한다. 우리 대부분은 하고자 하는 일에 실패했을 때 '나는 쓸모없어.'라고 생각하곤 한다. 다음에 일어나는 일은 우리가 그 사고에 부여하는 주의집중의 유형에 많이 좌우된다. 그러나 그러한 생각은 대부분의 사람들에게서 다행스럽게도 슬며시 빠져나가고 어떠한 문제도 일어나지 않는다. 하지만 우울에 취약한 사람은 이 생각에 한없이 매달리기 시작하고 그것을 증명하듯이 과거의 일을 기억하려고 한다. 질문은 'CB 상담가는 내담자가 그와 같은 생각에 좀 더 적합한 주의집중을 하도록 어떻게 도울 수 있을까?' 이다.

많은 더욱 새로운 CB 접근들은 우리가 이러한 사고들에 좀 더 유념하고, 비판단적으로 받아들이는 방법을 발달시켜서 우리 자신은 물론 내담자들까지도 도울 필요가 있다고 제안하고 있다. 그러한 사고방식은 사고와 신념이 대상에 대한 진실의 반영이라기보다는 오히려 정신적인 사건이고 과정이라는 아이디어를 받아들일 것을 강조한다. 이러한 아이디어는 내담자의 우울 재발을 막기 위해 구성된 마음챙김 인지치료 집단 프로그램의 발달에 의해서 작동되어 왔다. 그러나 현재는 이것이 많은 내담자를 도울 수 있기 때문에 CB 치료사가 일상의 임상에서 사고를 조작할 수 있는 방법을 찾는 데 박차를 가하고 있다.

Fennell(2004)은 어떻게 자존감이 낮고 우울한 내담자를 개인상담에서 도울 수 있는지 설명한다. 그러나 그녀가 매일의 연습을 통해 마음챙김을 하는 것이 새로운 기술을 배우는 것에는 틀림없으나 마음챙김 인지치료 임상으로부터 아이디어, 영성과 치료적 스타일을 받아들이는 것 또한 새로운 기술을 배우는 것이라고 분명히 말했다. 나는 전국의 많은 CB 상담가들이 자신의 개인적인 방법으로 마음챙김 통합을 시도하고 있고, 그리고 그것은 미래의 임상 모델로 발달될 것이라고 짐작한다. 그러나 현재 그러한 모델은 아직 존재하지 않으므로 나는 내 임상에 마음챙김 차원을 가져오려는 나의 노력을 설명할 것이다.

표 4.4의 사고 기록을 위해 작업한 예문은 거슬리고 강박적인 생각들, 걱정과 공포로 고통 받는 내담자의 반응을 보여 준다. 최근 CB 상담가들 사이에서는 사고 내용의 작업이 부분적인 효과만 있다는 것으로 합의가 이루어지고 있다. 왜냐하면 그것들이 일으키는 문제는 내담자의 주의집중의 양과 사고의 유형에 의해서 결정적인 영향을 받기 때문이다. 예를 들어 거의 90%에 해당하는 사람들이 OCD(Rachman, 2003)로 고통 받는 사람들과 비슷한 사고를 하는 것을 볼 수 있다. '정상'과 '비정상'적 강박증의 차이는 사람들이 그것에 반응하는 방법에 있다. 대부분의 사람들은 가볍고 쉬운 방법으로 생각들을 무시하지만 OCD로 고통 받는 사람들은 그러한 생각이 개인적으로 지나치게 불쾌하고 심각하게 부정적 의미로 받아들여져서 그들을 짓누르곤 한다. 불행히도 이 억압은 오직 '반발효과(rebound effect)'를 생성하므로 점점 더 억압하는 것으로 사고 방법이 작동된다. 유사하게, 걱정의 문제가 갖고 있는 걱정의 내용은 고통 받는 사람과 그렇지 않은 사람 사이에 큰 차이가 없다. 걱정은 어느 정도까지는 기능적이다. 대부분의 사람들은 인생에 있어서 무엇인가 잘못될 수 있다는 것에 대해 걱정하고, 그리고 그들이 염려하지 않는다면 위기와 마주치는 데 '준비하지 않을' 것이 틀림없다. Leahy (2005)는 '생산적 걱정'과 '비생산적 걱정'을 구분했다. Butler와 Hope(1995)도 걱정이 우리의 문제에 대해 합당한 행동을 하게 할 땐 생산적일 수 있지만, Carnegie(1993)는 불가피한 협동처럼 '반추하는 걱정' 더미가 우리를 방해하거나 혹은 행동을 차단할 때는 비생산적이라고 묘사하였다.

나는 당신의 마음과 걱정, 방해와 강박 사이 관계의 다른 유형을 발달시키는 데 도움을 줄 수 있는 방법에 대해 여기서 제안하고자 한다. 인지 과정에 대해 우리가 생각하는 방법('메타 인지')은 문제와 어떻게 관련되는지를 결정한다. 우리의 메타 인지 신념에 대한 재고는 아주 새로운 관계를 만드는 첫 단계가 될 수 있다. Wells(1997, 2000)는 부정적 사고에 주의집중하는 방법을 변화시키는 데 도움이 되는 방법을 제언하였다. 그것은 메타 인지 신념을 재고하고 그것에 대하여 좀 더 '의식적'이 되는 것이다.

이와 같은 유용한 과정의 이론적인 이해가 상담가들이 적용할 수 있는 방법인 임상 버전보다 조금 앞서 있다. 새로운 사고의 몇 가닥은 마음챙김 인지치료 (Segal et al., 2002)와 주의집중 훈련(Wells, 2000) 같은 우울 재발 방지를 위해 설계된 의식 프로그램 고안에 초점을 두고 있다. 다른 것은 상담가가 일대일 상담 (Wells, 1997; Fennell, 2004; Leahy, 2005) 방법을 어떻게 사용할 수 있는지에 초점을 두고 있다. 때로 이러한 아이디어를 단어로 바꾸는 데 어려움이 있다. 여름날 태양 아래 누워서 우리를 감싸는 놀랍고 편안한 기분을 우리 모두는 잘 알지만, 누군가에게 우리의 경험을 반복하도록 가르칠 수 있는가? 그러나 Leahy의 걱정에 대한 접근은 유용한 '사고 단계'를 포함해서 내 경험에 의하면 그것은 걱정을 하는 본인의 성향으로부터 해방되고 싶은 내담자들에게 유용했다. 그러므로 나는 이 장을 마음챙김 상담 과정에 대해 설명하는 것으로 결론지을 것이다.

Leahy(2005)는 걱정을 극복하는 7단계의 접근법을 발전시켰다. 걱정은 불안과 붙어 있는 극심하고 지속적인 부정적 상태, 특히 일반적 불안장애(APA, 2000)이다. Segal과 동료들(2002)의 의식 프로그램과 같이 Leahy의 마음챙김 단계는 재구조화에 초점을 맞춘 좀 더 적극적인 인지로 구성된다. 7단계는 그림 4.3과 같다.

마음챙김 사용 방법을 학습하는 내담자를 돕기 위한 단계에서, 내담자는 비소유된 자각과 철저한 수용을 강조하는 '마음챙김 분리'를 발달시키도록 격려받는다. 2단계는 '현실을 받아들이고 변화에 전념하기'라고 불리며, 분명히 Steve Hayes의 ACT 모델(Hayes et al., 2004) 양상을 반영한다. Hayes는 CBT의 '제3의 물결'과 강하게 관련된 또 한 명의 상담가이다(Beck, 2004). 수용은 마음챙김과 자신의 한계를 받아들이는 것을 포함한다. 이런 감각으로 현실을 받아들이는 것은 있는 그대로의 삶을 받아들이는 방법을 향해 우리가 나아가야 하는 것을 말하며 무엇이 되어야만 하는 것을 우리가 요구하는 것이 아님을 의미한다. Leahy의 수용 단계와 관련된 마음챙김 전략이 걱정되는 사고에 도전을 위한 제언처럼

---

1. 생산적 걱정과 비생산적 걱정을 구별하라.
2. 현실을 받아들이고 변화에 전념하라.
3. 걱정하는 사고에 도전하라.
4. 심층적인 두려움에 초점을 맞춰라.
5. 실패를 기회로 삼아라.
6. 걱정하기보다 감정을 사용하라.
7. 시간을 통제하라.

그림 4.3 7단계의 근심 치유

출처 : Leahy, 2005.

전통적 인지 개입 단계보다 더 앞에 온다는 것은 흥미롭다. 우선 순서는 내담자가 걱정하는 사고 내용에 도전하기 전에 걱정 과정과 관련해서 다른 유형을 발달시키는 것이 중요하다는 것을 적용한다. 걱정의 중요한 기능 중 하나는 다른 부정적 감정(Leahy, 2005: 293)을 느끼는 것으로부터 내담자를 보호할 수 있다는 것이다. 이러한 방법으로 소유하지 않은 감정은 인지 작업이 적절한 정서를 일으키기에 실패할 수 있으며 이것은 감정적으로 인지 변화를 느끼는 메타노이아(metanoia)를 필요로 하는 기준의 실패를 의미한다.

걱정은 어떠한 재앙이 일어날지도 모른다는 두려움과 함께 미래를 향한 문제이므로 상담가는 걱정하는 내담자를 좀 더 의식적으로 현재에 머무를 수 있도록 도울 수 있다. 또한 걱정은 우울을 끌어오며, 우울한 사고는 전형적으로 전반적이고 일반적이다. 그러므로 상담가는 내담자가 구체적인 경험을 묘사하고 그의 주변에서 일어난 일을 '알아차려' 현재의 순간에 머물 수 있도록 도와야 한다. 지나치게 축약시키는 내담자의 대화를 보여 주는 다음 예문에서 나는 걱정에 대한 수용을 증진하기 위한 Leahy(2005)의 제안 중 몇 가지를 좇았다(이 장 125쪽의 마지막 제안 상자를 보라). 상담가는 거리 확보, 당신 앞에 무엇이 있는지 묘사하기, 판단 보류하기, 그리고 상상 속에서 장면을 점점 멀어지게 하기와 같은 개념들을 소개할 수 있고, 그리고 나서 내담자와 함께 이것을 충분히 작업한다. 내담자인 벨라는 그녀가 아끼는 사람들과의 관계에 대해 끊임없이 걱정한다. 우리와의 오후 상담 전에, 그녀는 오전에 오빠를 방문하였고 오빠에게 잔뜩 화가 난 채로 상담실에 왔다.

> 상담가 : 좋아요, 벨라. 당신의 오빠에 대한 걱정을 좀 더 침착하게 생각해 봅시다. 당신은 걱정 책(Worry book)에서 이 부분을 읽었고 그러니 우리는 걱정을 좀 더 멀리서 바라보는 것으로 시작하지요. 그 책 저자는 '나는 ~ 생각을 합니다.' 라는 제안으로 시작하지요.

내담자 : 오, 좀 바보같은 짓인 거 같아요.

상담가 : 그래요. 나도 알아요. 그러나 우리 한 번 해 보면 어떨까요?

내담자 : 그래요. 그러고 나서, (오랫동안 멈춤). 나는 단지 오빠가 어제 아버지에게 화난 것에 대하여 말을 좀 해야겠다고 생각하고 있어요. 그리고 지금 그는 이것에 관해… 밤새 초조해할 거예요. 왜냐하면 나는 오빠를 잘 알아요. 그가 얼마나 쉽게 화를 잘 내는지… (침묵) … 내 마음의 눈으로 그를 볼 수 있다는 것이 웃기네요. 저기 앉아 있고… 아주 생생했는데… 지금은 사라지네요.

상담가 : 좋아요. 당신은 잘하고 있어요. 이제 그 생각을 당신의 마음에서 떠나보내세요. 그리고 지금 당신 앞에 무엇이 보이는지 나에게 말해 주세요.

내담자 : (창밖을 바라보며) 나는 정원을 볼 수 있어요. 잔디밭을 가로질러 새들이 뛰고 있어요… 나는 새의 부리가 따뜻할 것 같다고 생각해요… 그리고 지금은 날아서 사라지네요… 그리고 저 건너편 지붕 위… 새가 꼭대기에 앉아 있어요. 가슴을 내밀고 부풀리고서… 그리고 지금 새는 다시 하늘로 오르고, 선술집을 가로질러, 그리고 사라지네요….

상담가 : 훌륭합니다. 당신의 오빠에 대한 걱정을 지금은 돌아보지요. 그러나 이번에는 좋다거나 나쁘다는 게 아니라 단지 생각만 해 봅시다.

내담자 : 나는 오빠를 다시 볼 수 있어요. 그리고 나는 아버지에 대해 말하는 나를 볼 수 있어요… 오빠는 조용해 보여요. 아마도 좀 슬픈 것 같아요.

상담가 : 이 걱정이 사물이라면, 이것은 어떤 느낌일까요?

내담자 : 응어리같지만… 그러나 지금은 말랑말랑하고, 녹는 것 같아요… 나는 오빠를 다시 볼 수 있어요. 그는 슬프고 그리고 약간, 당신도 알다시피, 아마도 아쉬운. 나는 그의 집을 떠나는 것을 기억해요. 그는 내가 떠날 때 미소를 지었어요. 나는 그가 아마도 내가 아버지에 대해 말한 것에 관해서 많이 생각할 것 같지만… 그는 슬플 거예요. 상처받지는 않지만. 나는 아버지에 대해 슬프다는 의미예요. 나도 그것에 대해 슬프게 느끼지만… 그러나 삶이 그렇지요. 아닌가요?

상담가 : 삶은 슬플 수 있지요… 당신의 오빠는 지금 슬프게 느끼고 있고요. 당신은 그 장면에서 당신 자신을 점점 희미하고 작아지게 해서 사라지게 하고 오빠만 남겨 둘 수 있나요?

내담자 (한참을 멈춤) 나는 지금 거기서 오빠로부터 한 발짝 물러서고 있어요. 내가 집 밖으로 걸어 나갔던 것처럼 그것에 대한 생각으로부터 걸어 나오고 있어요. 나는 자신의 인생을 살고 있는 오빠에 대해 생각하고 있고, 그리고 나는 그렇게 하기 위해 그를 떠날 수 있어요. 나는 그를 보살피지만, 그러나 그에게 책임은 없어요. 나는 약간 슬픈 그를 받아들일 수 있어요. 나는 마찬가지로 우울한 감정의 나 자신을 받아들일 수 있어요.

앞에서 언급했던 것처럼, 마음챙김 기능의 질을 재현하기는 어렵다. 글로 기록된 이러한 반응은 식상하고 진부하게 보일 수 있다. 이것이 반영적 논의였으며 대화에서 보여 주었던 것처럼 빠르게 전개되지는 않았다는 것을 이해하는 것이 중요하다. 벨라는 이러한 단어를 찾기 위해 약간의 용기가 필요했다. 사실 대화의 속도를 줄이고, 마음챙김 중재를 하는 그에 대한 반영적 질이 중요한 양상이라고 생각한다. 어떤 면에서 이와 같은 대화는 초월적인 자신의 감각 경험까지 포함된 현재 순간과의 접촉을 증진하기 위해 시도해 보는 것이다. Leahy(2005)는 걱정이란 별난 방법이 아니라 세상의 모든 짐을 어깨에 메고 가는 것과 같은 방법으로 세상의 중심에 그들 자신을 두는 것이라고 언급한다. 벨라는 특히 도움이 되는 부분을 발견했고 Leahy와 유사하게 '당신도 알다시피 삶은 때때로 후퇴하는 가운데 평화가 있지요. 그리고 그냥 삶이 그대로 가도록 내버려두세요.'라고 논평하였다.

나는 이 절을 쓰면서 내 자신의 걱정에 대해 주목하고, 처음으로 내 자신에게 '사고 단계(think step)'를 사용하였다. '거리 확보(gaining distance)' 단계에 대한 나의 반응은 그림 4.4와 같다.

거리 확보를 위하여, 첫째로 우리는 사고는 단지 사고일 뿐이라는 점을 기억할 필요가 있다. 사고는 현실이 아니다. 우리는 '나는 단순히 …를 생각하고 있다'와 '나는 단순히 …라고 느끼는 것을 알아차리고 있다'의 구조화를 사용함으로써 이것을 할 수 있다. 우리는 우리 주변에 무엇이 있는지 바라보고, 그리고 그것을 단순히 구체적인 용어로 묘사함으로써 우리 마음을 현재 순간으로 가져올 수 있다.

1. 나는 단순히 내가 되어야만 한다고 말한 것보다 이 책과 함께 나중에 될 것이다라는 생각을 하고 있다.
2. 나는 단순히 불안과 분노를 불편하게 느끼고 있다고 알아차리고 있다.
3. 나는 단순히 빨리 하기 위해 엄청난 노력을 해야만 한다는 생각을 하고 있다.
4. 나는 단순히 나의 CB 동료가 이 책이 어찌되었든 쓰레기라고 생각할 것이라는 생각을 하고 있다.
   (멈춤)
5. 나는 단순히 내가 웃고 있다는 것을 알아차리고 있다.
   (Frank Wills, 2007, 5. 3)

그림 4.4 단순히 …생각을 가지고 있다.

나는 내가 이것을 할 때, 벨라가 향했던 바로 그 정원, 나의 정원에 앉아 있었고 그리고 꽃들과 벌레들을 알아차렸다. 한순간 가만히 서 있었고, 어떤 이유에서인지 영화 '아메리칸 뷰티' 속의 종이가 소용돌이치는 장면이 되살아났다. 이 단계에서 우리는 우리의 경험과 사고에 대한 판단을 보류할 수 있다. 평가는 오직 Albert Ellis가 우리에게 상기시켰던 것처럼 단지 일시적인 것이다(Dryden, 1991). 평가는 엄청난 심리적 에너지를 사용하지 못하게 할 수 있고 진정한 가치를 찾기 어렵게 할 수 있다. Leahy의 순서에서 마지막 과정은 당신 없이 돌아가는 세상과 삶을 상상함으로써 '그림 밖에 자신을 두기'를 포함한다. 무섭게 들릴지도 모르겠지만 이것 또한 당신을 대단히 자유로워질 수 있게 한다. 이러한 모든 단계들의 효과는 칭얼거리는 걱정을 쏘아서 날려 보내는 것이다. 핵심 요소는 천천히 그리고 '조심스러운' 사고 과정이다. 이 장의 마지막 연습을 통해 나는 Leahy의 '거리 확보' 단계의 축소 버전을 제공한다. 그는 당신이 교통체증에 시달릴 때 이것을 시도해 볼 것을 제안한다.

제안 : 강물처럼 따라 흐르기

1. 큰 소리로 외쳐서(혹은 글로 적어서) 걱정으로부터 거리를 확보하라. '나는 …에 대한 생각을 갖고 있다' 그리고 '나는 …라고 느낀다고 알아차린다' 사고와 감정의 고리는 원하는 만큼 계속 지속하게 내버려두라.

2. 구체적, 비평가적 언어로 당신 주변에 무엇이 있는지 묘사함으로써 현재에 있어라.

3. 불쑥 나타나는 어떠한 생각들도 평가 없이 취하도록 하라.

4. 걱정스러운 생각이 일어나는 상황에 대해서 다시 사고하라. 그리고 그러한 상황 밖의 자신을 상상하라. 당신 없이 돌아가는 상황, 세상을 상상하라.

5. 마지막으로 완전히 사라진 당신 자신을 상상하라. 당신 자신이 광풍에 의해 멀리 날아간 해변의 모래알이라고 상상하라.

우리는 몇몇 사람들이 상상해 왔던 수렴과 확대로부터 더 자유롭고 좀 더 균형 있는 상담인 또 다른 CBT에 도달하였다. Leahy 작업의 어떤 부분은 거의 선(Zen Koans)과 유사하다. 그중 하나로 이 장을 마치려고 한다.

변화와 진보는 성공적인 불완전성과 건설적인 불편함을 포함한다(Leahy, 2005: 95).

연습을 위한 조언 : 최고의 CBT 가져가기

CBT 및 실제 대부분의 상담에서의 핵심 요소는 내담자가 그들에게 일어난 일을 새로운 관점으로 보는 것이며 그것을 어떻게 다룰 수 있는가에 있다. 새로운 관점은 재빠르게 소멸되는 순간의 표면일 수 있다. 비록 CBT는 지속적으로 현재 인지 과정과 상대적으로 합리적인 단계에 의한 변화 성취의 재변화로 가장 잘 알려졌지만, 변화는 변덕스러우며 때때로 그리스어로는 *kairos*로 불리는 '상서로운 순간'에만 올 수 있다는 것을 우리는 알고 있다. 나는 사람들이 부정적으로 사고하는 자신을 알아내서 보고하는 식의 기대하지 못한 독특한 방법을 천천히 그러나 확실하게 수집한다. 나는 다른 사람이 사용할 수 있는 유용한 몇 개의 예를 아래에 제공한다. 그러나 내가 주장하고자 하는 핵심은 상담가는 내담자의 독특한 방식에 깨어 있어야 한다는 것이다.

화이트보드 위의 부정적 사고를 '보기'

'나는 당신이 화이트보드 위에 부정적 사고들을 적는 것이 매우 유용하다는 것을 안다. 이것은 그것들이 부정적이라는 것을 훨씬 더 분명하게 해 준다. 최근에 몇 가지 부정적 생각이 들었을 때, 나는 화이트보드 위에 기록함으로써 그것을 시각화할 수 있었고 나는 더욱 성공적으로 처리할 수 있었다.'

상담가의 목소리 듣기

'나는 어제 사무실에서 문서 작업을 추가로 받게 되어 압박을 느꼈지만 모든 사람은 시간을 고려할 권리를 가졌다고 당신이 말한 적극적인 권리에 대한 토론을 기억하였다. 그리고 나는 "맞아, 나는 권리를 향해 나아가고 그리고 이것에 대해 생각하기 위해 추가적인 시간을 요구할 거야."라고 생각했다. 그리고 그렇게 했다! 나는 내 자신이 놀라웠다.'

행동의 도피처로서의 화장실

나는 맷의 집 상황이 다루기 정말 어려웠다. 그래서 나는 이러한 스트레스 상황을 해결하기 위한 전술을 생각하고 있었고, 그리고 나는 '도망가자!'고 생각했다. 내가 도망갈 수 있는 곳은 어디지? 나는 오직 화장실만 생각할 수 있었고 그것이면 충분했다. 나는 마이크가 고안해 낸 어려움과 타협하는 방법을 이해하면서 거기에서 나왔다.'

추천도서

Leahy, R.L. (2003) *Cognitive therapy techniques*. New York: Guilford Press.

Leahy, R.L. (2005) *The worry cure: stop worrying and start living*. London: Piatkus.

Wells, A. (2000) *Emotional disorders and metacognition*. Chichester: Wiley.

테이블 4.3의 답안

1. a	6. b
2. h	7. e
3. f	8. i
4. a	9. g
5. c	

행동 변화를 다루는 기법

카토는 레피다의 결혼 소식을
예상대로 아주 힘들게 받아들였다.
그가 안절부절못하며 욕을 하는 모습은
카토는 무언가 잘못되지 않는 이상
항상 완벽한 금욕주의자라는
키케로의 익살을 상기시켰다.

Robert Harris(2006: 122)

행동치료는 근대 심리치료의 발달사에서 인지치료보다 앞서 나왔다. 그러나 Beck과 Ellis는 행동치료 기법을 인지치료 모델에 도입하고 싶어 했다. 행동치료 기법을 도입하는 것은 두 가지 면에서 효과가 있다. 첫째로, 그들은 공포와 같이 어디서나 만날 수 있는 문제의 개입에 효과가 있었다. 둘째로, 행동과 인지의 변화는 상호 보완적으로 작용할 수 있다. 우울에서 철회와 같은 행동 문제들은 '여하튼 아무도 나를 보고 싶어 하지 않을 거야.'와 같은 특정한 부정적인 사고나 신념과 강한 관계가 있을 수 있다. 문제행동 역시 '이런 문제가 있는 나는 연약한 게 틀림없어.'와 같은 좀 더 일반적인 자신에 대한 부정적인 신념과 관련될 것이다. 따라서 부정적인 행동을 보다 적합한 행동으로 바꾸는 것은 이러한 신념에 영향을 미칠 수 있다. 상담가는 내담자의 개별 유형에 근거한 행동치료 방법을 선택해야 한다. 때로 신념의 변화가 행동 변화의 부산물로 나타날 수 있지만 상담가들은 조심스럽게 내담자들에게 자신에게 맞지 않는 신념을 시험하거나 바꿀 수 있도록 행동 실험을 설계해야 할 때가 있다. 행동 실험을 고안하고 실행하기 위한 몇 가지 규칙은 이 장의 뒷부분에 제시된다.

상담가들은 종종 가장 심층적인 변화를 추구하는 데 관심이 있다. 가장 기본적인 유형의 변화로 스키마 변화를 추구하는 것이 아주 설득력 있어 보이지만, 단순한 행동 변화가 좀 더 유익할 수 있다. 예를 들면 당신이 자신의 삶이나 세계에 별다른 영향을 미칠 수 없다고 믿도록 자라났다면 아주 작은 긍정적인 행동도 가끔 큰 영향을 미칠 수 있다. 심층적인 변화(transformative change)에 대한 생각은 너무 매혹적으로 보일 수 있어서 하찮고 별로 매력적이지 않은 변화가 바로 내담자들이 찾고 있는 변화일지라도 상담가들이 이러한 변화의 단계들을 간과하게 만들 수 있다.

이 장은 내담자들이 긍정적인 삶으로 변화해 나가도록 해 주는 작지만 누적적인 변화와 기술들에 관한 것이다. 우리는 행동 문제를 확인하고 평가하며, 부족한 행동들을 활성화시키고, 좀 더 보람 있고 자기효능적인 행동을 구축하며, 두려움에 직면하는 것을 탐색할 것이다. 그리고 긍정적인 행동을 발달시키는 것은 보통 그 자체로도 도움이 되지만 이러한 행동들이 자기와 삶에 대한 긍정적인 신념을 좀 더 일반적으로 강화할지를 살펴볼 것이다. 특히 우울증이나 불행과 관련된 불안이나 금단 증상과 관계된 회피와 같은 문제들을 다룬 예를 살필 것이다. 기술되는 방법들은 전반적으로 유용한 것이지만 이러한 문제 상황에서 잘 설명된다. 이 장은 자신들이 바꾸고 싶어 하는 행동에 대해 도움을 요청한 두 내담자의 이야기로 시작한다.

마이클은 장기간 육체적 질병이 있었고 우울했다. 그는 낮에는 그를 바쁘게 하는 좋은 직업을 가지고 있지만 밤에는 그저 앉아서 역시 우울한 동거인과 TV를 시청했다. 수개월이 지나면서 그는 더욱 우울해졌고 고립되었으며, 친구들과 교제하는 데 자신감을 잃어 갔다.

클라우디아는 사람들과 있는 상황에서 불안했다. 그녀는 새 직장에서 일하기 시작했고, 새로 적응하는 스트레스가 그녀를 극단으로 몰아가 치료를 받도록 만들었다. 사무실의 크리스마스 파티에서 그녀는 파티에 참석하기 전에 화장실에 거의 한 시간이나 숨어 있었다. 그런 후 천천히 방을 가로질러 지나간 후에 다시 화장실로 가서 잠시 있다가 코트를 집어 들고 집으로 돌아왔다.

사람들이 감정적 혹은 육체적인 고통을 겪을 때 나타내는 행동 방식은 그들의 문제를 강화할 수 있다. 마이클은 그의 적극적이고 사교적인 행동들을 어느 정도 상실했고 이러한 상실이 고독과 우울의 악순환을 초래했다. 마이클은 근무 시간 이후에 보다 사교적인 태도로 행동할 필요가 있다. 클라우디아의 숨어 버리고 피하는 전략은 그녀를 더 불안하게 만들 뿐이었다. 아이러니하게도 어쩌면 이것이 사람들로 하여금 그녀에게 더욱 시선을 보내게 만들었을 수 있다. 그녀는 좀 더 자

신 있고 활발하게 행동할 필요가 있다.

> **제안**
>
> 마이클이나 클라우디아와 같은 내담자들이 있는가? 그들의 행동을 정의해 보라. 상황이 좋아진다면 그들의 행동은 어떻게 변화되겠는가? 내담자들이 이러한 행동 변화를 하게 된다면 그들 자신, 다른 사람, 그리고 세상에 대한 그 자신들의 신념에 어떤 영향을 줄 것으로 보는가?

전통적으로 행동주의자들은 어쩌면 여타 전통치료의 비과학적인 아이디어에 대하여 유보적일 수 있기에, 치료 공동체의 외곽 지대에 있었다. 다른 학파의 상담가들은 행동치료의 냉기에 대해 역시 유보적으로 반응해 왔다. 그러나 행동주의자들은 늘 좋은 제안을 해 왔으며 특히 불안문제에 대하여 깔끔하고 효과적인 개입을 발전시켜 왔다. 그러나 관찰할 수 있는 행동만이 치료의 초점이 될 가치가 있다는 그들의 주장은 그들이 더 넓은 치료 분야에 기여할 수 있는 기회를 제한시켰다. 큰 돌파구는 생각과 같은 '내면행동(internal behavior)'을 확인할 수 있고, 이것이 행동 유발과 반응으로 정의될 수 있는 가능한 요소들에 대해 더 광범한 시각을 갖게 했다는 것을 인정하는 데 있다. 예를 들면 클라우디아가 '사람들은 나를 지켜워해.'라고 생각하는 것은 그녀의 불안감을 강화시키는 것으로 보인다. 그래서 행동주의자들은 행동 유발과 반응에 대한 이해를 더 풍부하게 함으로써 새로운 통찰을 발전시켰다. 그들은 사람들이 이러한 유발되는 것들과 반응을 인식하고 평가한다는 것을 알았다. 예를 들면 누군가 득이 된다고 생각하는 것이 다른 사람에게는 그렇지 않을 수 있다는 것이다. 이러한 돌파구는 행동주의자들과 새로이 나타난 '인지혁명' 간의 강력한 동맹을 가져왔다(Rachman, 1997).

동맹의 인지적 측면에서, Aaron Beck(1970)과 Albert Ellis(Ellis & Dryden, 1997)는 둘 다 행동도 함께 다루어야 한다는 것을 강조했다. 그들은 활발한 행동들이 '나는 나에게 일어난 문제에 효과적인 행동을 할 수 있어.'와 '나는 일들을 수동적으로 받아들일 필요가 없어.' 같은 자기효능감(self-efficacy) 신념에 긍정적 영향을 미치게 된다는 것을 깨달았다.

1. 행동 평가

대부분의 사람들은 행동주의를 Pavlov, Watson과 Skinner의 업적으로 알고 있다. 이제 조건화와 같은 현상들은 원래의 구조보다 훨씬 더 복잡한 것으로 생각된다. 그러나 그들의 업적은 행동 변화의 중요한 부분에 대한 이정표로서 여전히 중요하다. Pavlov와 Watson은 둘 다 행동의 '선례'('전에 있던 일')에 대하여 연구했다. 그들은 실제로 아주 특정한 행동 반응을 유발하는 환경조건들을 조작하여 개인의 행동 방식을 변화시킬 수 있다는 것을 보여 주었다. 그런데 Skinner는 행동을 강화하거나 약화시켜서 그 행동이 더 많게 또는 더 적게 일어나도록 만드는 행동의 '결과'에 대해 더 많이 연구했다.

상담가들이 때로 행동주의 관점의 이득에 대한 생각을 주저하게 만드는 한 가지 이유는 수많은 행동 연구가 동물로 수행되어서 인간의 맥락으로 쉽게 이전할 수 없다는 것이다. 보다 최근의 인간에 대한 행동치료의 주된 요점은 미소나 관심, 칭찬과 같은 관계를 맺는 기본적인 요소의 일부인 단순한 사회적 강화의 힘을 인정하는 것이다. 인간적 만남에 열중하는 CBT 임상가들은 내담자들이 긍정적인 관심, 긍정적 존중과 같은 대인행동을 발달시키도록 돕고 치료적 변화를 향상시키기 위하여 본능적인 개인만족을 추구하는 것을 돕기 위해 사회적 강화에 대한 이해를 이용할 수 있다.

2. 내담자의 상황에 대한 행동 관점의 분석

Pavlov와 Skinner가 초기에 보인 서로 다른 관심은 이제 대부분의 학습 형태에서 중요한 역할을 하는 것으로 보인다. 앞서 촉발하는 것과 그에 따라 일어나는 강화를 확인함으로써 내담자의 상황을 분석하는 것과 관계되는 것은 **행동 평가** 혹은 **행동의 기능적 분석**에서 나타난다.

행동의 **ABC 기법**은 **기능적 분석**에서 유용한 기억술이다. A(antecedents)는 선례를 나타내고, B(behavior)는 행동을, C(consequences)는 결과를 나타낸다. 아래의 예시에서 사용된 형식은 Sheldon(1995)의 사용자 친화적(user-friendly) 언어이며 이 책을 위하여 SAGE 웹사이트에 저장되어 있다(부록 1의 웹사이트에 대한 정보를 참조하라). 우리는 ABC 개념을 마이클과 클라우디아의 상황에 적용할 수 있다(표 5.1)

표 5.1에서 우리는 관찰이 가능하거나 가능하지 않은 모든 종류의 촉발이 '앞서' 일어날 수 있다는 것을 볼 수 있다 : 이는 누군가를 만나는 사건, '그와 함께 앉지 않으면 비열한 거야.'라는 생각, 그리고 피곤함과 같은 신체적 느낌과 사회

표 5.1 ABC 분석

일이 일어나기 전에 일어난 것	일어난 일	일이 일어난 후 일어난 것
A : 선례	B : 행동	C : 결과
마이클은 직장에서 귀가하면 피곤하다. 그는 자신의 동거인을 보며 '그와 함께 앉지 않으면 비열한 거야.'라고 생각한다.	마이클은 밤새 TV를 본다. 그는 친구를 만날 계획을 더 이상 만들지 않는다. 잠자리에 들면서 '난 내 인생에 하는 것이 없어.'라고 생각한다.	마이클은 더 힘이 없다. 그의 일상은 점점 더 획일화되고 외톨이가 되었다고 느껴서 더 우울해진다.
클라우디아는 회사 파티에 가면서 내내 걱정했다. '사람들은 날 이상하게 볼 거야.'라고 생각한다.	클라우디아는 화장실에 숨고, 나중에 눈에 띄지 않고 즐기는 듯이 보이려고 애쓰며 지나간다.	클라우디아는 저녁 내내 불안하고 나중에 자신에 대하여 기분이 상한다. 일부 동료들은 이를 눈치채고 이상하게 여긴다.

적 사건 등이다. 더욱이 이와 같이 늘어놓는 것은 변화하거나 차이를 만들어 낼 수 있는 것들은 찾는 데 도움이 될 수 있으며 이런 것들은 A, B, C 항목에 모두 혹은 그 항목의 어떤 것과 연결될 수 있다.

마이클과 그의 상담가는 다음과 같이 결정했다.

■ 그는 직장에서 귀가하면 먼저 자신의 방에 가서 좀 쉰다. 가끔 친구들을 만날 계획을 하는 것이 그가 자신의 '동거인'을 방치하는 것은 아니다.

■ 일주일에 한두 번 외출하는 것이 그의 에너지를 증가시키고 그의 고립과 우울증을 줄일 수도 있다.

클라우디아와 그의 상담가는 다음과 같이 결정했다.

■ 사회적 상황에서 자신의 불안을 좀 더 참으려고 노력해야 한다. 그녀는 5분을 참을 수 있고 그 후 이를 6분, 7분, 그 이상으로 늘려 나간다.

■ 그녀는 자신이 적어도 최소한으로 사람들과 사귈 수 있다고 믿으면 불안감이 줄지도 모른다. 치료시간과 같은 안전한 상황에서 의사소통을 연습하고 이를 단계별로 점차 확대한다. 이런 노력으로 자신감이 증가하면, 그녀는 사회적인 반응을 연습한 방법으로 사회적 상황에서 솔선하는 연습을 할 수 있다.

■ 강력하고 순수한 사회적 접근 방법의 하나는 자신의 불안감을 공감할 수 있는 누군가와 이야기하는 것이다. 클라우디아는 자신의 감정을 행동 실험으로 공유해 보도록 촉진될 수 있다. 이 실험은 그녀에게 이렇게 불안한 사람들이 거의 없을 것이며 이 말을 하는 것은 사람들을 질리게 할 것이라는 자신의 신념을 테스트할 수 있게 할 것이다. 두 내담자는 정말 이러한 전략들을 시도했으며 그렇게 해서 도움을 받았다.

제안 : 행동 분석 현장실습 ― ABC 형식 알아내기

유형 : 개인 혹은 소그룹

목적 : ABC 형식(패턴) 사용에 익숙해지기

행동주의적 접근의 보급은 '행동 분석'의 형태로 보다 최근에 이루어졌다. 이것의 단순한 양상은 슈퍼내니와 같은 TV 프로그램에서 볼 수 있다. 어떤 행동 분석가들은 이러한 유행에 상을 찌푸리지만 나는 이것이 ABC 패턴을 확인하는 데 상당히 유용하다고 본다. 그런 뒤의 일은 이러한 유형의 프로그램 하나를 시청하고, 관찰한 몇몇 패턴을 ABC 형식으로 기록하는 것이다. 이것은 본래 단독 활동이지만, 가능하면 나중에 다른 사람들과 기록한 것을 비교해 볼 수 있다.

ABC 개발은 실제로 2장에서 살펴본 CB 구조와 같은 '행동 구조'(Hersen, 2002)의 한 유형이라고 볼 수 있다. 앞에서 지적했듯이, 구조화는 치료에 아주 초기부터 이용될 수 있다. 구조화에서 종종 행동 요인이 간과될 수 있다. 상담가는 내담자의 문제행동에 대한 포괄적인 프로필을 구축함으로써 구조를 견고하게 할 수 있다—위의 예시는 어느 한 사람의 내담자에게서 10배나 재생산될 수 있다. 이러한 광범한 접근은 일단 내담자의 문제패턴이 정착되면 그것들은 점차 그들의 삶의 더 많은 영역으로 쉽게 퍼질 수 있다는 사실로 인해 정당화된다. 다방면의 접근은 또한 상담가에게 내담자의 현재 문제에 대한 훌륭한 작업 창(working-window)을 제공하고 그리하여 패턴을 확인할 기회와 다른 것보다 더 변화하기 쉬운 영역을 알아낼 기회를 증가시킨다. 이것이 상담가에게 도움이 된다면 내담자에게도 도움이 될 수 있다. 그러므로 내담자들에게 진행 중인 치료 과정, 특히 초기 과정에 자신의 ABC 패턴을 기록하게 하는 것은 도움이 될 수 있다. 우리는 이미 평가 과정의 절정으로 목표 구조화의 중요성을 언급한 바 있다. 목표는 종종 문제의 이면에 있는 것이다. 이는 클라우디아와 마이클 모두의 ABC 분석에서 자연히 진전해 온 것으로 보이는 전략에서 분명히 볼 수 있다.

표 5.2 ABC 분석의 구조화에 유용한 질문

A 질문	B 질문	C 질문
당신이 …하기 전에 바로 무슨 일이 있었나요?	정확히 어떻게 반응했나요?	그때 느낌이 어떠했나요? 안도감이 있었나요?
신체의 느낌은 있었나요?	회피행동이 있었나요?	당신의 행동에 다른 사람들은 어떻게 반응하나요?
어떤 생각이 있었나요?	어떤 안전한 행동이 있나요?	그런 식의 행동이 오랜 기간 지속된 것인가요?

ABC 분석에 도움이 되는 질문들은 표 5.2에 나타나 있다.

3. 자기모니터링과 일기 쓰기

처음에는 상담가와 내담자가 치료 회기에 ABC 분석을 함께하는 것이 가장 좋다. 내담자가 할 일을 이해하면 이것은 유용한 숙제가 될 수 있다. ABC 분석이 몇 주 동안 이행되면 자기모니터링(self-monitoring) 방식이 될 수 있다. 내담자가 자기모니터링을 해야 한다는 제안은 몇 가지 아주 강력한 메타메시지를 수반한다.

- 당신은 이 치료에서 적극적인 파트너이다.
- 당신은 변화를 가져올 수 있는 일을 할 수 있다.
- 당신은 당신의 생활 방식에서 다른 관계를 발전시킬 수 있다.
- 변화는 '치료 작업과 연습'(Ellis & Dryden, 1997)을 수반할 것이다.

이 중요한 과업을 소개하는 데 시간과 노력을 기울이고, 또한 내담자에게 앞으로 일어날지도 모르는 어떤 문제에 대한 준비를 하게 하는 것도 가치 있는 일이다. 이러한 과업을 논의하는 대화는 다음과 같이 이루어질 수 있다.

상담가 : 잠시 동안 당신을 괴롭히는 것들에 대한 일기를 쓰라고 할 것입니다. 여기서 이 ABC 형식을 사용해 매일 부정적인 행동으로 당신을 끌어들이게 되는 몇 가지를 써 보세요. 매일 몇몇 사례를 써 보도록 하세요. 감정이 상했다는 것을 알게 되면, 감정이 상하기 직전 무슨 일이 있었는지 알아내서 그것을 여기(A 항목을 가리키며)에 쓰고, 어떤 기분이었는지, 무엇을 했는지를 여기(B 항목)에, 그다음에 무슨 일이 일어났는지는 여기 C 항목에 쓰세요. 이것은 우리가 작업할 영역을 알아내는 데 도움을 줄 것입니다. 예전에 당신이 저녁에 얼마나 기가 막혔는지 이야기했을 때 제가 이 작업을 한 것을 기억할지 모르겠네요. 이제 더 진행하기 전에 이것을 당신이 집에서 스스로 해 보는 것이 어떠신가요?

내담자 : 글쎄… 괜찮은 것 같아요. 그 이유를 알 것 같다는 말이에요. 그러나 제가 그것을 할 수 있을지 모르겠어요. 제가 그냥 기분이 너무 가라앉아서 움직이고 싶지 않을 수도 있고… 그리고 기분이 이럴 때는 많은 것들을 잊어버려요.

상담가 : 네. 당신이 현실적이라서 좋습니다. 어려울 수 있어요. 그러나 그것이 성공이나 실패의 문제는 아니라는 것을 이해하셨으면 해요. 무엇이라도 도움이 될 수 있어요. 아무것도 하지 않더라도 왜 어려웠는지를 알아내도록 할 수 있어요. 제 내담자들 중 상당수는 상담하러 오기 몇 시간 전에야 이것을 기억하고 일주일 동안의 일에 대해 몇 가지를 갈겨 써 오지요! 그렇지만 그들이 써 온 것은 거의 항상 도움이 됩니다.

내담자 : 일이 일어나자마자 그때 쓰는 것이 가장 좋겠지요?

상담가 : 이상적이지만 늘 가능한 것은 아니지요. 그러니 언제든지 시간이 나면 하세요. 상담이 진행되면서 더 쉬워지는 것이 이상적입니다.

일단 내담자들이 자기모니터링을 하는 것에 관심을 보이면, 그 절차에 대한 원리를 검토하는 것은 가치가 있다. 사람들은 누구나 원리를 설명하거나 듣는 데 자신이 선호하는 방식이 있다. 다음의 점을 강조하는 것은 가치 있는 일일 것이다.

■ 기분이 상한 것에서 한 걸음 물러서서 '이것이 정말 무엇인가? 여기에 실제로 무슨 일이 일어나고 있는가?'를 생각할 수 있는 것은 종종 도움이 될 수 있다.

- 초기 단계에서 부정적인 반응을 중지시킬 수 있다면 좋을 것이다 : '문제는 경사면을 굴러 내려가는 땅볼과 같다. 더 많이 내려갈수록 더 많은 힘과 운동량이 생기고, 멈추기는 더 어려워진다.'
- 문제를 유발시키는 자극을 미리 알아낼 수 있으면 좋을 것이다 : '경고를 받으면 준비를 한다.'
- 어려운 상황을 다루는 여러 다른 방법을 개발하는 것이 좋을 것이다 : '당신은 Gleneagle에서 퍼터만 가지고 골프를 치는 사람이 되고 싶지는 않을 것이다.'

일기는 감정, 행동, 사고, 신체 반응, 약물 사용과 사회적 행동을 기록하는 데 매우 유연한 도구가 될 수 있다. 그들은 다음과 같이 사용될 수 있다.

- 회고적으로(retrospectively) — 최근 내담자가 행해 온 것에 대해 반영하기 위해, 또는
- 전망적으로(prospectively) — 앞으로 며칠, 또는 몇 주에 대해 미리 계획하기 위해

이러한 활동의 일부는 4장의 사고 기록에 대한 논의에서 이미 언급했다. 일기를 행동주의에 이용하는 것은 이제 CBT에서 통상 사용되는 보다 일반적인 전략을 배경으로 검토될 것이다.

4. 우울증에서 (활동 범위를 증가시킬) 행동을 활성화시키기

우울증이 있는 사람의 신체언어나 자세는 특이하다. 어깨는 움츠러들고 우울하면 할수록 어깨는 더 안으로 굽어서 마치 우리 눈앞에서 쪼그라드는 것 같다. 자신은

세상에서 등을 돌리는 것 같고 몸은 함께 느려진다. 몸이 최적 활동 수준 아래로 내려가면 성취도 수준 이하가 된다. 기억력, 집중력, 식욕, 수면도 나빠진다. 움직임이나 동기유발도 힘이 든다. 이는 마치 몸의 배터리가 닳아서 받을 충전량이 거의 없어지는 것과 같다. 19세기 초 의사인 Johan Reil은 기분이 가라앉은 환자에게 몸을 움직이게 하기 위하여 옴을 전염시키자는 비윤리적인 제안을 하기도 했다.

극도의 비활동성은 침대에 누워 있고자 하는 형태로 나타나기도 한다. 일부 내담자는 이렇게 하면 기분이 나아질 것이라고 믿는 것 같으며, '아픈 사람 역할'이 만족감을 주는 것 같기도 하다. 이러한 신념은 거의 항상 잘못된 것이고 도움이 되지 않는다. Aaron Beck은 상담가들이 내담자들을 실제로 일어나서 움직이도록 고무함으로써 이런 경향에 반격할 수 있다고 제안하였다. 점진적인 활동 수준을 증가시키기 위한 실제 계획이 가장 좋은 방법일 수 있다. 누군가 우울한 내담자들, 특히 집중력이 훼손된 사람들은 인지적인 작업을 너무 어렵게 느낄 수 있다. 이 단계에서는 간단한 행동적 접근이 최선일 것이다(Fennell, 1989; Emery, 1999). 이러한 접근의 가장 잘 알려진 두 가지 전략은 Beck(Beck et al., 1979)의 정통 인지치료의 **활동계획표**(activity schedule)('삶에서 균형 잡힌 수준의 용무를 계획하는 것')와 Lewinsohn(Lewinsohn & Gotlib, 1995)의 전통 행동치료의 **보상계획**(reward planning)('우리 삶에 기쁨과 의미를 주는 것들을 하도록 하는 것')이 있다.

5. 활동계획표 만들기

우리는 내담자의 활동에 대해 **양적인 것**(얼마나 많이)과 **질적인 것**(어떤 것) 둘 다 생각할 필요가 있다. 이 두 가지 면은 모두 사람들이 불행해지면 나빠진다. 사람

표 5.3 기본적인 자기감시 활동계획표

	월요일	화요일	수요일
06 : 00–07 : 00	수면	수면	아침식사 5
07 : 00–08 : 00	아침식사	아침식사	준비하고 Cardiff로 여행 5
08 : 00–09 : 00	준비하고 직장으로 감	준비하고 직장으로 감	Cardiff에서 장소를 찾음 4
09 : 00–10 : 00	아침 기도	사무일	강의실 수업 준비 6
10 : 00–11 : 00	사무일	도서관	학생들 만나서 수업 7
11 : 00–12 : 00	커피, 사무일	사무일	커피 8
12 : 00–13 : 00	도서관	회의와 점심	수업 7

들이 좀 더 우울해지고 의욕을 잃게 되면 일상 활동에서 위축될 수 있다—종종 이런 일들은 삶을 가치 있게 하는 일을 변화시킨다. Albert Ellis는 '실제로 삶의 원천이 되는 지속적인 관심은 많은 사람들이 불안을 극복하거나 그런 불안에도 불구하고 최소한 좀 더 행복하게 살도록 도울 수 있다.'는 훌륭한 논점을 시사했다(Dryden, 1999: 40). 내담자들이 그저 기계적으로 일상을 지낸다면 열정 없이 살아가는 냉랭한 존재로서 그의 삶은 단조로워질 것이다. 한 내담자는 전에 우표 수집에 열중했던 사실을 말하면서 부끄러워했다. 그는 그것이 '쿨하지 않고' '칙칙하다(an anorak)'고 두려워했다. 그러나 그가 우표의 다양한 색깔과 모양, 그것들의 역사적 지리적 중요성을 이야기할 때 그에게서 진정한 열정을 느꼈다. 나는 그에게 '쿨'의 나쁜 유혹 때문에 이것을 잃지 말라고 격려했다. 우리 현대사회는 단순한 기쁨의 기술을 잃어버렸는지 모른다. 상담가들은 내담자들이 잃어버린 단순한 기쁨을 되찾도록 도울 수 있을 것이다.

활동계획표는 단순한 형식이지만 다양하고 점점 더 복잡한 방법으로 사용될 수 있다. 우리는 이 스펙트럼의 어느 지점에서 시작할 것인가를 선택할 수 있지만 종종 행동의 **양적인 면**('더 많은 일을 하는 것')에서 시작하여 **질적인 면**('중요한 것을 하는 것')으로 발전해 간다. 표 5.3은 기본적인 활동계획표 양식으로 작업한 예를 나타내며 SAGE 웹사이트에서 포맷 5.3으로 재구성되었다. 표 5.3은 일주일의 처음 3일간 내담자의 아침시간을 시간 단위로 모니터링하는 것을 나타낸다. 이는 상담가와 내담자에게 내담자가 시간을 보내는 방식에 대해 반영할 수 있게 한다. 먼저 우리는 월요일과 화요일에 상당히 일정한 일과가 있다는 것을 볼 수 있다. 내담자는 '사무(다른 말로 '컴퓨터') 일'이라는 재미없는 어구를 별로 좋아하지 않는다고 했다. 수요일은 그에게 자유의 날 같다. 그에 관한 개인적인 단서가 좀 있다. 그는 한 주간의 영적인 훈련을 중요시하고 책을 좋아한다. 우리는 이러한 몇몇 내용으로부터 그를 알아 갈 수도 있다. 한 달간 이러한 내용의 자료로 우리가 배울 수 있는 것들을 상상해 보라—물론 정직하게 적었을 경우이다.

이 며칠 동안은 내담자가 우울하지 않았다. 만약 우울했다면 그의 활동 정도가 그리 높지 않았을 것이다. 만일 그의 활동 정도가 좀 더 높고 우울했다면, 우리는 그가 계속 열심히 일해 왔음을 짐작할 수 있다. 우리는 우리가 어떻게 사람을 알게 되고 그가 어떻게 기능하고 있는지에 대한 합리적인 추론을 할 수 있게 되는지를 알 수 있다. 상담가는 또한 사람들이 일-생활 그리고 자기-타인과 같은 여러 가지 요소의 균형을 생각할 수 있도록 도울 수 있다. 이러한 유형의 반영은 자연스럽게 '좀 다르게 하고 싶은 것이 무엇인가?', 또는 '어떻게 이것이 다시 균형을 이루게 할 수 있을까?'에 대해 생각하게 한다. 간단한 기분 모니터링은 내담자에게 매일 각 시간대에 어떤 기분인가를 기록하게 함으로써 추가할 수 있다(표 5.3의 수요일 참조).

한 주간의 검토에서, 상담가와 내담자는 비교적 활동적인 기간과 그렇지 않은 기간, 그리고 기분이 좋지 않은 기간(10을 기준으로 1)과 좋은 기간(10을 기준으로 9)을 찾을 수 있다. 그들은 함께 명확히 하고 작업하는 데 도움이 될 만한 패턴, 특히 낮에 시작을 잘 못한다거나 저녁에 기분이 처지는 것이 있는지를 본다. 이와 같은 검토에서 통찰이 일어난다—예를 들면 '나는 비교적 벅찬 일을 낮에 시작할 수 있으면 보통 기분이 더 좋아.' — 이러한 방식은 다음 주에 새롭거나 더 좋은 방식을 미리 계획하는 데 사용될 수 있다. 이런 계획들은 일반적으로 효과가 있을지 '한 번 해 보자(try it and see)'는 정신이며 **행동 실험**으로 고려될 수 있다.

제안 : 우리의 행동 방식이 어떻게 보이며 그것들을 어떻게 변화시킬 수 있는가?

형식 : 개인이나 상담 짝(상담자와 내담자), 혹은 트리오(상담자, 내담자, 관찰자)

목표 : 활동계획표 기법 실습

활동계획표 양식을 사용하여 지난 며칠 동안의 일상의 패턴을 추적한다. 그 기간 내의, 그리고 사이의 패턴과 리듬을 찾는다. 내담자가 불편해하지 않을 정도로 아주 상세히 진행한다. 그 패턴을 자신의 패턴과 어떻게 비교하는지와 그러한 일상의 구조에 대하여 어떻게 느끼는지에 대한 몇몇 개인적인 조언을 할 준비를 한다. 내담자에게 그가 바꾸고 싶어하는 패턴들이 있는지 물어본다. 이러한 변화를 가져오기 위해 간단한 2, 3개 정도의 계획을 만든다. 마지막으로 이 연습에 참여한 모든 사람의 짧은 의견을 듣는다.

주중의 행동 검토는 CBT 작업의 다른 면과 관계될 수 있다. 4장에 기술한 '돈'의 인지치료는 단순히 그의 기분이 어느 날 초저녁에 특히 안 좋았다가 결국은 장기화되는 것을 알아내는 것이었으며 중요한 인지적 대인관계 개입은 그의 삶에서 관계의 의미에 초점을 두는 것이었다. 가끔은 좀 더 일상적인 패턴이 주일 내내 또는 상황에 따라 나타난다. 수년에 걸쳐 내담자들과 활동계획표를 살펴보면서, 나는 내담자가 하루를 시작하는 방식이 종종 그날 하루를 지내는 방식에 중대한 영향을 미친다는 것을 알게 되었다. 내담자들은 자주 그들이 깨자마자 곧 부정적인 생각을 했다고 말한다. 빈번히 나타나는 양상은 내담자들이 자신에게 '오늘 내 기분이 어떻지? 하고 곧바로 묻는 것이다. 그런 뒤 그들은 종일 기분이 나쁠 것이라고 계속 생각한다. 그다음 자신들의 몸과 마음을 세밀히 살피며 그때 좀 사소한 부정적 감정을 발견하게 되면 그 감정에 집착하고 확장을 하게 된다. 이러한 경향

에 대응할 좋은 전략은 내담자가 자신의 감정이 어떤지에 대해 평가하는 것을 늦추도록 제시하는 것이다. 사람들이 잠에서 깨면 그 즉시는 좀 정신이 혼란한 것이 정상이다. 가장 좋은 방법은 일어나서 움직이고 일을 하고 나중에 기분이 어떤가 보는 것이다. 이렇게 할 수 있었던 내담자들의 대부분은 나중에 기분이 괜찮았는데 이는 관심을 이동시킴으로써 부정적인 생각을 피했기 때문일 것이다. 이러한 개입은 곧 내담자들이 아침에 깨어난 후 불행함을 느끼지 않도록 도와주는 데 목적이 있지만, 그것은 내담자들이 아침에 깰 때의 반응에서 나타난 부정적인 자기중심성이 그들 삶의 다른 영역의 부정적 자기중심성과 과대평가를 반영한다는 것을 나타낸다.

6. 행동작업 : 부족한 질적 면의 추가

우울한 내담자의 활동 수준을 구축할 때 Beck와 동료들(1979)은 '숙달(mastery, M)' 지향 활동과 '기쁨(pleasure, P)' 지향 활동을 유용하게 구별한다. '기쁨'은 활력적인 삶에 열중한 차원으로 볼 수 있고 '기쁨의 상실'은 DSM-IV-TR(American Psychological Association, 2000)의 우울증 판단기준의 하나이다. 사람들이 우울에 빠지면 삶에서 기쁨이 빠져나간 것처럼 보인다. 나는 '성취감(achievement, A)'과 '즐거움(enjoyment, E)'이라는 용어를 숙달과 기쁨의 의미로 사용할 것이다. 이 용어들은 영국의 내담자들과 더 잘 어울리는 것 같다. Beck은 우울한 내담자들이 전에 즐기던 활동을 즐기지 않으면서도 기분과 반대로 기계적으로 할 수도 있다는 것을 깨달았다. '성취' 척도의 추가는 그들에게 '회복 행동(recovery behavior)'의 중요한 면인 끈기 있는 것에 대한 점수를 스스로에게 줄 수 있게 한다. 따라서 성취감(A)과 즐거움(E)의 척도는 내담자의 활동계획표에 추가될 수 있다. 한 내담자의 활동계획표 일부의 예가 표 5.4에 나타나 있다.

표 5.4 성취와 즐거움 척도가 있는 웬디의 활동계획표

	월요일	화요일	수요일
06 : 00–07 : 00	기상, 아침식사 (A=1, E=1)	수면 (A=0, E=2)	기상 (A=0, E=0)
07 : 00–08 : 00	휴식(A=0, E=1)	아침식사(A=1, E=2)	아침식사(A=1, E=1)
08 : 00–09 : 00	TV 시청(A=0, E=1)	외출 준비(A=2, E=0)	휴식(A=0, E=0)
09 : 00–10 : 00	TV 시청(A=0, E=1)	외출 준비(A=2, E=0)	TV 시청(A=0, E=1)
10 : 00–11 : 00	쇼핑 (A=1, E=2)	수가 커피 마시러 방문 (A=2, E=6)	집안일 (A=3, E=2)
11 : 00–12 : 00	휴식 (A=0, E=0)	수를 상점에 데려감 (A=5, E=7)	휴식 (A=0, E=0)

웬디의 활동계획표(표 5.4)는 몇 가지 중요한 점을 나타낸다. 비활동성은 성취의 결핍, 낮은 자기효능감, 즐거움이 거의 없는 것과 관련이 있는 것이 분명하다. 이러한 요소들은 많은 부정적인 생각, 예를 들면 '요즘은 그냥 아무것도 할 수 없어.', '나는 그저 참 한심하게 시간을 보내.' 등의 생각으로 인해 강화되었다. 대부분의 긍정적 활동이 웬디의 기분을 나아지게 하는 것은 당연한 결과이다. 실제로 즐거움으로 나타난 활동은 화요일에 그녀를 찾아 온 친구 수를 집에서 대접하고, 특히 재료를 사러 함께 나간 것이다. 수와 웬디는 섬유예술가였으며 수가 여전히 재료 선택에 그녀의 의견을 중요시한다는 사실은 이 사건에 대한 성취감과 즐거움의 척도를 높이는 데 중요했다.

7. 즐거움 예측하기

DSM–IV–TR에서 비관론은 우울증의 또 다른 중요한 척도이다. 치료에서 비관론은 아주 초기에 다루는 것이 좋다. 왜냐하면 '아무것도 도움이 안 돼.', '치료가

다른 사람들에게는 도움이 될지 몰라도 나는 아니야.', '노력할 필요도 없어.' 같은 신념으로 전 치료 과정을 약화시킬 잠재성을 갖고 있기 때문이다. 내담자의 좀 더 특정한 비관적 예언—전형적으로 '내가 우울하기 때문에 이것을 즐기지 않을 거야.' 같은 신념—은 활동 수준을 높이려는 내담자의 노력을 약화시킨다. 즐거움 예측하기(pleasure predicting) 기법은 이에 대응하는 효과적인 개입이다. 비관론에 직면했을 때, 상담가는 실용적인 CBT의 기본 자세로 돌아갈 수 있다 : "자, 그럴 수도 있지만 보실까요?"

우울증은 현실적으로 일을 즐기지 못하게 할 것이라고 생각하지만, 또한 일을 즐길 수 있을 때 즐길 거라는 생각도 하지 못하게 한다. 이러한 사실을 이해하는 것은 웬디가 아래에 설명한 것과 같은 행동 실험을 할 수 있게 한다.

웬디는 다음 주에 할 일을 검토하는 과정에서 수의 방문을 취소하고자 했다. 그녀는 일련의 비관적 예측을 했다 : '수는 내가 이 모양이라서 이제 나와 함께 있으면 지루해할 거야.', '수는 그저 친절해서 오는 거야.', '나는 걱정하느라고 즐겁지 않을 거야.' 상담가는 그녀가 취소하지 않도록 촉구했으며 실제로 어떻게 결과가 나오는지 보도록 했다. 웬디는 자신이 얼마나 방문을 즐길 것인가에 대한 예측을 했고(E=3) 실제로 나온 6, 7과 비교했다. 그녀는 자신의 비관적 예측이 잘못될 수도 있다는 것을 이해하고 알 수 있었다. 이 검토에서 나타난 또 하나의 흥미로운 점은 웬디가 수에게 '아주 멋있게' 보이려고 여러 가지 옷을 입어 보면서 수를 맞이할 준비에 거의 두 시간을 보냈다는 것이다. 웬디는 수가 다락방에 있다가 왔다는 것을 알았으며 실제로 수가 '촌스러워' 보여서 재미있게 생각했다.

Bennett-Levy(2003)는 행동 실험은 많은 내담자를 위한 가장 중요한 치료의 한 부분이라고 했다. 사고 기록을 완수하는 것은 '지겹지만 논리적인 과정…으로 한숨 돌리고 상황을 균형적으로 보게 해 주는'(Bennett-Levy, 2003) 반면, 행동 실험은 '실천이 믿음이다.'라는 좀 더 감정적인 확신을 준다. 내담자는 종종 '지연'을 주요 문제로 보고하기 때문에 회기 중에 하는 실험이 특히 효과적이다. 이는

'현재만큼 좋은 시간이 없기' 때문이다. Sanders와 Wills(2003)는 치료실 밖에서 이루어진 여러 가지 행동 실험을 논의한다(예 : 새 공포증을 극복하기 위하여 동물원에 가기). 이러한 활동들은 치료적 관계의 다른 면을 발전시키는 효과도 있을 수 있다. 그곳에서 상담가와 내담자는 상담실에서 '늘 하던 대로'가 아닌 약간 외부에서 서로를 경험할 수 있다. 내담자들은 종종 이런 활동들을 고맙게 여긴다고 보고하지만 이들은 또한 도전이 되고 가끔 독특한 어려움을 만들어 낸다. 이러한 사건 하나가 나와 같이 있던 내담자가 공공장소에서 아주 화가 났을 때 일어났다. 이것은 그에게 아주 창피한 일이었다. 나는 이러한 사건들은 다루는 방법을 미리 계획하는 것이 도움이 된다는 것을 알게 되었다.

행동 실험은 협력적이고 명확하게 고안되어야 한다. 내담자의 부정적인 신념이 더 정확하게 정의될수록 그리고 그 신념을 테스트할 방법에 대한 가정이 더 명확할수록 행동 실험은 점점 더 효과적이 될 것이다. 예를 들면 학생 내담자 줄리는 자신을 '부적응적이다', '가치가 없다'고 믿었다. 자신이 부적응적이라는 핵심 징후는 수강 과목의 다양한 평가에 대해 두려워한다는 것이다. 그녀는 자신이 다른 학생들보다 훨씬 더 두려움을 느낀다고 생각했다. 그녀는 다른 학생들에게 여러 가지 평가에 대하여 어떻게 느끼는지를 불쑥 질문해 봄으로써 이 신념을 테스트하는 데 동의했다. 그녀는 대부분의 다른 학생들이 그녀와 같은 두려움을 느끼고 있을 뿐 아니라 일부 학생들은 더 강한 공포감을 가진 것에 놀랐다. 이 소식은 그녀가 부적응 정도에 대한 자신의 생각을 이 기준으로 재검토하게 했다. 이 경우 상담가는 고등교육을 받는 학생을 가르친 경험이 있어서 결과가 이렇게 나오는 것이 당연하다고 생각했다. 그러나 상담가들은 종종 내담자들에게 가능한 실험을 촉진하면서 그들을 부정적인 경험으로부터 보호하는 경계선상을 걸어야 한다. 그렇더라도 상담가와 내담자가 잘못된 실험에 어떻게 반응할 것인지를 계획하는 것은 도움이 된다.

날짜	상황	예측 : 내 예측이 맞는지 어떻게 알까?	예측을 테스트하는 실험	결과는?	배운 것
월요일	슈퍼마켓 밖에 서 있다.	기분이 너무 나빠서 기절할 것 같다. 빨리 빠져나가지 않으면 아플지도 모른다(90%).	슈퍼마켓 안에 그냥 있는다. 불안을 조정하려는 무엇도 하지 말고 무슨 일이 일어나는지 보라.	아주 불편했지만 기절하지는 않았고 앉을 필요도 없었다. 그곳에 머물러서 기뻤다. 나쁜 기분은 좀 지나자 사라졌다. 새로운 아이스크림도 찾았다.	견디면 사물이 느낌만큼 나쁘지 않다. 불안은 나를 기절하게 하지 않는다. 내가 피하고 도망가지 않으면 즐길 수 있고 기분이 좋다. 이 아이스크림을 다시 산다.

그림 5.1 행동 실험 일기

출처 : Bennett-Levy et al., 2004.

그림 5.1은 Bennet-Levy와 동료들(2004)이 고안한 형식이며 이 내용은 상담가가 광범한 상황에 대한 행동 실험을 고안하도록 돕기 위한 '성경'이 되었다.

8. 단계적 과제 부여(행동과제의 질을 단계적으로 증가시키기)

CB 상담가는 내담자의 행동 방식의 양적, 질적인 증가를 목표로 하는 것이 보통이다. 이전의 기능으로 돌아오는 것만으로도 아주 커다란 진전이지만, 병가를 내고 있던 사람을 다시 직장으로 돌아오게 하기 위한 단계에서 내담자는 천천히 그러나 확고하게 더 평상적인 기능으로 돌아가도록 계획할 수 있다. Beck과 동료들(1979)은 독서라는 이전의 취미를 거의 다시 할 수 없다고 말하는 입원환자 이야기를 했다. 상담가는 그녀에게 병동 도서실에서 가장 짧은 책을 찾아서 자기에게 좀 읽어 달라는 제안을 했다. 여러 번의 항변을 거쳐서 환자는 딱 한 줄만 읽겠다고 했다. 그러면서 그녀는 한 문단을 다 읽었고, 몇 시간 후 그녀에게 돌아왔을 때에는 그 책을 다 읽었다. 여기서 작동하는 기본적인 원리는 일들을 관리할 수 있는 정도의 단위로 나누어서 성공이 성공을 낳게 하는 것이다. 바람직한 목표를 향해 바른 목표에 조금씩 가까이 가고 그래서 조금씩 가능한 한 최종 목표에 가깝게 감으로써 행동을 만들어 가는 요소가 있다. 나는 종종 내담자에게 조금씩이라도 목표를 향해 가고 있는 한 그들은 계속 나아가고 있다고 말한다.

이러한 점진적인 단계는 부재(absence)나 병으로 인한 관계의 재확립도 다룰 수 있다. 행동의 대인관계적인 면의 중요성은 종종 기본적인 것이다. 즉 친구관계의 유지, 새로운 사람들을 만나고 적당할 때 솔선하는 것은 선행적인(proactive) 사회적 행동의 고기와 음료이지만 우울증, 스트레스, 두려움으로 움직이지 못하는 내담자들에게는 멀게 느껴질 것이다. 그래서 사람들과 다시 연결되기 위한 자연스럽고 단계적인 접근 구조는 다음과 같다.

1. 이미 있는 친구들과 다시 연락하기
2. 이미 있는 친구들에게 약간 먼저 접근하기
3. 이미 있는 친구들과 더 강하게 먼저 접근하기
4. 새로운 친구를 만날 수 있는 장소 알아내기
5. 새로운 친구들에게 약간 먼저 접근하기
6. 새로운 친구들에게 더 강하게 먼저 접근하기

CB 상담가는 이런 종류의 구조를 일련의 작고 위험도가 낮은 단계로 내담자와 협상할 수 있다. 이러한 과업은 특히 그 성공이 다른 사람들의 반응에 달린 것이라면 조심스럽게 숙고할 필요가 있을 것이다. 그러므로 내담자가 위의 단계들에 대한 우호적이지 않은 반응을 감당할 수 있는지를 생각하게 하는 것이 도움이 된다. 강한 자아개념의 놀랄 만한 예이기는 하지만(Dryden, 1991), Albert Ellis가 자신의 부끄러움증을 치료한 작업을 보고한 것에서와 같이, 모든 사람들이 데이트 신청을 해서 100번에 99번 거절당하는 것을 감당할 수는 없다. 일어날 수 있는 최악의 결과를 생각하는 것은 내담자에게 안전망, 즉 일이 잘못되면 멀리 떨어질 수 있는 것을 막아 주는 안전망을 설치하는 것 같다. 단계적으로 행동을 구축하는 원리는 우리가 곧 살펴볼 좀 다른 방법이기는 하지만, 두려움과 공포에 대한 '노출' 치료에도 사용될 수 있다.

9. 보상행동의 개발

Williams와 동료들(1997)은 우울한 사람들은 타인과의 상호작용에 실제의 문제를 가지고 있다고 지적했다. 우울할 때, 그들은 보답이 없는 사회적 동반자가 될지도 모르고 자기노출(self-disclosure)과 주고받는 대화에 요구되는 여러 가지 사회적 규범을 위반하기 쉽다. 타인들은 처음에는 상당히 동정적이지만 얼마 가지 않아서 자신들이 더는 참을 수 없다고 느낀다. 이 단계에 얼마나 빨리 도달하는가는 고통 받는 사람들, 즉 배우자나 파트너 같은 사람들과의 장래 관계에 특히 결정적이다. 우울한 사람들이 이런 점에서 사회적 기술이 부족한지에 대한 얼마간의 논의가 있었다. 이것은 실제로 그런 경우는 아닌 것 같다. 오히려 우울한 사람들은 자신의 보답 없는 행동이 만들어 내는 어려움을 다루기 위하여 평균 이상의 특별한 사회적 기술이 필요한 것으로 보인다. 유머가 있는 냉소가 이런 발전된 사회적 기술의 예가 될지도 모른다.

우울한 사람들이 주위 사람에게 충분한 보상을 하지 않는다면, 그것은 자신을 충분히 보상하지 못하는 과정을 반영하는 데 불과하다는 것이 드러났다. 자신에 대한 자기 행동에 보상을 실현하는 것은 우울의 회복에 도움이 되는 것으로 보이는 일련의 자기통제(self-control) 전략의 한 면이다(Lewinsohn & Gotlib, 1995). 다른 전략들은 자기모니터링과 자기평가이다. 행동 작업의 맥락에서 '보상'이라는 용어는 미로를 달릴 수밖에 없는 하얀 쥐를 떠오르게 한다. 다른 한편,

인간들은 타인들에게서 미소, 인정, 관심과 같은 사회적인 강화들로 가장 보상을 느낀다. 다만 유럽 대륙의 동료들이나 내담자들은 영국적인 '예의 바른' 모습의 이러한 속성이 다양한 정도의 진정성을 가릴 수 있다고 말했다. 치료는 이러한 이 슈들이 그려지고 연습될 수 있으며 현실 세계의 상호작용이 감시될 수 있는 유용한 포럼이다. 나는 내담자에게 가끔 내가 코너에 있는 복싱 코치 같다고 말한다. 나는 그들의 땀을 닦아 주고 그들에게 물을 먹이고 다음 라운드에서는 레프트 훅을 써 보라고 말한다. 대부분의 내담자들은 '자신의 코너'에 지지자가 있는 것을 좋아하는 것 같아 보인다. 나의 사례집에서 가져온 다음의 예는 특히 내담자가 자신을 도울 수 있는 사람들에게 좀 더 보상이 되는 행동을 어떻게 예행 연습할 수 있는지에 대한 논의이다.

케이시는 국적을 이탈한 미국의 무역상이었다. 그는 이전에 히피였고 자신을 '그 많은 세월이 흐른 뒤에도 아직 열광적'이라고 생각한다. 그는 폭발적인 성질과 우울증을 함께 겪고 있는데, 그 성질이 어려운 고객들에게 자주 나타났다. 이것이 고객들과 불화를 만들어 주문을 받지 못하는 상황을 초래했다.

상담가 : 자, 케이시, 이번 주에 당신은 카림과 가능한 사업에 대한 논의를 어떻게 진행시키고 있는지 이야기하려고 했지요.

케이시 : 아, 제길, 그건 망했어요… 내 말은 그와 상당히 확고한 합의를 했다는 말인데… 내가 이행 가능하고 그에게는 아주 좋은 가격이었고, 내게는 이익이 별로 없었어요… 그리고 다음 날 전화로 그가 다른 방법을 생각해 보았으며 내게 이렇게, 저렇게, 또 그 외의 것을 할 수 있는지 물었어요… 무슨 의미인지 알았어요… 그는 플로라(그의 부인)에게 합의 내용을 말했고 그녀는 말도 안 되는 의견들을 내놓았어요… 그는 자기 아내를 제대로 다루지 못해서… 이건 완전 악몽이에요. 그둘은… 그래서 그에게 말했죠. 그와 플로라가 먼저 분쟁을 조정해야 한다고…

상담가 : 좋습니다. 그러면 다시 원점이군요… 당신은 짜증이 나겠군요. 그러나 저는 어떻게 다른 방법으로 나아갈 수 있지 않았을까 생각합니다… 아시다시피, 사람들

> 이 '받아들일 수 있는'[1] 피드백을 하는 것에 대하여 전에 이야기했었지요… 직
> 선적으로 말할 수 있는 것은 좋습니다. 어떻게 영국 사람들이 그것을 잘 못하는
> 지를 논의했었지요… 그러나 그것이야말로 당신이 잘 다루어야 할 점입니다…
> 카림이 받아들일 수 있는 피드백을 했다고 생각하나요?
>
> 케이시 : 그게 문제였군요, 선생님!

어느 정도까지는 상담가가 케이시가 사회적 상호작용을 보다 진정한 친절과 배려
로 부드럽게 하는 것을 배우도록 돕고 있다. 이러한 배려는 Paul Gilbert(2005)가
사용해 온 '온정적인 마음(compassionate mind)'의 발달로 때로 자신을 돌아볼
필요가 있다. 이것은 자기와 타인들을 향한 내적인 따뜻함과 치유이고, 회복을 촉
진하기 위하여 배양될 수 있다.

그러나 상담가가 오직 사회적 보상 영역에만 주의를 집중하려고 자신들을 제한
한다면 부끄러운 일일 것이다. 중독을 끊는 데 금전적인 보상을 하는 것(Petry,
2000)을 포함한 다른 종류의 '보상'도 효과가 있는 것으로 나타났다. 내담자들은
습관을 없애는 것을 돕기 위한 '자기보상 기법'을 배울 수 있다(Butler & Hope,
2006의 '개인적 보상 시스템 구축'을 참조하라).

왜 문제가 있는지 또는 그것을 어떻게 개선할 수 있는지를 평가할 때, 키케로의
질문 *Cui bono?*(누가 정말 이익을 얻는가?)[2]를 고려하는 것이 좋다. 어떤 행동에
는 아주 미묘하고 숨겨진 보상이 있으며, 가끔은 단기간이라도 (장기간의 손상에
대하여) 내담자가 이익을 얻고 있다면, 그들은 이익에 대한 자신의 인식이 변할
때까지 그러한 행동을 계속할 것이다.

---

1) 만약 그들이 당신의 피드백을 소화할 수 없다면, 그들은 나는 이 개념에 대해 나의 동료 Amelia
   Lyons에게 감사한다고 내뱉듯이 말할지도 모른다.
2) 키케로는 밀로에 대한 그의 방어에 용어와 개념을 사용했다. 이는 Cicero, M.T. (1975) *Murder
   trials*, Harmondsworth: Penguin에 기술되어 있다.

10. 대처행동의 강화

상담가들이 내담자들에게 행동 결점을 고치는 것에 대해 이야기하는 것보다 그들이 가지고 있는 대처 전략을 강화할 수 있다는 것을 강조하는 것이 일반적으로 좀더 도움이 된다. 가장 좋은 대처방법을 가지고 있지 않은 내담자는 별로 없다. 하지만 우리는 이 전략들이 현재의 문제와 증상들로 인해 왜곡되거나 약화될 수 있다는 것을 알고 있다. 여기서는 내담자들이 긴장을 풀고 시각화의 사용을 배우고, 그들의 주장기술을 강화하도록 돕는 과정에 초점을 둘 것이다. 시각화에 대한 사고는 자연히 두려움에 직면하는 면과 연결된다.

11. 주장적인 행동

게리는 다국적 기업의 '아이디어 부서'에서 일해 왔지만 위기가 반복되자 직장을 잃었다. 게리는 자신이 회사 위계에서 '현역(player)'에 있지 않았기 때문에 자신이 빠져 버렸다고 느꼈다. 그는 이것을 자기주장기술이 항상 부족하여 자신의 아이디어를 다른 사람들이 잘 듣도록 하지 못한 때문이라고 생각했다. 이 문제는 학창시절과 같은 삶의 다른 기간에도 나타났다. 그는 공부를 잘했지만 학교에서 학생들과 대부분의 교직원들 사이에 인기가 없었던 것이다. 그는 또한 형이 집에서 자신보다 더 사랑을 받았다고 느꼈다. 이후의 검토에서 그것은 그의 형이 많은 문제가 있었으며 그로 인해 부모의 관심이 쏠려 있었던 것임이 명확해졌다. 이제 게리는 억압된 분노가 아주 많았다—마치 그가 공정한 기회를 실제로 거의 기대하지 않았던 것처럼 말이다. 그의 견해와 선호를 단호하게 피력해야 할 때, 그는 수동공격적이 되거나 눈에 띄게 상처를 받는 경향이 있었다.

게리의 반응에서 빠진 것은 주장적인 반응이므로 주장적인 반응을 발달시키는 것이 치료 목표가 되었다. 치료는 게리가 일상생활에서 그를 기분 나쁘게 하는 상황을 모니터하는 것으로 시작했다. 이들은 좀 더 압박을 받는 전문적 상황뿐 아니라 상점이나 음식점에서 대접을 제대로 받지 못하는 것을 포함한다. 그것들은 거의 모두 주장성의 결핍과 연결되어 있다. 내담자와 상담가는 주장하기 힘든 업무 상황의 목록을 작성했다. 이러한 상황들은 점차 어려워지는 '위계'로 정리되었다. 상담가는 이런 상황들의 모든 면이 고려되도록 확실히 하고, 내담자에게 가장 어려운 상황을 100으로 하여 이를 기준으로 각 상황의 어려움을 수량화하도록 함으로써 도울 수 있다(표 5.5 참조).

자신이 느낀 것과 자신이 일어나기를 바라는 것을 말할 권리가 있다는 생각은 게리에게는 진정한 계시였으며, 또 그가 일어나기를 원하는 것이 반드시 일어난다는 것을 의미하지도 않는다는 생각도 그러했다. 그는 그가 원하는 것을 말할 수 있다는 것에서 만족하는 법을 배웠고 그 이상의 것은 다른 사람의 권한이라는 것을 깨달았다. 우리는 치료 회기 중에 상점이나 직장에서 일어나는 상황을 역할극으로 할 수 있었다. 역할극을 하는 동안 게리는 '망가진 레코드'(다른 사람들이 뭐라 하든 자신의 의사를 반복해서 표현하는 것)와 같은 주장적 반응과 감정이입적 주장('마사, 당신에게 이것이 정말 중요한 줄 알지만, 당신이 지금 내게 말한 것이 얼마나 상처가 되는지에 대해 정말 생각하지 않았다고 생각해요. 당신이 그것을 알기를 바라요.')을 리허설할 수 있었다. 이 '새로운 게리'는 이제 스스로에게 좀 더 자신감이 생겼지만 그의 직장 동료 중 일부는 아직도 '옛 게리'를 상대하고 있다고 생각했다. 그것은 이 새로운 게리를 그의 동료들에게 소개할 때임을 분명히

표 5.5 주장적 상황의 단계 분류표

주장적인 과업	어려운 정도
상사에게 할 수 없다고 말하기	100
동료에게 할 수 없다고 말하기	80
상사에게 더 많은 지원 요청	75
동료에게 더 많은 지원 요청	65

했다. 그에게는 새 직장 동료들에게 좀 더 주장적인 반응을 예행연습 할 '노출시각화' 요소가 있었다. 이제 그는 그와 그들이 실험적 상황에서 어떻게 될 것인지를 '볼' 수 있다.

　게리의 치료는 잘 진행되었고 우리는 주장이 진정으로 당신이 말하는 것에 있는지 아니면 말하는 방법에 있는지에 대한 흥미로운 의문점을 논의하였다. 나는 바로 후에 슈퍼비전 회기를 가졌으며 내 슈퍼바이저는 게리가 자신의 '무뚝뚝한 모습'을 좀 더 이용하는 것이 도움이 될 수도 있다고 조언했다. 우리는 다음 회기에서 이 생각을 논의하였고 그에게는 아주 잘 맞는 것으로 보였다. 그는 결코 감정이입적 주장의 계산된 어조로 보이는 대인관계에 아주 민감한 사람으로 변하려고 하지는 않았지만, 자신의 무뚝뚝함을 좀 더 가볍게 그리고 좀 더 냉소적이 되도록 배울 수 있었다. 그는 계속하여 주장적인 반응을 발달시켰지만 또한 자신의 무뚝뚝한 모습이 좀 더 가벼운 모습을 덮어 버리게 두었다―특히 좀 더 힘든 직업 상황에서. 한 동료는 그가 무뚝뚝하게 사무실의 자선사업에 참여하는 것을 거부하자 '잘하는데.'라는 말로 긍정적인 반응을 보였고, 잘못을 무마하기 위하여 그가 '내가 너를 굉장히 짜증나게 했지?'라고 말하자 다른 동료는 크게 웃었다.

제안 : 주장하기

형식 : 치료 3인군 혹은 2인군

목표 : 새로운 행동을 구축하고 실험 상황의 위계를 구성하기 위한 이론적 근거를 말하는 연습

지시사항 : 내담자에게 새로운 행동을 구축하기 위한 이론적 근거를 댄 후에 보다 주장을 하는 방향으로 행동하고자 하는 4, 5가지 상황의 위계를 고안한다. 내담자가 이러한 상황을 다루었던 '옛 계획'과 어떻게 다르게 다룰 수 있는지에 대한 '새 계획'을 설명하도록 돕는다. 연습에서 참여자 모두로부터 간단한 피드백을 받는다.

12. 이완 기법

현대생활에서 스트레스는 만연된 문제이다. 많은 내담자들은 이완 방법을 실제로 배운 적이 전혀 없다고 한다. 사실, 어떤 내담자들은 이완은 TV를 보거나 정원을 가꾸는 것과 같은 활동을 하는 것으로 정의한다. 몇몇 이완 기법을 가르치는 것은 내담자의 긍정적인 대처행동에 특별한 영역을 추가하기 때문에 도움이 될 수 있다. 이완 기법은 또한 신경계가 장기간의 불안과 우울에서 입은 일부 손상을 보다 일반적인 방법으로 치유하도록 돕는다. 스트레스 반응의 여러 문제는 신경계가 높은 수준의 흥분이 일어나도록 조정되어 좀 더 쉽게 반응하게 되기 때문이다. 이완 기법은 내담자들의 몸이 더 낮은 수준의 흥분에서 작동하도록 촉진함으로써 이러한 반응들과의 투쟁을 도울 수 있다. CBT에서 사용되는 몇몇 방법은 다음과 같다.

- **마음챙김** : CBT에 '마음챙김' 기법의 도입(Segal et al., 2002)은 이 문제에 대한 보다 정교하고 심층적인 반응을 발달시켰다. 마음챙김 훈련은 이 분야에서 내담자를 가장 잘 도우려면 상담가 자신이 이 훈련을 받아야 한다고 강조한다. 마음챙김은 종종 집단으로 훈련을 하지만 개인치료 회기에도 적용할 수 있다(Fennell, 2004).
- **점진적 근육 이완** : 이 기법은 근육을 긴장, 이완시키면서 연속적으로 몸의 다른 부위에 주의를 집중시키는 것이다.
- **호흡** : 호흡 기법은 특정한 순서로 심호흡을 하고 호흡을 멈추는 등 여러 방법을 사용한다.
- **시각화** : 시각화 기법은 종종 위에 기술한 몇 가지 방법으로 시작해서 내담자가 이완 상태가 되도록 한다. 그다음 내담자가 자신의 문제점이나 치료 목표와 관계될 수 있는 여러 형태의 심상을 떠올려 보도록 촉진한다.

테이프나 CD의 사용을 포함하여 이완을 추구할 수 있는 다양한 환경들이 분명히 있다. 개인치료 회기에 이완을 다루는 것도 도움이 된다. 사용할 수 있는 다양한 방법이 있다. 이완 훈련에 대한 몇 가지 추가 지식과 그 외의 이완 방법의 목록은 SAGE 웹사이트에 있다. 때때로 내담자들은 회기 중에 상담가와는 이완할 수 있지만 집에서는 안 된다고 말한다. 내담자가 집에서 정확히 어떤 종류의 이완을 하고 있는지 탐색해 볼 가치가 있다. 예를 들면 그들이 적당한 시간과 장소에서 이완을 하고 있는가? 내담자들은 알지 못하는 목소리에 부정적으로 반응할 수도 있기 때문에 상담가가 이완을 지도하는 테이프를 만들어서 그들에게 제공하는 것도 좋다. 내담자가 이완을 자신의 삶에 어떻게 반영하고자 하는지에 대한 논의를 하도록 상담가가 촉진하는 것은 유용하다. 어떤 이완 과정들은 한 시간 가까이 걸릴 수 있고 상당히 정규적으로 실행되어야 한다(Segal et al., 2002). 치료 회기 중의 실습으로 내담자들은 훨씬 짧은 형식, 심지어 몇 분짜리를 개발할 수 있다. 예를 들면 이들은 내담자들이 직장에서 특히 스트레스에 직면한 순간에 할 수 있는 어떤 이완 형식이 된다.

이러한 상황에서 또 하나의 도움이 되는 기법은 시각화이다. 여기서 내담자는 이완 상태에서 평화로운 상황을 연상하도록 도움을 받을 수 있다. 현재 시제로 된 1인칭 언어는 기억하는 사건으로 돌아가 있는 느낌을 강화하곤 한다. 이것은 일반적으로 유용한 대처 전략이지만 무서워하는 상황이나 기억에 대한 노출치료의 일부가 될 수도 있다. 어떤 과정치료들은 내담자가 매우 기분이 좋지 않아서 치료 과정이 중지되면 그들이 기억할 수 있는 안전 지대를 상상하도록 도울 것을 추천한다(Shapiro, 2001). 나의 견해는, 당신이 갑작스러운 스트레스를 다룰 줄 안다는 것은 이것이 발생하는 것 자체를 방지하는 역할을 잘할 수도 있다는 것이므로 내담자와 이를 논의하는 것이 좋다고 본다.

어떠한 이완 기법이 사용되든 간에 내담자와 함께 작업하고 내담자에게 가능한 한 많은 선택권을 주는 것이 중요하다. 내담자는 최면이 되거나 웃음으로 자신의 과민성이 나타날까 두려워서 예측하지 못한 반응을 할 수 있다. 이러한 두려움은 연습 중에 실제로 내담자를 더 긴장하게 할 수 있다. 치료 회기에 이완을 사용하는 간단한 방법은 상담가와 내담자가 함께 연습을 하고 집에서 어떻게 할 수 있는지를 논의하는 것이다. 가끔 압도적인 반응을 야기할 것 같은 주제에 대하여 침착한 논의를 할 수 있는 이완 기법을 사용하는 것이 도움이 된다. 그러나 상담가들은 내담자의 '안전행동'을 강화할 수 있는 이완의 사용에 조심해야 한다. 예를 들면 몇몇 내담자는 이완을 이용해야 공황발작을 이겨낼 수 있다고 생각한다. 이는 치료가 내담자에게 공황이 해가 되지도 않을 무언가에 대한 파국적인 반응으로 야기될 수 있다는 것을 보여 주도록 고안되었기 때문에 공황에 대한 CBT 개입 과정에 도움이 되지 않을 수 있다(Clark, 1996).

13. 두려운 상황이나 방해되는 생각 및 심상에 직면시키기

CBT 접근법은 항상 특정한 문제에 효과가 있도록 고안되므로 문제에 따라 변화하는 경향이 있다. 이 장은 주로 우울한 내담자에게 사용된 행동 활성화에 대해 살펴본다. 우리가 살펴볼 마지막 기법은 다양한 불안문제를 극복하는 데 사용하는 노출 기법이다.

초기 행동치료는 두려움이나 불안 반응이 이완과 같은 모순적이지만 보상이 되는 반응과 짝을 이룰 경우 제거될 수도 있다는 생각에 영향을 미쳤다. 이러한 통찰, 즉 상호 호혜적인 억제는 **체계적 둔감화**(systematic desensitisation)의 과정으로 다룰 수 있게 되었다. 내담자는 실제로 또는 심상으로('in vivo' or 'imaginal') 두려운 상황에 노출되지만 그와 동시에 이완 반응을 한다(Wolpe, 1958). 이는 성공적인 치료법으로 증명되었다. 행동치료에서 CBT로 흡수된 또 다른 전통은 치료법의 과학적이고 실증적인 평가이다(Rachman, 1997). 체계적 둔감화에 대한 계속되는 평가는 이완 요소가 노출 요소의 총체적 효과를 추가하지 않았음을 나타냈다. 이러한 결과로, CBT는 자연스럽게 노출치료의 요소에 더욱 집중하게 되었다(Kendall & Hammen, 1998).

노출치료는 우리가 다른 기법의 사용에서 본 많은 요소들을 어우른다. 예를 들면 두려운 상황에 대한 구체적인 기술 및 그러한 상황에 대한 점진적 위계 구조, SUD(subjective units of distress, 고통에 대한 주관적 단위) 척도 점수 등이다. 이는 일반적으로 내담자를 실제 상황에 직면하게 함으로써 가장 잘 이루어진다. 만약 그것이 다양한 이유[3]로 불가능할 경우에는 그 상황의 시뮬레이션을 다루거나 내담자가 그런 상황을 가능한 한 생생하게 떠올리도록 하여 작업할 수 있다. 상담가는 내담자가 가능한 빨리 자기 훈련으로 들어가기를 기대할 수 있지만, 치료 회기 중에 일부 노출을 하는 것은 가끔 도움이 된다. 어떤 때는 상담가와 내담자가 함께 치료실 밖에서 작업하는 것이 도움이 될 수도 있다. 나는 슈퍼마켓이나 도시 문화시설 및 시가지나 고속도로 운전 시에 그렇게 했다. (여기서 언급된 기법은 전문 보장 보험사와 확인한 것이다!) 나의 동료 중 몇몇은 내담자와 함께 동물원에 가거나 비행기를 타기도 했다. 적절한 계획을 고안하는 데는 상담가의 창의성이 들어간다.

카렌은 구토공포증(emetophobia : 식사 중이나 식후에 자신이 아프거나 타인이 아픈 것을 보게 될까 두려워하는 증상)을 앓고 있었다. 치료가 진행되는 동안 특별히 그녀의 증상을 악화시키는 몇 가지 음식을 구별할 수 있었다. 이들이 아래 일부 언급된 단계 분류표에 들어 있다. 우리는 치료 회기 중에 혹은 그 사이에 이것에 대해 작업했다. 이 과정 중에 카렌은 그녀의 SUD 점수뿐만 아니라 생각이나 느낌을 표현하도록 유도되었다. 그녀의

---

3) 나의 내담자 중 한 명은 뉴욕에 비행기를 타고 가는 것에 대한 공포증이 있었다. 너무 터무니없게도(내 생각으로는) '실제' 노출치료에 그녀의 안내자로 나를 데려가 연습하지 않았다! 그럼에도 불구하고 그녀는 뉴욕으로 날아갔다.

생각 중 일부는 인지 재구조화가 가능했다. 이 기간 동안 그녀의 공포증은 눈에 띄게 감소했고 그녀는 공포증이 지속될 경우의 대처 전략을 배울 수 있었다. 여기서 드러난 것 중 하나는 그녀를 가장 역겹게 만드는 음식이 미네스트로네(minestrone cuppa soup, MCS)였다는 것이다. 이는 내가 치료를 준비하는 데 요리를 수반한 드문 경우 중 하나였다. 나는 미네스트로네가 보기에 정말 역겹게 생겼다는 것을 인정해야만 했다. 또한 카렌은 구토공포증 자조모임에서 그들의 비디오를 얻었다. 우리는 이것을 타인이 아픈 것에 대한 공포와 관련된 별도의 단계 분류표에 활용했다. 이 단계 분류표의 요점은 그 비디오를 보는 시간을 천천히 늘려 나가는 것이었다.

단계 분류표(어려움 0~10점 척도, 가장 어려움 : 10점, 괄호 안에 표시)

1. 다진 햄이 든 밥을 숟가락으로 떠내기 (4).
2. 다진 햄이 든 밥을 만지고 냄새 맡기 (5).
3. 다진 햄이 든 밥 먹기 (6).
4. MCS를 그릇에 담기 (8).
5. MCS를 만지고 냄새 맡기 (8.5).
6. MCS를 뱉어 내기 (9.5).

다른 유형의 노출이 내담자 재나의 시나리오에 기술되고 있다.
재나는 동유럽에서 온 이민자인데 3년쯤 전에 자동차 사고를 겪었다. 그녀는 상당히 심한 PTSD 증상을 보였고, 그중 하나가 운전불능이었다. 이것은 그녀를 대단히 불편하게 했으며 직장을 찾는 것도 어렵게 했다. 그녀의 단계 분류는 다음과 같다.

1. 상담가와 함께 주차된 차의 운전석에 앉기(심호흡, 이완 및 생각과 느낌 표현하기) (3).
2. 상담가와 함께 구역 주변을 운전하기 (7).
3. 상담가와 함께 좀 더 멀리 운전하기 (7.5).
4. 상담가 없이 좀 더 멀리 운전하기 (7.5).
5. 상담가와 함께 사고 현장까지 운전하기 (9).
6. 상담가 없이 사고 현장까지 운전하기 (9).
7. 마지막 치료 회기에 혼자 운전해 오기 (9).

단계 분류표는 지나친 어려움 없이 달성되었다. 이 작업에서 나타난 한 흥미로운 점은 그녀가 사고 낸 자동차가 그녀가 모국을 떠나 새로운 나라에서 성공했다는 것을 나타내는 매우 상징적인 의의가 있다는 것이다. PTSD 치료에서는 트라우마의 의미를 처리하는 것이 큰 도움이 될 때가 많기 때문에 이것이 아무리 기법적이고 행동적으로 보일지라도 정서적이고 의미 있는 수준의 치료 작업이 똑같이 행해지고 있다.

노출 기법을 연습하는 동안 상담가의 행동을 제어할 일반적인 규칙은 없는 것 같다. 내담자들은 상담가가 상당히 절제된 대화(low-key conversation)를 고수하는 편이 좋다고 말한다. 나는 상담가가 사전 동의를 받지 않은 상황에 어떤 새로운 요소라도 투입되지 않게 신중해야 하지만, SUD 평가 점수뿐만 아니라 사고나 정서를 묻는 것이 자연스럽고 유용한 일이라는 것을 알았다. 예기치 못한 상담가의 행동은 내담자를 제 궤도에서 이탈시킬 수 있다. 따라서 SUD 평가 점수가 최소 절반 수준이거나 이상적으로는 최하 수준으로 떨어질 때까지는 내담자를 노출 상황에 머물러 있게 하는 것이 중요하다. 그러나 이것이 불가능한 드문 경우를 겪었다. 나는 때때로 상담가에게 지나치게 흥분하는 내담자가 일으킬 문제를 감안하여 추가적으로 긴 회기(한 시간 반이나 심지어 두 시간)를 계획하라는 제안을 한다. 이는 CBT의 수요의 증가로 점점 더 어려워질 수 있다―이제는 상담가들의 일정이 대개 빡빡하다. 임상에서 내담자들이 미리 의견을 묻는다면 나는 거의 언제나 대비책(fall-back plan)을 제시할 수 있다는 것을 알았다. 내가 치료한 적이 있는 한 내담자는 화가 나면 상담소에 전화해서 몸이 좋지 않아서 몇 시간 정도 집에 있어야겠다고 직원에게 말하기로 결정했었다. 노출연습에 지나치게 강한 반응을 다루기 위한 대비책은 주효했다. 결국 목표는 내담자를 가능한 빨리 자기 훈련(self-practice)으로 이동시키는 것이기 때문이다.

14. 임상적 힌트와 문제 해결

때때로 이러한 개입에 대해 읽는 동안, 스스로에게 '여기에 기법이 어디 있다는 거지? 이것은 단지 내담자에게 올바른 형식과 설명을 해 주는 문제가 아닌가?'라는 질문을 했을 것이다. 좋은 질문이다. 내 대답에 좀 놀랄 수 있을 것이다. 그 이유는 이런 기법이 너무 기계적이 될 가능성이 있기에 치료적인 전달이 아주 중요하다. 앞서 우리는 CB 방식이 냉정하고 비인간적이라는 신화에 대해 언급했다. Sloane과 동료들(1975)로부터 Keijsers와 동료들(2000)에 이르기까지 풍부한 증거가 있으며, 이는 CB 상담가들이 다른 상담가들만큼 따뜻하고 대인관계 기술이 있다는 것이다. CB 상담가들이 다루는 개념이 다른 어떤 경우보다 좀 더 사용자 친화적이고 협력적이기 때문에 다른 접근 유형의 상담가보다 이러한 자세를 갖기가 더 용이할 수도 있다. 상담가들이 사전계획이 된 방식을 사용하는 것은 치료 자체가 진행되게 하고 기법의 사용과 동시에 이루어지는 대인관계에 집중할 수 있도록 여유를 줄 가능성이 있다.

그러면 우리가 이야기하는 대인관계적인 면은 무엇인가? 첫째, 우리는 내담자가 자신이 무엇을 해야 하는지와 그것을 왜 해야 하는지를 정말로 이해하고 있다는 확신을 가져야 한다. 또 설명은 내담자의 학습 유형과 이해 수준에 맞춰져야 한다. 예를 들면 과학자와는 CBT의 과학적인 면에 대해 이야기할 수 있지만, 수업 중에 좋지 않은 경험을 가진 내담자와는 가능한 한 학교와는 다른 경험을 하게 할 수 있다. 또한 협력의 필요성은 상담가가 CB 치료 방식을 내담자에게 억지로 맞추기보다는 내담자 요구에 맞추어 작업하는 것이다. 노출 기법 같은 과정은 내담자를 다그칠 수 있으며 상담가는 그들의 유용성에 대해 문제가 있으면 견고히 버틸 수 있어야 한다. 또한 상담가는 '이야기로 시간을 보내게' 되는 것, 즉 시간만 흘러가서 필요한 일을 할 수 없게 되는 것을 경계해야 한다. 책략은 지지와 이해 및 도전 간의 올바른 균형을 이루게 하는 것으로 보인다(Egan, 2002). 이것은 일반적으로 내담자의 현재 안전 지대에서 아주 약간 벗어나 있다. 나는 Egan(2002)의 주장에 동의하는데, 그는 상담가는 내담자가 일반적으로 행할 수 있는 도전의 정도를 과소평가하는 경향이 있다는 것이다. 내담자에 대한 경청과 공감은 필요할 때 도전하는 능력을 역설적으로 강화시킨다. 그것은 내담자들이 할 수 있다고 여기는 것이 무엇인지, 무엇이 그들에게 진정한 동기가 되는지를 듣는 것이다. 종종 연습을 제대로 하지 못하는 것에 대한 두려움이 있다. 중요한 것은 연습을 올바르게 하느냐 잘못하느냐에 관한 것이 아니라 학습에 관하여 전달하는 것이다. 또한 상담가가 실수할 수도 있다는 점도 중요하다.

불안문제를 가진 내담자는 자주 주위에서 안도할 것을 찾는다. CB 상담가들은 이를 '안전행동' 방식으로 보며 조용히 환기되는 방식으로 보는 경향이 있다 (Salkovskis, 1996a). 그러나 그것은 안도함을 심히 거절하는 것으로 볼 수 있기에 안심하려고 애쓰는 말은 어쩌면 후회스럽고 제한적인 안도함이 될 가능성이 있다.

노출치료 기법이 항상 통하는 것이 아니라는 것을 상담가가 알아 두는 것이 좋다. 소수의 내담자들은 좋지 않게 반응하며 그중 일부는 좌절을 경험하고, 때로 현저하게 기분을 저하시킨다. 따라서 내담자들에게 이러한 가능성을 경고하고, 좌절을 다룰 전략과 문제에 대한 대안적인 접근을 시도할 전략 둘 다를 고안하는 것이 도움이 된다. 내 경험으로는 그런 내담자는 노출치료에서 짧은 '휴가' 혜택을 받을 수 있다. 종종 다양하고 가능한 좀 더 완만한 위계적 단계가 그들이 또 다른 시도를 할 수 있도록, 그리고 이전의 경험에서 배워서 다음에는 좀 더 성공할 수 있도록 고안될 수 있다.

제안 : 두려움에 직면하기

방식 : 2인군 혹은 3인군 치료(관찰자 포함)

목표 : 새로운 반응을 하기 위해 단계적 기준과 단계적 위계 구성의 두려움에 직면하는 데 대한 근거를 제시하는 연습

지시사항 : 내담자에게 왜 점진적이고 단계적인 접근이 두려움에 직면하는 데 도움이 되는지를 설명할 근거를 제시하고, 내담자가 어떤 종류의 공포증이나 두려움을 가졌는지 확인하도록 돕는다. 내담자에게 그가 첫 번째 단계를 완료할 날짜를 정할 수 있는지 묻는 것으로 마무리한다. 연습에 참여한 모든 사람에게 짧은 소감을 듣는다.

연습을 위한 조언 : 의도성(자기효능감의 이점)

인지치료와 행동치료가 유익한 동맹을 할 수 있었던 한 가지는 행동의 인지적 요소에 대한 이해가 증가한 것이었다. 우리가 행동할 때, 우리는 무엇을 하고 있는지 생각하는 경향이 있으며 이 생각이 행동 발달에 영향을 준다. 이에 대한 최초의 훌륭한 진술은 Albert Bandura가 했으며, 그는 행동 수행이 우리 자신이 그 행동을 잘할 수 있다고 생각하는 신념에 지대한 영향을 받는다는 것을 보여 주었다. 그는 이것을 '자기효능감(self-efficacy)'이라고 불렀다. 치료에서 내담자와 상담가의 기술 양쪽과 관련된 유사한 개념은 '의도성'이다(Ivey et al., 1997). 이런 점에서 의도성은 시도하려는 데 따르는 현실적이고 실행 가능한 범위의 옵션의 신중한 선택과 관련된다. 의도성은 마지막 장의 연습을 위한 조언으로는 좀 찾기 힘들고 변덕스럽게 여겨질 수도 있지만, 우리가 무언가를 하는 '우리 자신들을 볼' 수 있게 되면 될수록 점점 더 그것을 할 가능성도 많아진다. 아래에 구체적으로 부과된 과제가 이행될 기회를 극대화하는 것에 대한 제안이 나와 있다. 제안은 특정한 과제에 대한 구체적인 것이지만, 그 원칙은 내담자나 상담가의 거의 모든 의도적 행동으로 이양될 수 있다.

의도적인 진술로 활동계획표 과제 강화하기

과제는 동기를 필요로 하며 때로는 내담자에 의해 완료되지 않을 수도 있다. 이것은 내담자가 과제를 하는 자신의 모습을 시각화하도록 도울 수 있다. 이 의견은 Gary Emery(1999)가 앞으로의 계획을 더 활기차게 만들기 위해 활동계획표를 이용하는 것에 관하여 나타낸 것이다. 내담자가 글로 적고, 말하고, 시각화한다면 그들이 실제로 이러한 활동을 완수하는 데 도움을 주는 것으로 보인다. 마음의 눈에

06:00–08:00	일어나기, 아침식사, 옷 입기
08:00–10:00	일기예보 점검, 버스로 Chepstow 가기
10:00–12:00	pub 주차장에서 샘을 만나 Offa's Dyke Path에서 Tintern까지 산책하기
12:00–14:00	pub에서 점심을 먹고 걸어서 돌아오기
14:00–16:00	산책을 마치고 버스로 Bristol로 돌아오기
16:00–18:00	차를 마시며 휴식
18:00–20:00	내 논문 5장을 작업하기
20:00–22:00	TV를 시청하고 잠자리에 들기
22:00–24:00	꿈속으로!

의도적 진술 : 화요일에 일을 하며 동시에 재미있게 지내려고 한다. 일찍 일어나려 한다. 샘을 만나 산책을 하고 점심을 먹고 제시간에 Bristol로 돌아와 논문을 좀 쓸 것이며 하루 일과에 전력을 다한 후에 상쾌한 수면을 위해 일찍 잠자리에 들 것이다.

그림 5.2 특정한 날의 활동계획표 예

보이는 것은 결실을 맺을 확률이 더 높다. 예를 들면 내담자는 그림 5.2처럼 특정한 날을 위한 앞으로의 계획을 짤 수도 있다.

그리하여 내담자는 그날의 행동양식을 짧은 이야기로 구성하고 큰 소리로 말하도록 촉진된다. 이것은 자기효능적이고 의도적인 기록으로 회기를 종결하는 좋은 방법이 될 수 있다.

추천도서

Bennett-Levy, J. et al. (2004) *The Oxford guide to behavioural experiments*. Oxford: Oxford University Press.

Bourne, E. (1995) *The anxiety and phobia workbook*. Oakland, CA: New Harbinger, especially Chapter 4 on relaxation.

Emery, G. (1999) *Overcoming depression: client's manual*. Oakland, CA: New Harbinger.

Hersen, M. (ed.) (2002) *Clinical behavior therapy: adults and children*. New York:

Wiley.

Patterson, R. (2000) *The assertiveness workbook*. Oakland, CA: New Harbinger.

The Oxford Cognitive Therapy Centre(www.octc.org.uk): For relaxation manuals and tapes, and training in CBT methods.

06

CBT에서 정서를 다루기 위한 기법

나는 몇 년 전 Beck 박사와 함께 연속 워크숍을 한 적이
있다. 그와 나는 우리가 서로 프레젠테이션을 할 때 가끔
장난을 쳤다며 농담을 한다. 그 당시 오전 워크숍을 한 뒤 그가
'감정이야말로 인지의 왕도' 라고 했다. 그는 현존하는 감정을 부정하고는
인지치료를 할 수 없다는 점에 대해 이야기하고 있었다. … 그 후에,
저녁에 우리는 대부분 정신분석학을 하는 한 집단과 이야기를 했는데
그가 거기서 '인지는 감정의 왕도' 라고 말했다. 나는 메시지를 청중들에게
알맞도록 바꾸는 그를 보며 미소를 지었다. 하지만 사실 이 두 메시지는
모두 맞는 말이다. 감정과 인지는 서로 결혼한 사이와 같아서,
감정을 이용해 인지가 무엇인지를 알 수 있고,
인지를 이용해서도 같은 일을 할 수 있다.

Christine Padesky(1994)

19 97년 Diana Sanders와 나는 비평가들이 말했던 것과는 달리 CBT가 정서에 대해 적절한 주의를 기울이고 있다고 주장했다(Wills & Sanders, 1997). 이후로 10년이 지나고 거의 700명의 내담자를 경험한 후에도 나는 여전히 이 주장을 고수하고 있지만, 뒤돌아보면 우리의 주장에도 약간 미숙한 부분이 있다고 생각한다. 이제 나는 당시에 내가 생각했던 것에 비하면, CB 상담가들이 자신들의 정서를 포함하여 정서를 확인하고 다루는 일에 좀 더 노력해야 한다고 생각한다. 또한 이제는 CB 상담가들이 이런 작업을 할 준비가 되어 있지 않을 경우에 제기될 수 있는 문제들에 대해서도 좀 더 알고 있다. 다행스럽게도, 우리에게는 이러한 목표를 이루기 위해 이용 가능한 상당한 자원이 있다. 이 자원들 중 일부는 CBT 외부에서 온 것이다. 예를 들면 정서 중심 치료에서 나온 개념들은 좀 더 정서에 입각한 CBT 형식에 유용하게 통합될 수 있을 것이다(Leahy, 2003). CBT 내에서는 정서를 다루는 작업에 대한 관심이 다시 일어나고 있다. 여기에는 불안이나 그 외의 감정을 수용하는 데 도움이 되는 메타 인지(meta-cognitive)와 마음챙김주의(mindful attention)를 통합하는 것(Wells, 2000), 트라우마 치료의 정서과정(Scott & Stradling, 2000) 및 극도로 부정적인 정서의 확인과 자기진정(Linehan, 1993) 등이 포함된다.

이 장은 '건강한' 정서와 '건강하지 않은' 정서의 본질과 기능을 논의하면서 시작할 것이다(Greenberg, 2002). 여기에는 사고와 정서 간의 다소 복잡한 관계에 대한 논의도 포함된다. 특히 정신기능의 '두 마음(two minds)' 모델을 주장할 것인데, 이는 오늘날 여러 다양한 치료 모델에서 공유되고 있는 접근법이며, 이것에 대한 아이디어들이 수렴되는 것 같기 때문이다. 정서의 주요 기능 중 하나가 사람들에게 세상에서 그들의 현존 상태에 대한 정보를 주기 위한 것이라는 가정을 한 후, 이 장에서 상담가들이 이러한 정서들의 기능적인 면과 문제가 되는 면을 어떻게 다룰 수 있는지를 논의할 것이다. 다양한 연구자들이 문제로 인해 보편적으로 일어나는 소수의 '1차 감정', 즉 슬픔, 분노, 공포, 수치심과 같은 감정들을 입증했다. CBT가 때때로 부정적인 감정을 제거하고 싶어 하는 인상을 주는 까닭에, 이 장에서는 어떠한 변화에 대한 작업이 이루어지기 전에 자주 이러한 감정들이 먼저 받아들여질 필요가 있다는 개념에 대해 탐색할 것이다. 불편한 감정에 주의 깊게 집중하는 것은 이런 면에서 유용할 수 있다. 그러나 때로 부정적인 감정들은 '다루어질' 필요가 있을 것이다. 이 작업에는 다양한 형식이 있지만, 여기서는 인지-정서치료의 일반적인 형식에 대해 기술할 것이다. 이러한 방법은 트라우마 감정과 수치심에 근거한 정서를 다루는 데 특히 효과적이었으며, 이러한 상황에 대한 예도 제공될 것이다. 마지막으로, 특정 내담자의 문제 영역에서 극단적인 정서 반응은 보편적으로 존재하며, 이는 내담자와 상담가 모두에게 다루기 어려울 수 있다. 정서 조절과 자기진정 방법은 특히 내담자들의 인정과 은연중에 한 그들의 감정에 대한 확인과 짝지어졌을 때 극단적인 정서에 효과적이라는 것이 드러난 바 있다. 이러한 상황에서, 정서를 충족되지 못한 욕구를 채우려는 절망적인 시도로 인한 것이라는 시각은 특히 유용하다.

1. 정서의 본질과 기능

감정은 주의를 기울일 필요가 있는 무언가가 그들의 내면이나 혹은 주위환경에서 일어나고 있다는 것을 사람들에게 알리는 정보의 한 형태이다. 예를 들면 불안은 주위환경에 있음 직한 위협에 대해 주의를 기울이도록 하며 그 때문에 어떻든 약간은 생존 가치가 있다. 이런 의미에서 부정적인 정서조차도 기능적이며, 상담가가 첫 단계로 내담자들이 정서 수용을 촉진하도록 돕는 것은 중요하다. 앞 장에서 논의한 바와 같이, 정서를 억누르려는 시도는 이를 강화할 뿐이다. 어쩌면 무의식적일지 모르는 어떻든 좀 순식간에 평가적인 인지 요소가 있다고 가정하지 않는다면 특정한 정서 반응을 설명하기는 어렵지만, 정서적 반응은 좀 더 의도적인 인지 과정보다 훨씬 더 빠르게 일어난다. 정서는 또한 동기를 유발하는 것이다. 이들은 종종 구축된(built-in) 행동 반응, 즉 '행동 성향(action disposition)'을 나타내기도 한다. 우리는 어떤 것을 나쁘게 경험했기 때문에 그로부터 멀어지고 좋게 보았을 경우에는 그것을 향해 접근하는 경향이 있다. 그러나 이러한 반응들은 너무 재빠르게 일어나기에 나중에 이를 돌아볼 때만 그 순서를 확인할 수 있다. 어떤 면에서, 우리가 정서에 대해 이야기한 것은 절대로 이들의 본능적인 느낌을 충분히 표현해 낼 수 없을지도 모른다. 정서와 사고 간의 어떤 호혜적인 상호작용이 있음을 추정하는 것은 아주 타당해 보인다. 정서와 인지가 조화를 이루면 인간은 때로 본능적으로 반응하거나 좀 더 반영적으로 반응할 수 있다.

정서는 인간이 자신들의 욕구를 확인하는 것을 돕는 중요한 역할을 하는 것 같다. 배고픔은 좋은 예이다. 여기에는 심리적 반응은 물론 다양한 신체 반응을 유발하는 심리적 과정이 깊은 관련이 있다. 배고픔은 또한 음식을 찾는 적절한 행동의 동기를 부여하는 데 매우 효과적이다. 이와 유사하게, 불안은 위험에 대한 경각심과 안전을 보장하기 위해 필요한 행동을 활성화하는 것 같다.

그러나 정서 반응의 속도는 때로 욕구 지각의 정확성이 판단의 속도에 희생됨을 의미한다. 불안장애가 있는 사람들은 일반적으로 위험 신호에 과잉경계를 하게 되며 분명하고 실제로 있을 수 있는 주변 환경의 위험 신호들을 과대평가하기 시작한다. 이러한 점들은 우리로 하여금 4장에서 논했던 인지-정서 치료 방법의 균형의 필요성으로 다시 돌아가게 한다. 원칙적으로, 인지체계는 정서 레이더에서 잡아 올린 위험 요소를 현실적으로 인식한다. 그다음 사람들은 어떤 종류의 행동을 정당할 만큼 충분히 위험한 상황인지 결정하게 된다. 만약 이 위협이 최우선 순위로 등록되지 않으면 인지체계는 좀 더 느리고 신중한 방법으로 그 위협을 처리할 기회를 갖지 못할 것이다. 정서체계와 이성체계가 균형에서 벗어날 수 있을

뿐만 아니라 때로는 서로 독립적으로 움직인다. 더욱이 Bessel van der Kolk (1994)의 유명한 표현인 트라우마에서 '신체는 사실을 잊지 않는다(the body keeps the score)' 라는 것처럼, 기억들도 의식적 지각이 없는 채로 신체 정서에 암호화될 수 있다. PTSD의 경우, 비록 정신은 이것이 사실이 아니라는 것을 알고 있을지라도 신체가 마치 트라우마가 지금 일어나고 있는 것처럼 속아서 반응을 할 수도 있다.

이제 CB 상담가들이 어떤 중요한 심리적 기능을 열어 보거나 집중하는 것에 도움이 될 만한 좋은 질문들을 그들의 기술적 레퍼토리에 포함하고 싶어 했다는 것이 분명해졌을 것이다. 정서 탐색에 좋은 질문들이 그림 6.1에 제시되어 있다.

이들 질문에 대한 답변은 내담자들이 가지고 있는 정서 스키마(emotional scheme)가 어떤 종류인지를 아는 데 유용하다. Greenberg(2002)는 정서 스키마를 정서 자체에 대한 감정과 규칙들인 '메타-감정(meta-emotional)' 정보를 포함하여 다양한 본능적, 정서적 및 인지적 요소들을 내포하는 게슈탈트 정신 구조로 기술한 바 있다. 이것은 최근 Aaron Beck(Beck, 1996)에 의해 제안된 도식과 형식에 대한 기술과 매우 유사한 개념이다. Greenberg(2002)는 '1차' 감정과 '2차' 감정을 구분 짓는다. 1차 감정은 기본적인 느낌인 반면 2차 감정은 1차 감정을 숨기

---

1. 당신이 느끼고 있는 감정의 이름을 써 넣으실 수 있나요?
2. 무슨 생각이 그 감정과 함께 일어나는 것 같나요?
3. 그 감정이 당신에게 말하고 있는 것은 무엇인가요?
4. 당신의 몸 어딘가에서 그 감정을 느낄 수 있나요?
5. 그 감정이 당신에게 무언가―기억, 이미지 및 메타포―를 상기시키나요?
6. 당신이 감정을 알아챌 때 그 감정에 어떤 일이 일어나요? 그 감정이 떠나가요? 강화되나요 혹은 진정되나요?
7. 그 감정이 당신에게 필요한 것이 무엇이라고 하나요?
8. 당신이 그 감정을 느낄 때, 당신은 그것을 저지하고 싶나요? 멈추고 싶나요? 피하고 싶나요?

그림 6.1 CBT 원칙

거나 억누르고 있을 수 있다. 이것에 대한 고전적인 예로는 상처와 분노라는 한 쌍의 감정을 들 수 있다. 사람들, 특히 남성의 경우에는 종종 그들의 상처를 분노를 통해 표현한다. 감정의 간접적인 표현은 1차 감정이 결코 다루어지거나 처리될 수 없다는 것을 의미할 수도 있기 때문에 문제시될 수 있다. 불안에 관해 언급했던 바와 마찬가지로, 치료의 첫 단계는 상처라는 1차 감정의 존재를 깨닫고 받아들이게 하는 것이다.

2. 인지와 정서

때때로, 인지가 정서에 주된 영향을 미치는지 혹은 그와 정반대인지에 대한 논쟁이 일어난다. 비록 CBT의 일부 초기 진술에서 정서문제에 인지적 중요성을 이야기하고 있지만 오늘날 좀 더 우세한 견해는 Beck과 동료들(1985: 86)의 다음과 같은 주장이다.

> 본질적으로, 인지 과정은 불안장애의 원인이기는커녕 유기체가 환경에 스스로를 적응시켜 가는 주된 메커니즘을 구성하고 있다. 다양한 요인들이 유기체의 원활한 운영을 방해할 때, 그것은 불안장애가… 생성되는 메커니즘이 된다.

인지와 정서가 서로 어떻게 연관되어 있는지에 대한 선형 모델의 단순한 견해에 제한된 논의는 비생산적일 것이다. 위의 인용문에 함축된 것처럼 좀 더 유용한 접근법은 인지, 정서 및 다른 치료가 서로 나란히 수행되거나 서로 얽혀 있다고 보는 네트워크 모델일 것이다. '가슴과 머리'라고 하는 상식적 개념은 현재의 수많은 심리적 기능에 대한 개념들과 상당히 잘 들어맞는 것처럼 보인다. Padesky와 Mooney(1998)는 '경험적인 마음'과 '분석적인 마음'이라는 용어를 현 시기의 정서적이고 빠른 치료 방식과 이에 대비되는 좀 더 반영적이고 비교적 느린 치료 방식에 적용하기 위해 사용하였다. 이러한 '마음들'은 서로 나란히 일어나며 가끔 서로 반대로 움직인다. 우리는 누군가가 '마음은 '네'라고 하지만 머리는 '아니요'라고 하는'(혹은 그 반대되는) 상황에서 후자와 같은 갈등의 경험에 대해 알고 있다. 이와 유사한 구별을 Teasdale(1996), Epstein(1998) 및 Greenberg(2002)도 제시하였다. Epstein과 Greenberg는 두 체계가 서로 잘 그리고 조화롭게 작용함으로써 특징지어지는 '정서지능'에 대해 논의했다. CB 이론가들은 인지 전략의 명확한 사용이 내담자가 감정에 압도되어 있을 때 분석적인 마음에 접근하도록 돕는 방법을 보여 주려고 했다. 지금의 인본주의 이론가들은 그들의 초기 발전 단계의 특징인 정서에 대한 전적인 신뢰로부터 반영(reflexivity)을 이용하여 정서적인 이해와 인지적인 이해를 했을 때 정서에 대한 기본적인 신뢰로 이동하려는 경향이 있다(Greenberg, 2002). Rennie(1998: 3)는 반영을 '사고에 대해 생각해 보고, 감정에 대해 느껴 보며, 관심의 대상으로서 우리 자신을 대하고, 이를 통해 발견한 것을 다음에 무엇을 할지를 결정하는 시작점으로 사용하는, 우리 자신에 대해 생각하는 능력'이라고 정의했다.

3. 정서를 다루기 위한 접근법

정서는 매우 다양하기 때문에 이들을 다루기 위한 어떤 총괄적인 규정도 의구심을 가지고 보아야 할 것이다. 앞에서 우리는 우리가 부정적이라고 생각하는 불안과 같은 정서까지도 얼마나 기능적이고 적응적일 수 있는지를 다루었다. 그러나 우리는 정서가 얼마나 쉽게 적응에서 부적응으로 흘러갈 수 있는지를 내담자들을 통해 알고 있다. 한 내담자는 슬픔에 잠겨 있는 듯하고 언젠가는 자신의 생명을 잃을 것에 대해 서서히 우울해하는 듯했지만, 며칠 뒤 갑자기 자살로 나타났다. 정서는 각기 다른 어조와 성질을 가지고 있으며 이들은 각기 다르게 다루어져야 할 필요가 있다. 많은 내담자들은 그들의 증상패턴의 일부로 강력한 정서적·인지적 회피를 보인다. 때때로 그들의 분노는 1차 감정인 상처나 슬픔을 감추는 2차 감정으로 보인다. 가끔 정서는 어떤 사람이 다른 사람에게 좀 더 반응을 얻기 위해 우는 경우처럼, 간접적인 방법으로 욕구를 드러내기 위해 도구적이고 계획적인 감정을 나타낼 수 있다. 이런 모든 상황은 정서기능의 다양한 측면을 나타낸다. 그러므로 아래에 제시된 각 단계는 종종 상담가들에게 유용할 것이다.

- 내담자의 현재 감정이 무엇인지를 확인하라.
- 현재 다루고 있는 감정이 건강한 것인지 아닌지를 결정하라.
- 건강한 것이라면, 어떤 종류의 건강한 치료가 유용할 것인가?
- 건강하지 않은 것이라면 이것은 1차인가, 2차인가, 혹은 도구적 감정인가?
- 1차 감정이라면, 정서 조절, 인지 재구성, 혹은 정서 변화가 도움이 될 수 있는가?
- 2차 혹은 도구적 감정이라면, 유용한 다른 전략은 무엇이 있는가?

우리는 정서를 묻기 위한 질문들을 이미 기술했다. 대부분 상담가들은 이 분야에 능숙한 기술을 가지고 있으나 내담자들은 때때로 정서적 어휘에 대한 '감정 단어'가 부족하기 때문에 모두가 자신의 느낌을 잘, 그리고 정확하게 확인할 수 있지는 않다. 이러한 상황에서는 **감정 일기**(emotion log)(Leahy, 2003)가 매우 도움이 될 수 있다. 그러한 일기의 기본적인 형식이 아래에 제시되어 있다.

제안 : 감정 확인하기

일부 내담자들은 자신들의 감정에 이름을 붙이고 서로 다른 감정과 감정의 강도를 구별해 내는 것을 매우 힘겨워한다. 내담자들의 '감정에 대한 어휘' 발전에 유용한 다양한 연습 문제가 고안되었다. 이 점에 관해 감정 기록을 위한 아주 간단한 일기가 때로 도움이 될 수 있다. 다음 표에 열거된 감정 중 지난 며칠간 어느 시점에서나 경험했던 감정을 기억할 수 있는지 기록만 하면 된다. 이것은 다양한 목적을 위해 수정해서 사용할 수도 있다.

	그제	어제	오늘
불안			
죄책감			
분노			
슬픔			
두려움			
흥분			
행복			
자랑스러움			

이 일기는 당신의 감정패턴 일부를 확인하는 데 도움이 될 수 있으며 일상의 감정을 얼마나 잘 정의하고 이해하는지를 반영할 것이다.

건강한 감정과 건강하지 않은 감정의 구분은 아래의 기술에서 찾아볼 수 있다.

> **건강한 감정**은 부정적일 수도 있으나 신선하고 새로운 의미를 가지는 경향이 있다. 그들은 거의 '옛날 것'에 관련하지 않으며 명확하게 표현되는 듯 보이고 내담자를 특정한 방향으로 이끄는 것 같다. 그들은 내담자가 도움 받는 것을 방해하지 않는다.
>
> **건강하지 않은 감정**은 부정적이지만 오래되고 익숙하며 과거사에 관련되어 있다. 내담자들은 '곤경에 처한(stuck)' 느낌을 받으며 종종 모호하게 표현된다. 그들은 내담자가 적절한 도움 받는 것을 금하는 것을 포함하여 파괴적인 영향을 드러낸다.

만약 감정이 건전한 것으로 판단되면, 내담자는 일반적으로 이 감정을 받아들이고 환영하도록 고무될 수 있다. 즉 이 감정이 들어오게 하는 것이다. 상담가는 이 과정에 지나치게 적극적이지 않아도 된다. 만약 건전한 감정이 흘러나온다면, 그들은 종종 자기수정(self-correcting)을 한다. 감정이 움직임에 따라 내담자들은 그 안에 자리한 새롭고 좀 더 치유적인 의미에 자연스럽게 다가가는 것으로 보인다. 내담자는 이러한 과정에 적당한 시간을 주어 이 감정에 머물며 생각할 수 있도록 고무될 수 있다. 상담가는 이것이 가지는 의미의 요점을 명확히 하도록 도울 수 있으며 어쩌면 구조(formulation)에서 확인된 사고와 신념으로 기억을 거슬러 올라갈 수도 있다. 만약 감정이 건전하지 못하면 좀 더 의도적인 전략이 필요할 것이다. 즉 5장과 7장에서 기술된 인지 재구성, 혹은 아래에 언급하게 될 좀 더 적극적인 인지-정서 치료 및 정서 조절 등이다. 2차 감정과 도구적 정서의 경우, 치료 임무는 기저에 깔려 있는 1차 감정에 다가가는 것이다. 예를 들어 자신의 상처를 분노로 감추고 있는 여성의 경우에는 그녀의 상처를 인식하도록 촉진하고 이를 다루어야 하며, 동정심을 유발하기 위해 우는 남성의 경우는 그의 실제 욕구를 인식하도록 촉진하고 그 욕구를 충족시키기 위해 보다 적절한 방법으로 요구하는 방법을 해결하도록 고무해야 할 것이다.

마음챙김의 발전은 CBT에서 가장 흥미로운 발전 중 하나이다. 처음에 과학 중심의 CBT와 불교와 강한 관련이 있는 마음챙김 간의 동시성(synchronicity)은 놀라운 것이었다. 그러나 이러한 관련성은 초기부터 있어 왔다. Aaron Beck은 공인 명상가이며 최근 Dalai Lama[1]와 흥미로운 대화를 나눈 적이 있다. 마음챙김과 관련한 광범위한 전략은 다른 곳에서 이미 다루어지고 있지만(Baer, 2006), 여기서 우리는 매우 실용적인 적용 방안, 즉 내담자가 불안을 다루도록 돕는 방안을 검토할 것이다. 이것은 특정 부분에서는 Beck과 동료들(1985)이 고안해 낸 AWARE 전략의 사용과 관련이 있다. AWARE 전략은 다음과 같은 5단계로 되어 있다.

---

1) '마음과의 만남 : Aron T. Beck과 그의 영적 스승 Dalai Lama와의 14번째 대화'(2005). DVD는 bokvideo@cognitivetherapi.se에서 구입 가능하다.

1. 불안을 받아들이기(Accepting)

2. 불안을 관찰하기(Watching)

3. 불안과 함께 행동하기(Acting)

4. 1-3단계 반복하기(Repeating)

5. 최상의 결과를 기대하기(Expecting)

이 책을 읽는 독자들은 Beck과 동료들(1985 : 323-4)이 저술한 AWARE 전략의 전문을 읽어 보기를 권한다. 각 단계를 주의 깊게 살펴보면, 우리는 그러나 내담자를 그의 불안과 획기적인 새로운 관계를 맺도록 이끌고 있다는 것을 알 수 있다. 불안은 어떤 대가를 치르더라도 무엇인가를 회피하거나 억눌러야 할 매우 해로운 부정적인 감정으로 여겨져 왔다. 우리는 또한 역설적이게도 이러한 회피나 억압의 접근법이 종종 불안을 더욱 강화시킨다는 것도 알고 있다. 그래서 내담자는 불안을 회피하거나 억누르는 대신 불안을 수용하고 그것을 환영하며 '안녕' 하고 인사를 하도록 요청받는다. 이는 내담자를 그 감정이 그에게 무엇을 가르쳐야 하는지에 대해 열려 있도록 하는 것이다. 일단 불안이 수용되고 나면, 근심 걱정하거나 억누르기보다는 오히려 불안을 관찰하게 되고 행동하게 될 것이다 : 그러한 사례는 아마도 '공포를 느낀 뒤 어쨌건 행하라' (Jeffers, 1991)는 것일 것이다. 이는 또한 내담자가 '염려하는 관찰자(worried observer)'에서 '초연한 관찰자(detached observer)'로 바뀜으로써 불안과 다른 관계를 맺게 한다. 마지막 단계는 내담자가 가장 두려워하는 일은 거의 일어나지 않기 때문에 항상 최상의 상황이나 결과를 기대하는 것이 가장 최선이라는 메시지를 줌으로써, 이러한 과정에 유쾌한 인지적 피날레를 더하는 것이다.

AWARE 전략은 다양한 방법으로 이용할 수 있다. 예를 들어 불안이라는 감정을 쫓아 버리려고 하기보다는 불안한 채로 있는 것의 효과를 검증하기 위한 행동 실험에서도 이 전략을 이용할 수 있다. 내담자들은 종종 불안 감정은 억압하지 않으면 통제 불능일 것이라고 생각한다. 아이러니하게도, 억압과 회피는 불안을 한층 더 강력한 형태로 되돌아오게 하는 듯 보인다. AWARE 전략의 또 다른 이용은 내담자들이 집에서 스스로 그것을 따라 해 보는 것이다. 나의 많은 내담자들은 이 방법으로 AWARE 전략을 이용하는 것이 매우 도움이 된다는 것을 알았다. 나는 치료 회기에 주로 내담자들에게 눈을 감게 하고 점진적 근육 이완 기법(5장 참조)을 통해 편안한 상태로 들어가도록 요청하면서 이 전략으로 끌어들인다. 그런 뒤 부드러운 목소리로 AWARE 전략 대본을 읽는다. 이러한 방법은 내담자들에게 종종 엄청난 영향을 미치며 그들은 별 문제없이 가정에서도 이것을 실행해 볼 수 있다. 이 전략으로 계속 돌아오게 하는 것이 유용하며 특히 치료 중에 불안발작이 일어나면 다시 이용하는 것이 도움이 된다. 일부 내담자들은 AWARE 전략이 불안발작을 다루기 위한 주요 전략의 하나였으며 또한 불안 증상을 위한 좀 더 주의 깊은 접근법을 발전시키는 데 도움이 되었다고 보고했다.

4. CBT가 좀 더 정서적인 기반을 갖게 하기

때로 사람들이 CBT의 보다 유용한 방법에 접근하지 못하도록 하는 CBT의 일면은 불안이나 우울을 건강한 정서의 근간을 가지는 일종의 감정으로 보기보다는 제거되어야 할 증상으로 보는 정신의학 분야와 관련이 있다. 그러나 행동주의자들은 이러한 정신의학의 낙인찍기에 가장 용감하게 반대했다(Rachman, 1997). 이제는 대부분 CBT가 정신의학 분야 밖에서 수행되지만, 이와 관련된 용어들은 여전히 문제를 유발할 수 있다.

CB 상담가들이 다른 상담가들과 '정서'를 논의할 때, 그들은 때로 동일한 것을 이야기하는 것이 아닐 수도 있다. 일부 CB 상담가들은 CBT가 감정을 무시한다는 비난에 CBT가 불안이나 우울과 같은 문제들을 다루기 때문에 감정은 항상 거기에 존재했다고 주장하면서 반박해 왔다. 이 논쟁은 그러한 정서적 증상들은 편협한 문제의 정서만을 나타낼 뿐이라는 점을 간과하고 있으며, 어쩌면 정서를 '치유의 힘(healing forces)'으로 간주하는 관습에서 우리를 떼어 놓았을 수도 있다. 다른 문제들은 CBT가 정서를 다루는 데서 나타났으며, 그것은 CBT에서 인지를 강조하는 것이 정서에 대한 불완전한 치료를 초래할 수 있는 위험이 있다는 것이다. 만약 내담자가 자신의 감정을 분명히 확인하지 못한다면, 어떠한 변화도 그저 피상적이거나 시기상조일 수 있다. 예를 들어 한 내담자가 특정 상황에서 그를 부정적으로 평가하는 다른 사람들을 두려워할 수 있다. 그 뒤 그는 사고 기록을 작성할 것이며 그 상황에서 사람들이 그러한 평가를 하지 않았다고 확신하게 된다. 그러나 불안은 그 자체에 대한 평가라는 좀 더 깊은 두려움을 가리고 있을지 모르며, 이것은 수치심에서 유발된 경험과 관련이 있을 수 있다. 불안은 또한 적절한 준비도 없이 제삼자 등에 의해 어떤 상황으로 내몰리거나 혹은 평가받는 불공정함에 대한 분노를 가리고 있을 수 있다. 따라서 인지적인 변화는 정서 스키마에서 단지 단어의 변화(의미론상의 변화)만을 나타낼 뿐이지만 그 스키마가 동일한 부정적인 의미와 정서적인 비난을 기억해 두도록 방치할 수 있다. 나쁜 감정은 그로 인한 아픔이 있지만 여전히 참을 수 없다. 이러한 종류의 변화는 '방어적인 재구성'으로 기술된 바 있다.

이 점은 CBT 이론에서 다루었다. 예를 들어 Ellis는 보다 심층적 인지 변화의 외면에 대한 추측을 변화시키는 것과 상반되는 '진정한 변화(elegant change)'(심원한 철학적 변화)의 필요성에 대해 역설한 바 있다(Dryden, 1991). 심원한 철학적 변화는 내담자에게 가능한 한 방어할 필요가 없는 좀 더 충만한 삶을 살게 할 것이다. CB 상담가들은 이러한 문제를 그들 자신의 감정과 그들의 내담자들의 감정 둘 다에 머무는 방법을 배움으로써 극복할 수 있다. 이에 도움이 되는 훈련

중 하나는 '집중하기(focusing)'이며 Gendlin(1998)에 의해 처음 고안되었다. 이 각색된 훈련 버전은 우리를 머리에서 가슴으로 내려오게 하고 다시 머리로 돌아가 확인하도록 이끈다. 나는 이것이 CBT 동료들에게 너무 접촉 중심(touchy-feely)의 방법으로 생각되지 않기를 바란다. 사실 나는 Birkenhead[2] 출신이다.

제안 : 집중하기

1. 육체적인, 정신적인 두 공간을 찾으세요. 당신의 숨소리를 들으세요. 당신의 마음이 방황할 때는 언제든지 그것은 마음이 하는 것입니다. 그냥 당신의 숨소리로 다시 돌아오시면 됩니다. 편하게 앉아서 가슴(횡격막)으로 천천히 숨을 쉬며 긴장을 푸세요.

2. 당신의 몸 전체를 자세히 살펴보세요. 몸에서 느껴지는 전체적인 감정을 느껴 보세요. 그러고는 몸의 각 부분들을 깨닫기 시작합니다. 거기에 감정의 매듭들이 있나요? 그것들이 당신에게 뭐라고 말하나요? 지금 여기 앉아 있는 당신의 걱정거리가 무엇인지에 차차 집중하세요.

3. 당신이 느끼는 감정에 이름을 붙일 수 있는지 보세요. 그 느낌에 명확한 설명적인 단어를 붙이세요. 만약 단어를 찾는 것이 어려우면 몸의 감각으로 돌아가 그들이 무엇을 말하고 있는지 물어보세요. 감각과 만들어지고 있는 단어 사이를 계속 돌아가세요. 이것은 때때로 '그래 바로 이거야.' 하는 점점 강해지는 느낌을 줄 것입니다.

4. 단어가 맞는지를 계속 확인하세요. 단어와 의미가 흐르도록 놓아두세요. 만약 이들이 바뀌고 싶어하는 것으로 보이면 바꾸세요.

5. 감각과 감정의 단어와 문구를 계속 받아들이세요. 그 단어와 문구들이 계속 흐르게 두시고, 당신이 무엇을 느끼는지 그리고 당신의 욕구가 무엇인지를 계속 이야기하게 두세요.

6. 이제 이 경험이 끝납니다. 지금 끝나도 좋은가요? 이후에 (특히 내담자와 함께) 정말 끝나도 좋은지 확인하세요. 만약 이러한 감정들이 다음에 우리가 만나기 전에 다시 올라온다면 어떻게 하시겠어요(안전조치)?

---

2) 피부 접촉 중심(touchy-feely)이 지배적인 패러다임인 곳이 아니라, Lily Savage 같은 마을.

5. 인지-정서 과정

집중하기는 내담자의 문제를 확인하고 다루어야 할 뿐 아니라 '철저히 다루어야' 한다는 고전적 치료 개념과 강한 관련이 있다. '철저히 다룬다(working through)'는 표현은 정신치료적 담론에서는 평범한 상투어에 불과하다. 그러나 그것은 또한 다른 곳에서는 다양한 의미를 가질 수 있다. '철저히 다룬다'는 표현과 연결된 다양한 의미들은 다음과 같다.

- 어려운 감정/고통스러운 생각을 확인하기
- 알아차린 상태에서 감정을 계속 유지하기/생각을 계속 유지하기
- 감정/생각을 새로운 형태로 발전하도록 허용하기
- 감정/생각의 의미를 변화에 반영하기
- 새로운 감정/생각이 감정 그리고/혹은 의미의 새로운 형태(gestalt)에 적응할 때까지 발전 단계에 머물러 있기

이러한 심리발달 유형의 전부 혹은 일부를 위한 치료적 담론에 사용된 약간의 다른 용어들은 '감정을 자각하고 수용하기', '정서 재처리' 및 '인지 재구성' 등이 있다. 나는 소위 '인지-정서 치료'라 할 수 있는 것들이 CBT에서도 조작 가능하게 될 수 있다고 생각한다. 이것은 '안구운동 둔감화 및 재처리 요법(Eye Movement Desensitization & Reprocessing, EMDR)'과 어느 정도 유사성을 갖는 일련의 치료적 조작이다. 나는 인지-정서 재구성을 PTSD를 가진 내담자 베즈와 관련한 실제 사례를 통해 설명할 것이며 각 치료 단계마다 관련된 상담가 기술도 조명할 것이다.

6. 처리되어야 할 정서 확인하기

우리는 감정을 확인하기 위한 몇 가지 방법을 앞에서 기술하였다. 주된 방법은 기본적인 상담 기법과 경청 및 감정이입적인 반영기술을 사용하는 것이다. 주의 깊은 경청은 상담가에게 어떤 단어들이 '감정 단어들'인지 알 수 있게 하며 그것들은 보다 사실적인 대화와는 다른 목록으로 전달되기 때문에 분리할 수 있다는 것을 알게 한다. 어떤 표현들은 의미와 감정을 암시하기 때문에 공중에 붕 떠 있는 것처럼 보이기도 한다. 때때로 이것은 어조나 음성의 강세로 들을 수 있으며 다른 때는 문구나 은유 등의 특별한 강조를 통해 구별할 수 있다. 단순한 반영은 종종 당신이 들은 것이 생각만큼 중요한 것인지를 시험할 수 있는 좋은 방법이기도 하다.

CB 상담가들에게는 또한 듣기 훈련을 통해 가능해지는 감정이입적 듣기의 두 번째 층이 있는데, 이는 우리가 알고 있는 인지 유형이 특정한 정서 유형과 관련이 있다는 것을 이해할 수 있게 한다. 이것은 좀 더 진일보된 정확한 인지적 감정이입으로 생각될 수도 있다. 예를 들면 이것은 불안이 위험을 과대평가하고 내담자가 위험에 대처하는 능력을 과소평가하는 생각과 연관되어 있다는 것을 아는 데 있다(Sanders & Wills, 2003). 우리는 앞에서 내담자들이 자신의 감정을 확인할 수 없거나 이름을 붙이지 못할 때 일어나는 문제들에 대해 다루었다. 야기될 수 있는 또 다른 문제는 소위 '사고/감정 혼동' 딜레마였다. 이 딜레마는 '나는 내가 시험에 떨어질 것 같은 느낌이 들어요.'와 같은 말이 현대 영어의 용법이 되었다는 것에서 부분적으로는 언어적 문제이다. 그러나 '나는 시험에서 떨어질 거예요.'는 사실에 대한 예측인 사고이다. '나는 느낀다'는 아마도 불안감을 가리키는 말일 것이다. '나는 시험에 떨어질 것이라 생각하기 때문에 불안감을 느껴요.'가 좀 더 완전한 의미가 되겠지만 조금 장황한 느낌이 없지 않다.

이것은 CB 상담가의 딜레마이기도 하다. 왜냐하면 상담가가 내담자가 의미하

표 6.1 사고와 감정 차트

내가 …라는 생각을 할 때	그것은 내게 …느낌이 들게 한다
나는 잘하는 게 없어	슬픔
나는 모든 걸 잃었어	우울함
나는 혼자 남겨질 거야	불안
나는 이것 때문에 다칠지 몰라	공포
나는 미칠 거야	걱정
그는 고의로 나를 엿 먹였어	분노
나는 잘 되는 일이 없어	좌절감
나는 잘못된 일을 했어	죄책감

는 바를 알더라도 내담자가 자신의 사고와 감정을 확인할 수 있어야 한다는 것에 민감해 있기 때문이다. 사고와 감정을 연결하는 것은 치료적으로 유용한데, 이는 내담자가 자신의 사고를 바꿈으로써 감정을 바꾸는 작업에 이러한 연결을 이용할 수 있을 것이기 때문이다. 언어는 쉽게 이해할 수 있기 때문에 내담자에게 다시 말하도록 하는 것은 현학적으로 보일 수 있다. 그러나 무엇이 정서고 무엇이 사고인지의 혼란은 사고와 감정을 다루는 능력과 사고 기록을 하는 능력을 방해할 수도 있다. 이러한 점을 명확히 하기 위한 최상의 방법은 내담자에게 사고 기록과 같은 서면 훈련을 하도록 돕는 것일 것이며, 가끔씩이지만 지속적인 사고/감정의 고리에 대한 설명으로 지지되는 다양한 말들이 최상이 되는 방향을 지시하는 것이다. 때때로 표 6.1과 같은 사고/감정의 고리 차트가 이것을 촉진할 수 있다.

7. 트라우마 감정을 개방된 인식으로 수용하기

베즈는 전쟁 지역에 긴급 구호물품을 보내는 것을 목표로 하는 국제 자선단체에서 일한다. 그는 이 전쟁 지역에서는 역할을 잘했지만 일단 집에 돌아오면 극심한 불안감과 폭력적 기질 및 우울증에 시달렸다. 이전에 그는 군인으로서 복무했으며 당시 게릴라와 민간

> 불온세력을 상대로 군사작전에 참여했다. 그 자선단체의 단체장은 그에게서 PTSD 유형
> 의 증상들을 알아채고 더 이상 해외근무를 하지 못하게 했으며 치료를 받도록 종용했다.
> 베즈에게 해외근무는 모든 것을 의미했기 때문에, 그는 처음에는 많은 PTSD 내담자들처
> 럼 그다지 치료를 내켜 하지 않았으며, 그의 문제들과 증상 그 어느 것에 대해서도 생각
> 하거나 느끼는 것을 강하게 회피하는 모습을 보였다. 그는 전쟁터에서 역할을 너무도 잘
> 해냈기 때문에 PTSD 증상이 있을 수 없다고 생각했다.

상담가는 이제 베즈에게 일상적인 이완 기법을 사용함으로써 그리고 '안전 지대
(safe place)' 기법을 실시함으로써 그가 이완 상태가 되게 하여 감정들을 개방된
인식으로 가져오도록 돕는다. 이와 유사한 과정은 제5장에 언급한 노출치료에 관
한 기술이다. 즉 여기서 기술하고 있는 치료 과정은 어느 정도 유사한 목적을 갖는
과정이다. 그러므로 상담가들은 문제감정(특히 불안감)을 인식하게 하는 아이디어
를 소개할 수 있다. 상담가들은 이것을 가능한 거의 평가하지 않고 두려움이 없이
마음을 알아채도록 하는 것이 목표라고 강조할 것이다. 베즈는 다음과 같이 말하
면서 그의 정서적 상처에 대한 새로운 지각을 이해하게 되었다고 했다.

> 나는 이러한 상처(그의 손을 가슴에 대며)가 온몸에 있음을 깨닫기 시작했다. 이 상처들은
> 신체적인 것이 아니라 깊은 것이며 노출되어 있고 고통스러운 것이었다. 나는 이 상처들
> 을 무시하려고 애써 왔지만 이제 나는 그것들을 바라보며 '세상에, 내가 이렇게 상처받았
> 구나, 치유할 방법이 필요해.' 라고 생각한다.

내담자는 감정이 일어나는 대로 두면서 다만 '지켜보고' 혹은 '인지하도록' 요청
된다. 그 감정들은 검토될 것이며, 다시 한 번 감정이 강해지거나 약해지는 것을
그냥 인지하게 할 것이다. 내담자는 인내할 수 있는 한 이 과정에 머무를 수 있다.
감정을 이런 식으로 붙잡는 것이 종종 감정을 자연히 가라앉게 하는 결과가 되기
때문에 견딜 만하다. 만약 그 감정들이 약화되지 않을 경우, 상담가들은 이것을

---

1. 배제된 감정을 확인한다.
2. 배제될 만한 이유에 대하여 논한다(예 : 감정에 대한 가족규칙 등).
3. 이 감정을 인정하는 것에 대한 장단점을 논한다.
4. 내담자에게 이 감정을 자진해서 느껴 보려는지 묻는다―'무슨 일이 일어나는지 보기 위해'―그러나 내담자는 그 외의 것에 다시 집중하려는 요청만으로도 그 감정으로부터 빠져나올 수 있다는 것을 명확히 한다.
5. 내담자가 감정을 평가하지 않고 그대로 머물도록 촉진한다.
6. 내담자가 '이만하면 충분하다'고 느낄 때를 표시하게 하고 그에 따라 끝내게 한다.
7. 이 경험을 다시 한 번 검토하고 2단계에서 확인된 감정 규칙에 대해 다시 생각해 본다.

그림 6.2 배제된 감정을 개방된 인식으로 가져오는 방법

시작하기 전에 상상하게 했던 '안전 지대'로 내담자를 데리고 가거나, 혹은 그냥 과정을 끝내고 내담자가 다시 진정할 때까지 크게 관련이 없는 일들에 대해 이야기할 수도 있다. 상담가와 내담자는 치료 회기가 어떤 방법으로 진행되었든 간에 회기의 경험들을 검토해야 한다. 만약 이것이 성공적이었다면 내담자는 다시 이 방법을 이용할 계획을 하거나 혹은 과제(home practice)로 시도해 볼 수 있다. 만약 성공적이지 않았다면 이 방법이 다시 시도할 만한 가치가 있는지, 그렇다면 어떠한 수정이 이 개정된 형식에 유용할지를 논의할 수 있다.

베즈는 적어도 치료 회기 동안은 불안감이 들도록 두고 그 후 이 감정을 분리된 마음챙김으로 관찰하는 방법을 진전시킬 수 있었다. 그는 치료 시간 외에 진행되는 문제들을 보고했으며 또한 군복무 동안과 그 이전의 트라우마 경험에 대해서도 말하기 시작했다.

이때, 치료 작업의 초점은 불안 관리의 형태에서 보다 구체적인 인지-정서 재처리의 형태로 바뀌었다.

8. 경험/감정을 붙잡고 털어놓게 하기(재처리)

> **베즈**는 군복무 당시 가장 친한 전우가 한 매복 장소에서 숨졌던 전투에서의 경험을 설명
> 했다. 그가 당시의 상황을 설명하면서 놀랄 만하고 상당히 무서운 변화가 그를 엄습했다.
> 그의 목소리는 긴장되었고 쉰 목소리로 속삭이기 시작했다. 그는 땀을 뻘뻘 흘리면서 격
> 렬하게 몸을 떨었으며 그 때문에 땀이 머리에서 폭포처럼 쏟아지는 듯 보였다. 상담가는
> 다행스럽게도 그가 트라우마 기억들을 처리하고 있으며 어떤 의미에서는 정말 그 전투 지
> 역으로 돌아가 있다는 것을 이해했다.

'공포에 대한 정서치료' 논문(Foa & Kozak, 1986)은 이러한 종류의 치료는 원래
경험에 대한 회상과 인지 재구조화가 더해질 때 가장 치유적으로 보인다고 했다.
Rivers 박사가 제1차 세계대전의 탄환 충격(shell-shock) 희생자들을 다룬 선구
적 치료 작업에 대한 기술이 신기하게 그와 비슷한 경향을 보인다(Slobodin,
1997).[3] 이러한 정서의 재처리 작업은 내담자가 실제 상황의 공포 감정을 느낄 수
있도록 해 주며 동시에 그 공포 상황과 관련한 새로운 정보, 예를 들면 느끼고 있
는 것보다는 그 상황이 더 나았다거나 혹은 지금 그 상황이 적어도 더 났다는 정
보에 접근할 수 있게 한다. 그러나 다시 자극된 공포 감정은 너무 강렬해져서 치
유 과정을 막아 버릴 수 있다는 것도 또한 인정한다. 따라서 상담가는 안전한 치
료 관계를 중요시하고 '안전 지대' 조치를 취한다. 내담자가 이러한 트라우마 사
건을 관찰할 때, 처리 과정에 마치 영화와 같은 영역이 있을 수 있다. 어떤 내담자
들은 마치 그들이 있는 방의 벽에 비취진 필름에 그들이 나왔던 것처럼 트라우마
이미지들을 본 것에 대해 설명했다. 상담가는 그것이 일반적으로 치료 과정을 돕
기 때문에 이러한 감정을 촉진할 수 있지만, 동시에 '무엇이 보이나요?', '거기에
누가 있으며 그들은 무엇을 하고 있나요?', '그 이미지가 무엇을 의미하는 것 같

---

3) Pat Barker의 훌륭한 소설인 *Regeneration*(Barker, 1992)에도 기술되어 있다.

나요?'와 같은 정보(인지) 처리를 촉진할 수 있는 좋은 질문들을 할 수도 있다. 상담가는 내담자에게 그가 회상하는 사건의 의미를 탐색하도록 요청할 수 있으며 그것들이 상징하는 것으로 보이는 핵심 신념들을 확인하도록 할 수 있다(Ehlers & Clark, 2000; Shpiro, 2001). 이 작업에서 베즈는 '세상은 악인들로 가득하다'와 '나도 악인이다'와 같은 신념들을 확인할 수 있었다. 이 경우, 첫째 신념은 직접 이해할 수 있는 반면에 두 번째 것은 그의 경험에 대해 아직은 알려지지 않은 어떤 부분이며 트라우마의 다른 영역과 관련될 수도 있다.

이 순간에, 베즈는 너무 강렬하여 효과적인 치료를 방해할 수 있는 그런 감정을 경험했음이 틀림없다. 그러나 푸딩은 먹어 보아야 맛을 알 수 있는 것처럼, 치료 회기의 끝 무렵에 베즈는 피곤하지만 안도감을 느꼈다고 말했다. 그 후 여전히 그는 치료 회기 사이에 상당한 문제 증상들을 겪고 있다고 보고했다. 이러한 진행되고 있는 증상은 아직 드러나지 않은 트라우마의 또 다른 영역일 가능성이 있음을 지적하는 것이다.

트라우마와 감정 정화(abreaction)를 다루었던 초기의 경험에 대한 보고에서, Breuer와 Freud(Breuer et al., 1982)는 '대화치료(talking cure)'를 개발했으나 이를 또한 '굴뚝 청소(chimney sweeping)'라 칭하기도 했다. 막혀 있는 정신적 통로를 뚫어 경험이 자연스럽게 흘러나오도록 하는 것이다. 이러한 유추는 매우 유용한 것으로 오늘날의 EMDR 용어인 '채널 제거(channel clearing)'와도 상통하는 것이다. 채널 제거 아이디어는 트라우마에 제거되어야 할 여러 채널, 가끔은 트라우마와 관련된 채널이 있다는 생각을 내재하고 있다. CBT에서 우리는 이러한 각기 다른 채널들이 감정, 신념, 감각 및 행동의 네트워크에 각각 다른 의미와 연관성을 가지고 있다고 개념화할 것이다. 처리되지 않은 원상태의 트라우마 이야기는 분열과 모호함이 특성이다(Brewin, 2003). 이 이야기의 명확성과 일관성을 증가시키는 것은 치유와 관련된다. 트라우마들은 종종 서로 달라붙어 있어서 그들을 발견하고 재처리하는 것은 여러 층을 벗겨 내는 것과 같은 작업으로 생각될지도 모른다. 때때로 이 벗겨 내는 작업은 새롭고 예상치 못한 의미의 층들을 밝혀 낼 수도 있으며 베즈의 경우가 그랬다.

> **베즈**는 그가 격앙된 감정을 느끼고 친구의 죽음이 그의 트라우마의 본래의 원인이 아니라 '다른 무언가가 있다'는 결론을 내렸다고 말한 치료 회기 이후로 다시 돌아왔다. 그는 처음에는 이것이 무엇인지 말하기를 망설였으나 결국 그가 친구가 죽은 다음 날 저녁 군사 규율을 어기고 시위대에 플라스틱 탄환을 직접 발사했었다는 사실을 밝혔다. '교전 수칙(rules of engagement)'에는 군인은 사람이 죽지 않도록 플라스틱 탄환을 땅을 향해 발사해야 한다고 되어 있었다. (플라스틱 탄환은 사람에게 직접 발사되면 살상할 수 있다.)

9. 트라우마 사건의 의미 변화에 반영하기

몇 주 동안 상담가와 내담자는 시위가 있었던 날 밤의 트라우마 사건의 기억으로 되돌아갔다. 상담가는 내담자의 긴장을 풀게 하고 그의 안전 지대에 방문하여 그 날 밤의 기억으로 돌아갈 준비가 되었는지를 물었다. 이제 트라우마 사건은 베즈의 친구가 죽은 다음 날, 그가 시위대를 향해 발포했던 그때의 밤으로 옮겨 가 있었다. 그가 다시 이야기하는(re-telling) 내용의 중심은 항상 그가 군중들을 향해 총을 발사했을 때였으나 이제는 그 순간의 주변 상황들이 점점 더 자세하게 나타나기 시작했다. 이것은 다시 이야기하기의 정상적이고 건강한 면이며 트라우마 사건의 이야기를 풍부히 채워 나가는 것으로 보인다.

> **베즈**는 이제 당시 사건과 주변 상황에 대해 더 많은 것을 기억해 내기 시작했다. 이는 그 당시의 나라의 상황(내란의 초기였다), 그와 관련된 사람들과 그가 속했던 상황에 대처하기 위해 받았던 훈련들(혹은 좀 더 정확히 말하면 그가 받지 않았던 훈련) 등이다. 그는

자신과 자신의 '악함'을 이전보다 점점 더 사건의 핵심으로 보지 않게 되었다. 즉 군인으로서 그는 모든 면에서 수많은 악함과 선함을 가지고 있는 보다 큰 사회·정치체계의 일부로 자신을 보았다. 그는 또한 자신의 학창시절과 청소년기에 대해서도 좀 더 많은 이야기를 하기 시작했으며, 그가 이제야 깨달은 '얼마나 생각 없이' 군인이 되었는지에 대해서도 말했다. 그는 여전히 매우 불행해했으며 이 모든 것들로 인해 곤란을 겪고 있었지만 그와 상담가 모두 이것이 고착되어 있던 나쁜 기억들이라는 것을 깨달았으며 이제는 드러내고 있고 나아가고 있다는 것을 알았다. 베즈는 "아시다시피 이건 매우 낯선 일이에요. 여전히 끔찍하지만 이제는 무언가 신선한 공기가 그 기억으로 스며드는 것 같아요."라고 말했다.

10. 주요한 변화(적응)가 나타날 때까지 견디기

때로 상담가와 내담자는 좀 더 완전하게 처리될 필요가 있는 트라우마 사건을 지속적으로 견뎌내야 할 때가 있다. 상담가는 치유 과정이 진전되고 있다고 느낄 수는 있지만 언제 결정적인 전환점이 나타날지는 전혀 확신할 수 없다. PTSD 치료 작업에는 예측할 수 없는 이외의 영역을 더하는 무언가 색다른 것이 있다.

베즈는 계속 치료를 받았으며 표면상 전과 같은 근거를 가진 트라우마 이야기를 반복했다. 베즈 스스로는 여전히 확실하게 믿었지만, 상담가는 어떠한 진전이 있는지를 조금 신뢰할 수 없게 되었다. 그런 뒤 치료 회기 중에 그는 그날 밤에 있었던 군사작전에 대한 작은 세부사항을 기억해 냈다. 그가 군인들을 시위 구역으로 데려갈 수송차량에 오르고 있을 때, 한 장교가 차를 중지시키고 차 안을 들여다보면서 '이번에야말로 우리가 복수를 할 차례다.'라고 말했다. 베즈는 그 말이 전날 밤 친구의 죽음과 관련된 것이라고 확신했으며 이것은 그들이 정찰을 나갔을 때 시위자들을 해치거나 혹은 죽여도 좋다는 반공식적인 격려나 다름없다고 확신했다.

상담가는 이제 중요한 단계에 도달했다는 것을 확실히 느꼈다. 베즈가 사회적 혼란에 반응하는 정치·군사체계의 일부분이었다는 사실은 개인적인 관련이 있는 것이 아니라 전체와 관련이 있었다. 그 반면에 장교가 개입한 일은 매우 개인적이었으며 장교의 명령에 복종을 해야 하는 군대의 명령 구조에서는 특히 중요한 일이었다. 그는 이제 자신을 용서할 수 있었으며 자신을 '고래 싸움에 낀 새우'이자 '완전히 사악하지는 않은' 사람이며 이런 상황에서 다른 사람들처럼 심한 딜레마와 압력에 복종해야 했던 사람으로 보기 시작했다. 그에 대한 경의의 표시로 나는 그가 이것을 변명으로 삼지 않았다는 사실을 추가해야 할 것이다. 사실, 그는 그가 매우 존경했던 부사관이 그가 고무탄환을 군중에게 발사하는 것을 보고 매우 꾸짖으며 '그 장교가 했던 말은 무시하라'고 했던 사실을 기억해 냈다. 그럼에도 불구하고 이러한 경험의 의미 구조는 변화하였으며 이것은 이제 베즈가 청소년기 폭력집단의 일원이었을 때 일어난 여러 다른 트라우마로 옮겨 갔다는 사실로 명확해졌다. 그는 결코 그때의 전투 경험으로 돌아가지 않았다. 결국 막혔던 굴뚝이 뚫리면서 이들을 치운 것이다. 몇 주 후 베즈는 자선단체에서 그를 또 다른 전쟁지역으로 보낼 때가 되었기 때문에 치료를 종결했다. 그가 다시 전쟁 지역으로 간다는 것은 그의 상관이 그가 국내에서 잘해 나갈 수 있을 때까지 그를 다시 해외로 보내지 않겠다고 맹세했었던 상황에서 매우 중요한 의미를 가졌다. 그로부터 들려온 마지막 소식은 그가 계속 잘 지내고 있으며 드디어 결혼할 계획이 있고, 해외체류를 끝낼 준비를 하고 있다는 것이었다.

11. 심상과 수치심

상담가가 베즈에게 트라우마 치료 과정 중에 가장 힘들게 느꼈던 감정을 말해 보라고 하자 그는 '수치심'이라고 답했다. 수치심은 치료에서 자주 보고되는 감정으로 특히 다양한 종류의 트라우마와 아동기의 학대가 올라올 때 나타난다. CB 상담가들은 DSM에 있는 것들 외에 점점 더 감정에 대해 다루고 있다. 예를 들어 Paul Gilbert는 인지적 관점의 수치심에 대한 철저한 개념화(thorough-going conceptualisation)를 발전시켰다(Gilbert, 2006). 수치심은 대개 자신이 악하다 거나, 결함이 있다거나, 열등하고 모자란다는 등의 타인에게 얕잡아 보이는 것에 대한 강력한 본능적인 감각으로 생각된다. 내담자들은 가끔 일종의 '탈수치심(de-shaming)' 치료를 받을 필요가 있으며 추가적으로 내면 감정이입의 감각을 발전시키고 증가시킬 필요가 있다. Gilbert는 이것을 '동정적인 자아(compassionate self)'라고 불렀다. 일부 내담자들은 특히 심상을 통해 언제라도 자신의 감정과 마주할 수 있는데, 이는 수치심을 다루기 위한 가공의 매개체이다. 상담가는 내담자가 눈에 보이듯 선명하고 정서적으로 느껴지는 장면을 재창조하도록 도울 수 있다. 이것은 역사적 사건일 수도 있지만 또한 내담자의 수치심과 관련된 중요한 의미 요소가 들어 있는 심상 장면일 수도 있다. 이 '장면'은 앞 장에서 기술했듯이 자동적으로 '치료 과정(process)'을 시작하지만, 때때로 고통스러운 이미지가 계속 고리[4]를 만들며 이때 '심상 고쳐 쓰기(imagery rescripting)' 방법을 소개함으로써 이러한 고리로부터 빠져나와 앞으로 전진할 수 있는 계기를 만들어 주는 것이 도움이 될 것이다(다음 페이지의 제안 상자 참조).

> **오웬**은 학교에 있을 때 항상 또래집단에서 이방인이라는 느낌을 받았다. 얼마간 이에 대한 앙갚음으로, 그는 자신을 '부끄럼 많고 바보같은 소년'이라 불렀다. 불행하게도, 그의 급우들은 이것에 대해 그를 'Nonce'라 부르며 반응했다. 그는 이 말이 자신을 굉장히 깔보는 것이라는 사실 외에는 무슨 의미인지를 알지 못했다. 그는 점점 또래들로부터 밀려났으며 이런 일은 급우들이 그를 둘러싸고 'Nonce, Nonce, Nonce' 하고 소리쳤을 때

---

4) 왜 어떤 사람들은 치료 과정 동안 '맴도는(loop)'지에 대해 더 많은 연구가 필요하다. 한 내담자가 내게 '매일 매일의 이 고통과 제가 어떻게 타협할 수 있나요?'라고 말했던 것처럼, 내가 만났던 '맴도는 것(looping)'의 한 원인은 진행 중인 고통 때문이었다.

정점에 달했다. 그는 상처를 보이지 않고는 결코 이러한 비웃음에 맞설 수 없었으며 이제는 그가 이것을 멈추게 할 힘이 없다고 여기게 되었다. 또래집단이 그에게 충분히 상처를 주었다고 판단했을 때만 그것을 멈추었다. 특히 상처가 되었던 것은 그 집단에 있던 그의 친구들마저도 자신을 놀리는 데 가담했다는 것이었다.

수년이 지난 후, 지속되는 강박적인 걱정에 대한 치료에서 그 장면은 오웬의 머릿속에 계속 떠올랐으며 그와 상담가는 그것이 현재 그의 불안감의 원인일지도 모르는 미해결된 수치심을 내포하고 있을 수 있다고 생각했다. 상담가는 그에게 심상연습을 하게 하였으며, 이것은 그가 1인칭으로 현재의 긴장감에 대해 말하게 함으로써 그의 경험을 놀랍도록 명확하게 재구성할 수 있게 하였다. 그러나 그 심상들은 변하지 않고 고집스럽게 남아 있었으며 그의 고통도 크게 남아 있었다. 따라서 우리는 이것을 마치 사회자가 관련 배우들의 다양한 행위의 원인에 대해 재고하고 그 후 그들에게 무슨 일이 있었는지를 계속 찾아내는 TV 프로그램의 일부처럼 생각하면서 장면을 고쳐 쓰기 시작했다. 요약하면, 오웬을 '배신'한 친구는 그가 그 패거리들에게 가담하지 않았을 때 얼마나 무서웠는지 그리고 그 후 다양한 방법으로 오웬에게 보상하려고 얼마나 노력했는지에 대해 설명했다. 오웬은 이제 그 친구가 실제로 다양한 방법으로 그에게 '그건 진심이 아니었어.'라는 신호를 보냈던 것을 기억할 수 있었다. 또한 어려운 배경 출신인 그 집단의 우두머리가 최근에 알코올 중독과 같은 다양한 문제들을 겪게 되었다는 것이 밝혀졌다. 오웬은 가끔 이 사람을 봤으며 이러한 사실에 대한 말없는 이해가 그들 사이에 흘렀음을 인식했다.

오웬은 그 뒤 심상 고쳐 쓰기가 그에게 매우 의미 있었으며 치료의 다른 부분들과 함께 현재의 재발성 불안 증상을 점차 극복하는 데 도움이 되었다고 보고했다.

제안

당신이 겪었던 부끄럽거나 수치스러운 상황을 확인하라. 이 사건과 관련한 감정들을 견뎌 보라. 여기서 당신이 겪었던 체면 손상은 무엇이었는가? 어딘가에 비판적인 목소리가 있는가? 자아감각을 근거로 말해 보라. 만약 이것이 실제 사건이었다면 가능한 한 선명하게 이것을 재구성해 보라. 좀 더 자세한 사항도 진행해 보라 : 날씨는 어땠는가? 당시 입었던 옷은 무엇인가? 그때 누가 있었는가? 그때의 장면을 어떻게 바꾸고 싶은가? 도움을 받기 위해 누군가를 데려오시겠는가? 당신이 필요한 것은 무엇인가? 그것을 가져오라. 심

> 상을 이용할 때 우리는 원하는 만큼 창의적이 될 수 있다. 장면이 바뀌면 감정도 바뀌는가? 일어나고 있는 일에 대한 의미가 변했는가? 만약 그렇다면, 그리고 이 변화가 도움이 되었다면, 이것을 어떻게 마무리하고 그로부터 힘을 얻을 수 있는가?

트라우마와 수치심은 강렬한 감정이다. 유기와 관련된 감정도 그렇다. 때때로 내담자들은 이러한 감정들을 진정시킬 수 있어야 하는데, 그것은 이 감정을 재처리할 때까지 오랫동안 인내할 수 있어야 하기 때문이다.

12. 자기진정과 극단적인 정서

극단적인 기분 변화는 경계성 인격장애(BPD)의 특성 중 하나이다. 타인에 대한 '이상화(idealisation)'와 '극악무도함(devilisation)' 간의 관계의 변화와 유사한 경향이 있다. 경계성 증상을 보이는 내담자는 잠재적인 파트너에게 매우 친밀한 방법으로 접근하다가 그들이 너무 가까워지는 것이 아닌지 의심이 생기기 시작하면 바로 급격히 달아난다. 이들은 다른 사람을 이해하는 것이 혼란스럽고 어려운 일이며 관계란 그들이 노력할 만한 가치가 없는 것이라고 생각하고 내담자이기를 거부할지도 모른다. 따라서 내담자들은 그들의 '유기 스키마(abandonment schema)'를 다시 확인하게 된다. 다수의 이런 내담자들은 아동기에 학대를 경험했으며, 종종 '감정 결핍 스키마'와 '불신 스키마' 모두를 가지고 있다. 이 스키마는 마치 적대자들처럼 작용하며 한편으로는 내담자를 타인에게 다가가도록 했다가 또 한편으로는 신중한 거리를 두게 한다(이러한 형식의 스키마는 7장에서 더 다루도록 할 것이다).

이런 방식(fomula)의 요소들은 다시 조화시키기가 어려우며, 거의 확실하게 내담자로 하여금 항상 기복이 심한 감정 상태를 유지하게 한다. 비록 내가 이것을

BPD의 특성으로 기술하였지만, 나는 다수의 내담자들이 충분한 근거 없이 이런 종류의 패턴을 나타낸다는 것을 발견했다. 여하튼 그것들이 일어나는 상황을 다룰 수 있도록 내담자를 돕는 전략은 많은 내담자들에게 매우 유용할 것이다. Linehan(1993)은 BPD에 대한 전체적인 접근법으로서 '변증법적 행동치료(dialectic behaviour therapy, DBT)'에 대해 설명한 바 있다. 여기에서 이 모델에 대해 완전히 설명하는 것은 적절치 않지만, 극단적인 감정 변화에 영향을 미치는 그녀의 두 핵심 전략인 정당화(validation)와 자기진정(self-soothing)을 유리하게 이용할 수 있다.

정당화가 트라우마를 가진 생존자들에게 아주 중요한 한 가지 이유는 그들이 아주 정당하지 못한 환경에 자주 놓인다는 것이다. Linehan(1993)은 그녀의 정당화 개념을 전체적인 변화를 지향한다거나 수용을 지향하는 것이 아닌 '변증법적'인 것으로 보았다. 만약 상담가가 변화에 대한 필요성을 강조한다면, 내담자는 자기 자신을 있는 그대로 수용하지 않는다는 것으로 부분적으로는 정당하지 못한 것을 의미한다. 다른 한편으로는, 과도하게 수용을 지향하는 접근법은 내담자가 지금 그대로 있어도 좋다고 말하는 것으로 받아들여질 수 있다. 이것은 내담자의 삶의 고통을 진지하게 받아들이는 것이 아닐 수도 있다. 비록 내담자가 자신의 상황에 대해 보인 반응이 지금 살고 있는 상황에서는 이치에 맞는다는 점을 강조하는 것으로 유용한 중간 입장이 될 수는 있지만, 상담가의 자세는 어느 정도까지는 이 두 태도를 오가야 할 것이다. 또한 내담자의 현재 삶의 상황에 대한 극단적인 반응에서 가장 중요한 진실을 인정하는 것도 도움이 된다. 그러한 내담자들은 또한 상담가의 부정적인 반응을 잡아내는 초인적인 능력이 있을 수도 있다. 그들을 다루는 일이 어려울 수 있기 때문에, 상담가가 이러한 관찰을 통해서 진실의 핵심을 인지하는 것도 좋을 것이다.

한 극단적인 감정에서 또 다른 극단적인 감정으로 흔들거리는 강한 정서 반응을 수용하는 것은 내담자의 회피 사이클이나 혹은 정서적으로 억압된 반응들, 그리고 그러한 전략에서 생긴 부정적 정서의 필연적인 증진을 완화시킬 수 있다. 그 다음 내담자는 '고통 인내하기(distress tolerance)' 전략을 시작할 수 있을 것이다. 이 전략은 기분전환, 자기진정, 현재 순간을 개선시키는 것과 그대로 머물러 있는 경우와 변화할 경우의 장점과 단점에 초점을 두는 것 등이다(Linehan 1993). 여기서 우리는 자기진정 기술에 초점을 둘 것이다. 다른 기술들에 대한 참고서는 이 장 마지막 부분의 '추천도서'에 있다.

자기진정 기술은 본질적으로는 자신을 보살피는 동시에 편안하게 하고 자신에게 친절해지는 것이다. 일부 내담자들은 마치 어머니가 자녀의 멍든 다리에 '빨리 낫기를 바라며 키스해 주는' 것과 같은 방식으로 진정되거나 편안해진 예전의 경험이 거의 없을 수도 있다는 점을 상기하는 것도 중요하다. Kohut(1977)는 부모의 달램(soothing)이 어떻게 내적 혹은 외적인 상처를 치유하고 완화시킬 수 있는지에 대한 지식을 점차 쌓아 가는 방법에 대해 설득력 있는 설명을 했다(Kahn, 1991). 진정은 매우 본능적인 요소이다. 접촉은 특히 강력한 치유 효과를 가진다. 빵 굽는 냄새는 '누가 날 위해 케이크를 굽고 있네.'와 같은 경험을 하게 할 수 있으며 이는 '빵 굽는 사람이 나를 좋아하는 구나 혹은 내가 특별하다고 여기는구나.'와 같은 의미를 담고 있을 수 있다. 그래서 자기진정 기법은 종종 다음과 같은 감각 양식을 이용할 수 있다(예와 함께 제시됨).

냄새   빵 굽는 냄새의 경험

접촉   친근한 동물을 쓰다듬기, 피부에 닿는 느낌이 좋은 옷 입히기

듣기   진정이 되는 음악을 듣기, 좋았던 때와 연관시킬 수 있는 음악을 듣기, 만약 흐르는 물가에 있다면 물소리 또한 진정 효과가 있을 수 있다.

맛보기   케이크나 혹은 다른 심미적인 질감을 가진 음식 먹기

보기   좋아하는 풍경을 내다보거나 좋아하는 그림 감상하기

이 기술의 개념은 또 다른 감각 정서의 방식(modality)으로 들어가는 것, 즉 극도의 부정적 정서의 고통에서 벗어나 좀 더 감각적이고 편안한 방식으로 이동하는 것이다. 내담자들을 치료할 때, 상담가는 그들이 고통스러운 영역으로 들어가고 있는 것을 알아챌 수 있으며 때로 이것을 인식하고 내담자에게 정말로 그 방향으로 가고 싶어 하는지를 물어보는 것이 유용할 수 있다. 내담자에게 부드러운 태도로 좀 더 가까이 다가가서 눈을 맞추게 하고 지금 이 순간으로 돌아올 것을 요청하는 것이 적절하다. 이것은 치료 회기의 지금 이 순간에서만이 가능한 즉각적인 반응이다. 위의 목록은 상담가나 치료 회기를 필요로 하지 않는 유사한 방향 전환 기법을 나타내고 있다. 이 목록은 분명히 일련의 예들일 뿐이며 상담가는 내담자가 자기진정 활동 목록을 만들도록 도와야 할 것이다. 또한 내담자의 매우 특이할지도 모르는 반응을 미리 고려하는 것이 현명한 일이다. 예를 들어 어떤 내담자가 케이크를 만들고 나서 만약 그것이 이상적으로 생각했던 것만큼 맛있는 듯 보이지 않으면 자기비판(self-critical) 모드로 들어갈 수 있다. 일부 내담자들은 때로 자신들이 위로감을 느끼거나 기쁨을 느낄 자격이 없다고 말해 온 가족규칙이나 개인적 규칙 때문에 정말로 그렇게 느낄지도 모른다. 일반적인 원리는 많은 다른 반응들을 만들어 내서 만약 하나가 통하지 않으면 통하는 것을 찾을 때까지 내담자는 단순히 목록을 훑어 내려갈 수도 있다.

메타메시지는 당신이 그토록 무력함을 느끼게 한 감정들을 극복하기 위해 할 수 있는 것이 있다는 것이다. 그들은 항상 완벽히 작용하지는 않지만 적어도 당신이 노력해 볼 일은 있을 것이다—경계는 경비다(forewarned is forearmed). 상담가가 자기진정 기법을 사용한 경험을 지속적으로 검토하고 반영해 주는 것 또한 중요하다. 인본주의 상담가들은 '정서에 의한 정서 변화'가 인지로 정서를 변화시키는 것보다 더 효과적이라고 주장했다(Greenberg, 2002). 나는 개인적으로는 이러한 문제에 대해 열린 마음을 가지고 있으나, 사람들마다 통하는 것이 다를 수도 있다는 의구심도 있는 것이 사실이다. 어떠한 경우라도, 우리는 증거 기반 (evidence-based)의 임상 전문가들이므로 무엇이든 내담자들에게 최상의 효과가 있는 치료에 열린 마음을 가져야 할 것이다.

> **제안**
>
> 위의 자기진정 제안 목록으로 가서 스스로 그러한 목록을 구성해 보라. 만약 이번 주에 우울하거나 화가 났다면 이런 당신에게 도움이 될 것으로 생각하는 것들의 범위를 골라내라. 다음 며칠간 적어도 하나의 자기진정 기술을 시도해 보고, 그것을 행할 때 가능한 한 주의 깊게 하도록 하라. 동료들과 함께 이 경험을 검토해 보고 그들의 '정서를 정서로 변화시키는' 경험에 대해 물어보라.

13. 결론

이 장은 좀 더 효과적인 치료를 위해 CB 상담가들이 정서지능을 발전시켜야 하며 그것을 치료적 개입에 적용시켜야 한다고 주장했다. 때때로 여기에는 내담자의 감정 회피와 그 자신의 감정 회피까지도 다루는 방법을 찾아내는 것, 그리고 내담자가 자신의 핵심적인 감정을 진정으로 느끼게 하는 것과 감정에 압도되었을 때 이를 관리하도록 돕는 것도 포함된다. 이는 어떤 인지치료나 행동치료의 방법을 포기하는 것은 아니나 이러한 개입이 모두 정서에 기반하고 있을 필요가 있다. 비록 정서의 중요성이 CBT에서 항상 강조되고 있지만, CB 상담가들이 때 아닌 감정 폐쇄로 잘못 들어가기가 아주 쉽다는 점도 있다. CB 상담가들이 이러한 낭떠러지를 피할 수 있는 가장 좋은 방법은 자신의 감정과 관련된 보다 큰 반영성에 전념하는 것이며 거기서부터 정서에 기초를 둔 CBT 형식을 만드는 것이다.

사람들이 빵만으로는 살 수 없는 것처럼 감정만으로 혹은 이성만으로 살아갈 수는 없다.

Greenberg(2002: 29)

연습을 위한 조언 : 불안에 대해 안심하고 싶어 하는 내담자 다루기

3장에서 우리는 특정한 내담자의 행동과 정서가 상담가의 특정한 반응을 끌어낼 가능성이 높다는 생각에 대해 탐색해 보았다. 이러한 행동과 정서는 특정한 방법으로 다른 사람들에게 다가가고자 하는 욕구에서 발전한 것일 수도 있다. 많은 불안장애에 대한 CBT의 성공 때문에(Sanders & Wills, 2003) CB 상담가들은 종종 불안문제가 있는 내담자들의 치료를 요청받는다. 대부분의 불안장애에 대한 주된 기준의 하나는 '회피'이며 이는 행동적 회피(예를 들면 이전에 파티에 갔을 때 불편함을 느껴서 이후로 파티에 가는 것을 회피하는 것), 정서적 회피(어떤 감정이나 불안을 억압하는 것)5) 및 인지적 회피(불안과 연관된 일을 생각하는 것조차 거부하는 것)일 것이다. 안전한 행동이나 안심 추구도 또한 회피로 볼 수 있다. 불안장애를 겪는 사람들은 그들에게 중요한 사람들과 안심 추구 행동을 조성하는 경향이 있다(그들은 자신이 좋아하는 사람이 괜찮다고 하는 것은 아마도 괜찮을 것이라고 합리화한다). 그렇기 때문에 불안한 내담자들은 머지않아 상담가로부터 안심을 추구하려 할 것이다. 어떻게 보면 이것은 아주 자연스러운 일로 보이며 아마 잘될 것이라고 말하는 것은 인간적으로 당연한 일인 것 같다. 안심시키는 상담가의 반응들은 어느 수준까지는 영향을 주지만 이것은 도움이 되지 않는 쪽으로 쉽게 흘러갈 수도 있다. 이러한 일이 일어나고 있다는 통상적인 신호는 다음과 같다.

- 상담가가 이것은 반복되는 패턴이며 자기영속적인 패턴이 되는 신호가 있다는 것을 인지한다.
- 상담가가 내담자의 응답에 대한 요구나 진정하지 않은 반응으로 압박을 느끼기 시작한다. 여기에는 내담자가 안심할 수 없을지도 모른다거나 관계가 유지되지 않을지도 모른다는 것에 집중할 것이라는 불안이 있을 수 있다.

내담자의 이러한 요구의 대답에 대해 생각해 볼 수 있는 가장 좋은 방법은 아래와 같다.

- 내담자와 직접 작업할 수 있는 패턴에서 생겨나는 당신의 감정에 즉시성을 이용한다.
- 내담자가 자기안심(self-reassuring)이나 혹은 자기진정을 어떻게 진전시킬 수 있을지에 대한 문제 해결 치료를 시작한다.

---

5) 불행하게도 성공적인 억압은 종종 이전보다 더 강한 감정을 자아내는 '반동 효과'가 있다.

나의 내담자 중 한 명은 그녀의 수업시간에 대한 불안감을 다루는 방법이 파트너에게 수업이 잘 진행되었는지에 대해 물어보는 것임을 인지했다. 이 과정을 검토하면서 그가 말한 어떤 것도 진정으로 그녀를 안심시키지 못했다는 것을 알았다. 왜냐하면 그는 수업에 들어가지 않았기 때문이다. 더욱이 이것은 그에게 진정성 없는 대답을 하게 했기 때문에 그들의 관계도 압박했다. 그녀는 이와 같은 일은 절대로 다시 하지 않기로 결정했으며 이후로 이것은 그녀가 사회불안에서 벗어나기 시작한 경사스러운 순간이 되었다.

추천도서

Greenberg, L.S. (2002) *Emotion-focused therapy: coaching clients to work through their feelings.* Washington, DC: American Psychological Association Press.

Leahy, R.L. (2003) *Cognitive therapy technique.* New York: Guilford Press, especially Chapter 8 on emotion-processing techniques.

Linehan, M.M. (1993) *Dialectical behaviour therapy for borderline personality disorder : Client manual.* New York: Guilford Press, especially the section on emotional regulation techniques.

07

지속적인 부정적 사고패턴을 다루는 기법

스티븐스 경은 자신의 조사[1]가 '음모론에 종지부를 찍을 것'이기 때문에
정당화될 수 있다고 말할 것이다. 나는 그의 행운을 기원하지만,
내가 홀로코스트 부정론과 그에 상응하는 현대판 부정론인
세르비아의 보스니아계 무슬림의 인종청소에 대한 부정론을 조사하고 난 뒤
배운 것은 자신들의 환상을 진실로 믿는 사람들을 움직일 수 있는
충분한 증거란 없다는 점이었다.

Nick Cohn, '어떤 사람들에게는 말이 통하지 않는다'
2006년 6월 4일 *The NewYork Observer*지 기고문

---

1) 스티븐스 경의 청문회는 영국 왕세자비 다이애나비의 죽음을 다루었다.

종단적인 구조화에 대해 2장에서 추적하면서 우리는 도해의 최상부에 다른 유형의 인지—초기 부적응 스키마(maladaptive schema)—가 있다는 것을 알았다. CBT에서 '초기 부적응 스키마' 란 용어는 아주 일반적이고 원시적인 의미를 가지는 초기의 경험에서 비롯된 인지 구조를 의미하는 것으로 발전하였다. 이러한 의미들은 핵심 신념의 형태로 표출될 수 있다. 이러한 스키마가 부정적일 경우, 이들은 종종 변화에 매우 저항적인 모습을 보인다. 부정적 스키마를 변화시키기 위한 CBT의 전략은 부정적인 자동적 사고(negative automatic thought, NATs)의 변화를 위해 사용되는 방법과 유사하며 새로운 방법도 발전해 왔다. 이 장은 우리가 변화시키고 수정하고자 하는 도식의 치료 과정 중 명심해야 할 특정한 면들에 대한 설명으로 시작할 것이며, 그 뒤 심상 기법을 포함한 초기 부적응 도식의 확인을 위해 필요한 몇 가지 주된 기법을 논할 것이다. 3장에서 기술한 대인관계 주제는 초기 부적응 스키마가 치료적 관계에 어떻게 영향을 주는지를 검토할 때 다시 다룰 것이다. 이들 중 일부는 부정적으로 영향을 줄 수 있지만 명확히 파악된다면 치료적 이점으로 바뀔 수 있다. 도식에 대한 연속선 기법, 역사적 검토, 심리극 및 역할극을 포함한 초기 부적응 스키마의 부정적 내용을 다루는 방법 또한 기술될 것이다(Padesky & Greenberger, 1995).

CBT에서 '성격장애'라는 용어를 사용하는 것이 유용한지에 대한 논쟁을 해 왔다. 이는 복잡한 문제지만, 나는 일반적으로 '스키마로 인한 문제(schema-driven issue)'라는 용어를 사용한다. CBT가 문제의 성격 유형과 관련된 핵심 신념에 초점을 맞춤으로써 성격장애와 관계가 있는 일부 부정적 고정관념을 완화시키는 데 유용한 역할을 했다고 생각한다(Beck at al., 1990). 이러한 도식적 신념을 이해하는 것은 다양한 성격 유형의 의미를 이해하는 것만이 아니라 변화 전략을 세우는 데 도움이 될 수 있다[이 문제와 관련한 더 자세한 내용은 Sanders & Willis(2005)를 참조하라). 스키마 중심 치료에 대해 연구한 몇몇 학자들은 '표준

(standard) 인지치료'와 '스키마 중심(schema-focused) 치료' 간의 차이를 밝혔는데, 후자가 좀 더 장기적이고 개입[2]에 있어 차별된 순서를 가진다는 점이 다르다는 것이다(Young et al., 2003). 현재 나는 이러한 차이의 유용성에 대해 불가지론적인 입장이다. 나는 치료 경험을 통해 단기치료나 장기치료 모두에 스키마 중심 방법을 사용할 수 있다는 것을 알았으며, 개입의 순서에 대한 두 가지 다른 유형과 관련해서는 특별히 유용하다는 점을 찾지는 못했다. 그러나 개인 내담자의 특수한 욕구와 관련해서는 다양한 개입 방식이 유용하다는 것을 발견했다. 미국 상담가들이 유럽 상담가들에 비해 '성격장애'라는 용어를 더 잘 사용하는 것 같으며, 이는 그들로 하여금 인지행동치료를 하는 데 다양성이 더욱 필요하다는 것을 알게 할 것이다. 앞서 나의 입장을 '불가지론적'이라 언급했으나, 이는 내가 갖고 있는 고유의 치료 경험과 슈퍼비전 및 가르쳐 온 경험에 의한 제한적인 증거에만 근거한 것이다. 이 외에도 나로서는 경험이 적은 치료적 환경, 특히 장기간 입원한 환자들과 같은 몇몇 치료적 맥락이 존재한다.

1. CBT에서 초기 부적응 스키마의 속성

'스키마(schema)'라는 용어는 심리학적 맥락에서는 Bartlett(1932)의 기억에 관한 연구에서 처음 사용되었다. 그는 '유령들의 전쟁'이라는 유명한 예를 이용해 기억이 직접적인 회상과 이전의 기억 구조인 '스키마'에 의해 재구성된 이야기를 바탕으로 작동한다는 것을 보여 주었다. Beck과 동료들(1979)은 특정 내담자들이 어떻게 자아와 세계 및 미래에 대한 부정적인 생각의 '인지적 3요소'와 관련하여 '우울 유발적인 방식'으로 생각하게 되는지를 이론화하기 위해 스키마의 개념을

---

2) 예를 들어 표준 인지치료 기법은 증상의 완화를 목표로 한 개입으로 시작하고, 스키마 중심 치료법은 보통 그렇게 하지 않는다(Young et al., 2003).

사용하였다. 이러한 경향이 항상 나타나는 것은 아니지만 특히 부정적인 기분에 있을 때 촉발될 수 있다는 것이다. 이것은 매우 설득력 있는 개념이긴 하지만 임상적으로 시연하는 것은 매우 어려운 일이었으며 우울증의 '원인' 이라는 것이 이미 우울증이 시작되어야만 확실해진다는 생각과 관련하여 '닭이 먼저인지 달걀이 먼저인지'와 같은 속성이 나타나기도 했다. CBT의 다른 부분에서와 같이, 인지적이고 스키마적인 과정은 이미 유용한 임상 개념에 대해 보다 정교한 버전을 만드는 데 일조했다(Wells, 2000). 초기 부적응 스키마의 개념은 아주 유용한 임상적 은유로 간주하는 것이 현명할 것이다. 나는 또한 스키마 중심 치료가 일부 수련 상담가들로 하여금 '아마추어적인 정신분석'을 시도하게 하는 매우 걱정스러운 경향이 있다는 Ian James(2001)의 지적에도 동의한다. 스키마 치료 작업에는 흥미로운 점이 많지만 또한 조심해야 할 부분도 많다.

인지치료의 본래 구조(formulation)에서 '스키마'란 용어는 우리가 오늘날 '가정'과 '핵심 신념'으로서 알고 있는 모두를 다루는 용어이다. 이제는 비록 이 전문 용어가 아주 보편적인 것은 아니지만, 대부분의 CBT 상담가들이 초기 부적응 스키마를 무조건적인 핵심 신념들(예 : '나는 나쁘다.')과 조건적인 신념이나 가정들(예 : '내가 사람들을 기쁘게 하면, 사람들은 내가 괜찮은 사람이라고 생각할 거야.')을 포함하는 전반적인 구조로 기술하고 있다. 예를 들면 이러한 신념들은 '쓸모없음'이라는 도식에서 일어날 수 있다(Young et al., 2003). 초기 부적응 스키마가 자아에 대한 모호하고 본능적인 감정의 결과로서 나타나는 반응패턴망이라는 이해가 점점 증가하고 있다. 이는 어쩌면 내담자들이 그 패턴들을 설명할 충분한 어휘력을 갖추기 전의 초기 경험에서 발전되었기 때문일 것이다. 따라서 그것들은 의식 속에서 신체 느낌으로 기록되었다.

크리시는 쇼핑하던 중 비를 맞고 추위에 떨게 될 때 우울한 기분이 든다는 것을 알아냈다. 나는 그녀가 어린 시절 학대 받았던 사실을 알고 있었으며 그녀에게 몸이 젖음으로써 우울한 기분이 들도록 하는 어떤 기억이 있는지에 대해 물었다. 그녀는 추운 집 안에서 잠겨진 부모님 침실 밖에 있었던 아주 강한 초기의 기억으로 들어갔다. 그녀의 부모는 몇 시간이고 침실 문을 걸어 잠그곤 했는데, 그녀 생각에 이것은 그들이 섹스를 하기 위한 것이었다. 이날, 그녀의 기저귀가 매우 축축했고 곧 차가움 속에서 쓰리기 시작했다. 그녀는 고통 속에서 훌쩍이며 부모에게 보살펴 달라고 불렀지만 그들은 그냥 웃기만 했다. 그녀는 이 기억이 지금 비 오는 날씨의 우울함과 관련이 있는지에 대해 완전히 확신하지는 못했지만 우리는 이 감정이 서로 비슷하다는 것을 알아차렸다. 이후 크리시와의 상담은 부분적으로는 자기진정 기술(Linehan, 1993)을 발전시킴으로써 그녀가 감정 변화를 더욱 잘 조절하는 방법을 배우도록 돕는 것에 초점을 두었다. 이것은 장기적인 치료였고 어느 정도 진전을 보이기는 했지만, 크리시는 몇 달이 지나 그 약속을 지속하지 못했다.

시간이 지나면서 이러한 경험은 특성상 이분법적인 속성을 가지는 핵심 신념의 형태를 갖추기도 하며 이는 초기 아동기의 언어와 연관된 흑백논리적인 사고와 관련이 있을 수 있다. 그러므로 초기 부적응 스키마를 변화시키는 것은 특히 어려울 수 있다. 변화에 대한 이러한 저항을 강화시키는 다양한 스키마 유지 과정이 있는 것처럼 보인다. 예를 들면 부정적인 스키마는 긍정적 데이터를 왜곡시킴으로써 그들이 변화할 필요가 없도록 항상적인 방식으로 작용할 것이다.[3] 그러므로 긍정적인 데이터들은 초기 부적응 스키마로부터 튕겨져 나오는 것처럼 보이며 내담자에게 인식되거나 저장되지 않는다. 초기 부적응 스키마로 들어가는 데이터들은 4장에서 기술된 인지적 왜곡과 같은 식으로 왜곡되는 경향이 있다.

우리는 첫 단계로, 초기 부적응 스키마를 약화시키는 동시에 좀 더 기능적이고 대안적인 스키마를 형성하는 방법을 생각할 필요가 있다. 일단 이러한 새로운 구

---

3) George Kelly(1963)는 건강한 개인의 (정신) 구조는 새로운 데이터를 받아들일 정도로 유연해야 한다고 주장했다.

조가 그저 미미하게라도 만들어지기 시작한다면, 긍정적인 데이터가 전달되고 저장될 수 있는 주소가 있게 된다. 대안적 스키마가 지속적으로 발전할 수 있는 상대적으로 튼튼한 구조로 만들어지는 것은 중요하다. 그러나 그것들은 아주 깊은 곳에 삽입되었기 때문에, 우리는 내담자가 부정적인 스키마를 결코 완전히 근절할 수 없을 가능성에 대해서도 준비할 필요가 있다. 이러한 스키마에 대해서는 다른 관계를 발전시키는 방안을 생각해 보는 것이 더 유용하다.

글렌다는 계모에 의해 자신의 가족들로부터 떨어져 있어야 했던 아동기의 다양한 속상한 경험들을 말했다. 이러한 대우는 그녀보다 매력적인 언니에 대한 것과는 너무도 대조적이었다. 글렌다는 자신이 '남들보다 못한 사람'이라고 믿게 되었으며 더욱이 이러한 믿음이 절대 '뿌리 뽑히지' 않을 것이라고 믿었다. 이후 상담 회기에서 그녀는 '남부럽지 않은' 어머니가 되기 위하여 완벽한 어머니가 되어야 한다는 욕망과 싸워야만 했다고 말했다.

상담가 : 처음에 당신은 당신의 열등감이 뿌리 뽑힐 수 없을 것이라고 말했지요. 어떤 의미에서는 나는 당신 말에 동의합니다. 이를 완전히 떨쳐 버리기는 어렵겠지만 이것과 좀 다른 관계를 만들 수 있지 않을까요?

글렌다 : 어떻게 말인가요?

상담가 : 음, 혹시 완벽한 어머니가 되어야 한다는 생각에 대해 다른 관계를 만들어 보지 않았나요?

글렌다 : 아, 그런 거 같아요. 저는 제가 할 수 있는 한 최고의 엄마가 되고 싶었지만 완벽해지기를 원하는 것은 저를 항상 불안하게 만들었어요.

상담가 : 그래서 지금은 더는 그렇지 않지요. 어떻게 그렇게 생각을 바꿀 수 있었나요?

글렌다 : 음… (침묵) 생각해 보니 제가 모성이라는 부분을 좀 더 가볍게 받아들일 수 있었던, 뭐 그런 비슷한 것 같아요.

상담가 : 그렇다면 남보다 못하다는 느낌도 좀 더 가볍게 받아들일 수 있지 않을까요?

상담가는 스키마 치료를 하면서 내담자로부터 더 많은 저항을 경험할 수 있다. 내담자는 자신들이 원치 않음에도 그것들과 어울려 지내는 것일 수도 있으며 스키

마적 행동을 의식적으로 떼어 내기 위한 전략이 필요할 수 있다. 부정적 초기 부적응 스키마는 항상 우리들에게 나쁜 영향만 주는 오래된 지인과의 관계에 비유될 수 있다. 어느 시점에 우리는 이 관계로부터 아무것도 얻을 것이 없다는 점을 깨닫지만 그들이 우리의 인생에 나타나지 못하도록 항상 막을 수는 없다. 그들은 우리에게 부정적인 영향을 행사하려고 노력하겠지만 우리는 그들과 필요 이상으로 마주치는 것을 줄이고, 오랜 부정적인 험담들에 거의 비중을 두지 않음으로써 그들을 억제할 수 있다. 만약 가능하다면, 우리는 한 발 더 나아가서 그들에게 되갚음을 해 줄 수도 있을지 모른다.

2. 부정적인 가정(조건적 신념) 다루기

부정적인 가정 혹은 CBT에서 '삶의 규칙'이라 부르는 것들에 대해 생각해 보는 방법 중 하나는 사람들이 그들의 부정적인 핵심 신념을 처리하도록 도와주는 보상기제로 그것을 보는 것이다. '나는 나쁜 사람이야.', '다른 사람들은 나를 도와주지 않을 거야.', '세상은 적대적인 곳이야.' 와 같은 생각은 그 자체만으로도 처절하다. 만약 사람들이 이것을 정말로 믿는다면 만족스러운 삶은 최소한이 될 뿐이다. 그러나 이러한 절망적인 조망에서도 인간의 영혼은 종종 희망을 추구하며 그렇기에 사람들은 '그래, 나는 나쁜 사람일지는 몰라도 다른 사람들이 나를 괜찮은 사람으로 여기게 할 방법이 있을지도 몰라. 그리고 만약 그렇게 할 수 있다면, 나도 어떤 식으로는 괜찮아질 거야.' 와 같은 생각을 하는 것이 자연스러운 것이다. 이전에 언급한 메리는 절망감에서 자신이 다른 사람들보다 못하다고 믿게 되었지만(쓸모없음 스키마) 그녀의 마음속 일부에서는 자신이 많은 면에서 다른 사람들과 적어도 동등하다는 점을 알고 있었다. 문제는, 그녀가 노력했음에도 불구하고(아마도 지나치게 노력했을 것이다) 그녀가 최소한 그들 중 몇몇과 같이 괜찮은 사람일 것이라는 조그마한 느낌을 확인시켜 줄 피드백을 다른 사람들로부터 얻지 못했다는 점이었다. 그럼에도 불구하고 그녀는 언젠가는 이루어질 것이라는 희망으로 계속 되돌아왔으며, 그녀의 노력은 '만약 내가 정말로 사람들을 기쁘게 하기 위해 열심히 노력한다면, 언젠가 그들 중 일부는 나에게 긍정적인 피드백을 줄 거야.'라는 조건적 신념 혹은 가정에 의해 강화되었다. 이후 우리는 만약 그녀가 자신감 있게 행동한다면 다른 사람들 앞에서 망신을 당할 뿐이라는 그녀의 부정적 신념을 테스트하기 위해 몇몇 행동 실험을 시도할 수 있었다. 물론 이는 맞지 않는 생각이었을 뿐 아니라 역설적이게도 자신감 있고 유쾌하게 행동하는 것이 긍정적인 피드백의 결과를 가져왔다(3장 참조).

3. 하향화살 기법에 의한 가정 확인

내담자의 부정적인 자동적 사고를 다룰 때에, 상담가는 종종 왜 내담자가 그렇게 기분 나빠하는지 궁금해한다. 이 질문에 대한 답은 부정적인 생각의 이면 기저에 도사리고 있는 더욱 혼란스러운 무언가이며, 이것은 대개 도움이 되지 않는 가정일 경우가 많다. 이러한 쓸모없는 가정을 확인하는 방법은 '하향화살 기법'을 통해서이다(Burns, 1999a 1999b). 이 방법은 위에서 언급한 상담가의 마음에 있는 질문을 내담자의 사고가 '밑바닥(bottom of the ladder)'에 이를 때까지 반복적으로 계속하는 것이다. 다음은 사회적 불안문제를 가진 30세 내담자 브루스의 사례이다. 브루스는 치아가 온전하게 자라지 않는 선천적 장애를 가지고 태어났다. 그는 아홉 살 때 치아를 모두 제거하고 의치로 바꾸어야만 했다. 브루스는 이 결함을 매우 의식했으며 사람들이 알까 봐 언제나 두려워했다. 그것이 그의 사회불안을 야기하는 주된 요인임에도 불구하고, 그는 이것을 감추려 했으며 처음에 상담가에게조차 말하지 않으려 했다. 그는 잘 되기를 바랐던 관계가 갑자기 깨어진

후에 상담가를 찾아왔다. 그는 여자친구로부터 그에게 더 이상 같은 감정을 가질 수 없다는 내용의 이별 편지를 받았던 것이다.

> 상담가 : 그래서 당신이 너무도 지친 느낌이 들고, 여자친구에 대해 생각하면 마음에 무엇이 일어나나요?
>
> 브루스 : 저는 그녀가 진짜 제가 누구인지를 알았고 그 때문에 저를 원할 수 없었다는 생각을 해요.
>
> 상담가 : 그렇군요. 그러니까 그녀는 당신이 어떤 사람인지를 알았고 당신을 원하지 않는다는 거죠? 그 점이 뭐가 그렇게 안 좋다는 건가요?
>
> 브루스 : 농담하시는군요! 나는 그녀를 원했고 그녀는 저를 원하지 않았어요.
>
> 상담가 : 네 그게 안 된 일이라는 건 알겠습니다만, 그게 얼마나 나쁜 일이기에 당신을 우울하게 만드는 건가요?
>
> 브루스 : 이건 누군가 저를 원하지 않는 또 다른 예일 뿐이에요. 아무도 저를 원할 것 같지 않아요.
>
> 상담가 : 그러면 만약 아무도 당신을 원하지 않는다면, 그다음에는요?
>
> 브루스 : 전 영원히 혼자 지내겠지요. 그리고 그건 제가 결함이 있다는 걸 증명할 거예요.

브루스의 쓸모없는 가정은 '나는 결함이 있고 언제나 혼자 남겨질 것이다.'라는 것이다. 이것을 파악해 냄과 동시에 브루스가 자주 사용되지 않는 단어이며 '불완전 스키마'를 가리키는 단어인 '결함'이 있다는 자기감정(self-feeling)을 명확히 했기 때문에 치료는 진전을 보였다(Young et al., 2003). 상담가는 그 단어를 다시 브루스에게 반영했으며 결국 브루스가 그의 의치에 대해 말하게 한 큰 진전이 있었다.

4. 쓸모없는 가정을 약화시키기 위한 플래시카드의 사용

쓸모없는 가정의 활성화는 종종 심리적인 문제를 촉발하는 주요인이다. 대부분의 종단적인 구조[4]들을 살펴보면, 쓸모없는 가정을 시작하게 하는 사건의 지도는 스키마적 기억과 관련된 역사적인 '옛것(old stuff)'과 현재 증상의 반응들 사이의 길고 좁은 통로가 있는 것 같은 모양이다. 이런 길고 좁은 통로는 반응이 막히기에 좋다. 치료용 플래시카드는 '하향화살 기법' 과정에 의해 통찰이 일어나게 하며 그것을 사용하여 회고하게 하고, 촉발된 반응을 완화시킬 수 있도록 도움을 준다. 브루스와 나는 수치심의 초기 경험에 뿌리 박힌 신체적 '결함'에 대한 가정을 확인하는 것에서부터 그림 7.1에 보이는 플래시카드를 만들었다.

플래시카드는 몇 가지 인지적 자료들을 제공하여 내담자를 돕는 것이 목적이다. 그것은 내담자를 즉각적인 고통스러운 경험에서 한 발 물러서도록 돕고—예를 들면 '내가 이렇게 느끼는 것은 이해할 만한 일이지만 전적으로 옳은 것은 아니야.'—그가 좀 더 유연하게 반응할 수 있도록 한다. 예를 들면 '나는 이것과 관

플래시카드

나는 때로 가정을 한다 : 만약 사람들이 나의 결점을 본다면 나를 거부할 것이다.

내가 이러한 가정을 하는 것은 이해할 만한 일이다 : 나는 어린아이였을 때부터 신체적 결함을 가지고 있었고 내가 이러한 문제를 숨길 수 있다는 것은 '안전하게 지낼 수 있다'는 것을 의미했다. 부모님은 내가 인생에서 '안전하게 지내도록' 장려해 왔다.

이것은 나를 힘들게 한다 : 이것은 내가 낯선 사람과 어울릴 때, 특히 여성과 어울릴 때 매우 긴장하게 만든다. 그것은 내가 자신감을 가지고 관계에 임하는 것을 힘들게 한다. 긴장은 또한 점점 더 많은 것으로 퍼져 나가는 것 같다.

이 가정은 잘못되었다 : 왜냐하면 내 문제를 알고 있는 대부분의 사람들은 이것에 대해 별로 괘념치 않으며 나의 다른 자질들에 개방적인 것처럼 보이기 때문이다.

앞으로 내가 나아가야 할 방향 : 내 신체적 결함을 이유로 나를 거부하는 사람들은 어찌됐던 간에 내 인생의 일부가 되지 않는 편이 낫다는 것을 이해하는 것이다. 사람들에게 나의 문제에 대해 적극적으로 알리고 나의 진정한 자아를 좀 더 자신 있고 적극적인 방법으로 내보이는 것이다.

그림 7.1 플래시 카드의 예 : 브루스

---

4) 일련의 구조를 보려면 이 책과 함께 제공되는 웹사이트 자료들을 참조하라.

련해서 슬픔을 느낄 자격이 있지만 이것이 나와 나에 대한 모든 것을 말해 주는 것이 아니고 내 스스로를 고통의 순간에 둔 다음에 내 목표를 추구하는 것에 도움이 되지도 않아.'이다.

제안 : 하향화살 기법과 플래시카드 만들기 연습

우리 중 대부분은 우리 삶에서 그다지 기능적이지 않은 가정을 가지고 있음을 확인할 수 있다. (만약 그런 것이 없다면 '상담가로서 실패하면 안 돼.'를 한 번 생각해 보라.) 이러한 가정에 대해 스스로 혹은 파트너와 함께 '밑바닥'에 이르도록 하향화살 기법을 사용해 보라(예 : 상담가로서 실패하는 것이 무엇이 그리 나쁜가? 등). 또한 같은 가정에 대해 플래시카드를 만들어 볼 수도 있다. 만약에 파트너와 함께 작업하고 있다면 하향화살 기법의 사용이 얼마나 민감하게 느껴졌는지에 대해 검토하는 것이 도움이 된다. 가끔 이것은 매우 가혹하게 느껴질 때가 있다. 무엇이 괜찮고 무엇이 괜찮지 않은지에 대해 생각해 보라.

---

5. 가정을 변화시키기 위한 작업 : 새로운 적응 기준과 가정의 발전

수년 동안 습관적으로 따라 온 규칙은 좀 더 새롭고 적절한 규칙이 자리 잡을 때까지는 포기하기 힘들 수 있다. 상담가들은 내담자가 이전에 사용해 온 전략을 드러내는 토의를 시작함으로써 이러한 과정을 촉진시킬 수 있다.

> 상담가 : 브루스, 제가 궁금한 것은 이것입니다. 당신의 약점을 숨기는 문제와 관련해서, 우리가 이것을 좀 더 철저하게 열어 볼 수 있을까요? 아시다시피 현재 당신은 사람들이 당신이 의치를 가지고 있다는 것을 알게 된다면 당신과 친구로 지내기 싫어할 것이라는 상당히 폭넓은 불안감을 가지고 있습니다. 이 문제는 당신에게 끌리지 않을까 봐 두려워했던 당신의 여자친구와의 관계에서 가장 날카롭게 돌출되었지만 남자친구들과도 또한 문제입니다. 당신은 그들이 놀릴까 봐 그들이 원하는 것을 들어준다고 말했었지요.
>
> 브루스 : 맞아요. 내가 왜 그럴 때마다 스스로가 맞서 일어날 수 없는지 모르겠어요. 저는

그냥 스스로를 의식하게 되고 다른 사람들이 저를 피해 달아나는 게 더 쉬워요.

상담가 : 그렇다면 그건 하나의 문제군요, 그렇죠? 다른 사람이 정확히 누구인지와 그들
과 무엇을 하고 싶은지에 따라 당신이 스스로를 어떻게 보여 줄지에 대해서 규
칙을 가지는 것은 타당할 것입니다. 다른 말로 하면 좀 더 다양화된 규칙을 가
지는 거지요.

브루스 : 어느 정도는 저도 그러고 있어요. 제 친구들 중 어떤 사람들은 제 문제에 대해
알고 있어요. 그들은 아무튼 내 문제에 대해 알게 되었어요. 제가 토니와 술을
마실 때, 내 피투성이 치아가 빠져버렸죠(웃음). 그는 사실 거기에 대해 별 문제
가 없었어요. 그는 그냥 그걸 집어 들고 '여기, 자네 이빨이 빠졌구만, 친구.'라
고 말하며 나에게 건네주었지요. 내가 알기로 그는 누구에게도 이 일에 대해 말
한 적이 없어요. 참 괜찮은 친구지요.

상담가 : 그렇다면 사람들이 알아차릴 수 있고 그것에 대해 괜찮아 했다는 거네요. 그렇
지만 다른 사람들이 알아차리는 것에 대해서는 확신할 수가 없는 거지요?

브루스 : 네 그래요. 제 친구가 아는 것은 제 여자친구랑 다른 일이지요. 저는 진에게 한
번도 그것에 대해 말한 적이 없어요.

상담가 : 만약 당신이 여자친구에게 말해 줬다면 무슨 일이 생겼을 거라고 생각하나요?

브루스 : 음, 최악에 경우에는 그녀가 저와 끝내려고 했을 거예요. 그리고 이미 그렇게
됐고요.

이 대화에서, 좀 더 유연한 규칙을 발전시킬 가능성이 있는 약간의 새로운 요소들
이 나타났다.

- 어떤 사람들과는 주도권을 가지는 것이 가능할 수 있다.
- 자신을 드러내는 데는 좋은 방법과 좋지 못한 방법이 있다.
- 먼저 행동하는 것은 때로는 문제를 드러내는 것에 도움이 된다.
- 주도권을 갖는 것은 브루스가 좀 더 통제력이 있다고 느끼도록 도울 수 있다.
- 그는 자신이 의치를 가졌다는 사실을 바꿀 수는 없지만 그것을 다른 사람들
에게 말할 것인지 아닌지는 결정할 수 있다.

이와 같은 문제에 대한 치료적 토의는 수개월 동안 계속되며, 때로는 행동 실험 (만약 당신이 의치를 가지고 있다는 것을 첫 데이트 때 상대에게 말한다면 어떻게 될 것인가?)과 병행하는 것이 도움이 된다.

6. 초기 부적응 스키마 다루기 : 스키마로 인한 대인관계 문제

3장에서 우리는 내담자의 대인관계 방식이 어떻게 치료에 관련될 수 있으며, CBT의 그토록 많은 핵심 인지 요소들이 본래 대인적이라는 사실에 얼마나 심하게 영향을 받는지에 대한 의견을 소개했다. 이러한 과정은 스키마 치료에서 더 극명하게 나타난다. 그 이유는 첫째, 내담자의 문제가 초기 경험에 있는 오래 지속된 패턴과 관련이 있기 때문에 좀 더 깊숙이 파고들어 문제시 되는 경향이 있다는 것이다. 둘째, 치료가 좀 더 장기적이고 기복이 있으며, 이로 인해 치료적 관계에 상당한 부담을 주게 된다는 것이다. 만약 당신의 상담가가 당신과 당신의 문제에 대해 결국은 지쳐 버릴 것이라고 생각한다면, 예를 들어 일종의 '전이 테스트'를 고안해서 그녀가 작은 좌절에 어떻게 반응하는지를 볼 수 있을 것이다. 이러한 일들은 상담가를 상당히 좌절하게 할 것이며, 내담자의 전략은 '자기충족적' 예언이 될 수 있다. Young과 동료들(2003)은 이러한 전략을 '스키마 유지' 전략으로 기술하고 있다. 왜냐하면 그것들이 장기간 자리 해 온 초기 부적응 스키마를 너무도 명확히 유지시키려 하기 때문이다. 이와 같은 기능을 하는 다른 스키마 전략은 '스키마 회피'(초기 부적응 스키마를 촉발하는 것들을 피하는 것이며, 그리하여 그것들을 다루는 전략을 전혀 배우지 못하는 것)와 '스키마 보상'(초기 부적응 스키마를 위장하는 데 도움이 되는 전략을 과도하게 발전시키는 것. 예를 들어 낮은 자존감을 감추려는 것과 '내 생각에 그는 너무 자주 항의하는 것 같아.'라는 생각에 반응하는 것 같은 '뽐내는 행동')이다. 이러한 스키마 메커니즘은 상담가가 내담자 저항으로 경험할 수 있는 것이다. 사실 그것들은 초기 부적응 스키마의 생존 전략을 나타낼 가능성이 가장 크다(Leahy, 2001).

이 장의 목적을 위해, CBT의 치료적 관계에 영향을 미치는 이러한 도식 요인의 두 핵심 양상에 초점을 맞출 것이다. 즉 핵심 신념과 초기 부적응 도식이 다루기 힘든 내담자 반응에서 나타나는 방식과 이들이 구조화된 CBT에 특히 어떤 영향을 주는지에 대한 것이다. 내담자들은 때때로 CBT의 비즈니스 같은 성질에 지루해할 수 있다. CBT에서 어려움이 발생하면 상담가에게는 마치 비합리적인 지연이 일어나는 것처럼 느껴질 수 있다. 이러한 문제를 개념화하는 한 가지 방법은 그들이 전이나 역전이 문제와 연결되어 있다는 것이다. 비록 이 개념들이 정신역동 치료와 가장 강력히 관련되어 있을지라도 CBT에서도 또한 사용할 수 있다.

전이와 역전이의 개념은 고전적인 정신분석 이론에서보다는 CBT에서 좀 더 널리 받아들여지고 있다. 그러나 CBT 상담가는 내담자가 그 자신의 과거로부터 온 또 다른 사람이라는 것을 상기하지만, 일반적으로 이전에 내담자에게 문제가 되었던 관계 유형의 진지한 예를 제공할 수 있다. 내가 치료했던 몇 명의 내담자는 자기애적 성향을 보였으며 이러한 성격 유형은 자신이 특별하며 특권을 누릴 자격이 있다는 신념과 관련된 것으로 보인다(Beck et al., 1990). 많은 논평가들은 이런 내담자들이 자기를 부풀려 표현하는 것은 훨씬 더 유약하고 자기비판적인 자아개념이 기저를 이루고 있는 것이며, 그들은 때로 치료 회기 중에 이 상태에서 저 상태로 넘어가기도 한다는 것을 지적해 왔다. 이것은 내담자의 삶에 있는 사람들에게는 극도로 혼란스러운 것이며 상담가에게도 마찬가지이다.

자기애적 성격 유형은 또한 초기 면접과 문제 설정(agenda-setting)에도 방해가 된다. 즉 그것들은 시작조차도 어렵게 만든다는 것이다. '자격(entitlement) 스키마'(Young et al., 2003)를 가진 내담자들은 과연 상담가가 자신과 '맞는지'에 대해서 의문을 가질 것이다. 이것은 상담가가 그들을 치료할 만큼 충분한 자격이 없는 것은 아닌지 하는 의구심을 숨기고 있는 것일 수도 있으며, 그들은 치료 초기에 이것에 대해 상당한 시간을 들여 논의할 것을 고집하기도 한다. 이 점에서 상담가는 내담자의 도발적이라 할 수 있는 이런 행동에 의해 활성화되는 자신의 스키마들을 깨닫게 될 수도 있다. 상담가가 '앙갚음'을 하는 것은 매우 쉬울지 모르나 생산적이지 못한 일이다. 어찌 보면 상담가에게는 '그는 빨리 마음을 정해야 해—이것은 시간 낭비야.'라고 생각하는 것이 정당화 될 수 있을 것이다. 개인적으로나 슈퍼비전에서 스스로 이러한 반응을 드러내는 것은 아주 건강한 것이기도 하다. 그러나 상담가는 내담자가 치료를 받으러 온 것이 바로 이러한 문제를 해결하기 위한 것이라는 점을 명심해야 한다. 만약 치료가 단순히 쉬운 연대감과 긍정적인 작업일 뿐이었다면 상담가는 훨씬 적은 훈련만을 필요로 하였을 것이며 적은 상담료를 받았을 것이다. 상담가는 자신의 반응을 늦추고 내담자와 공감하도록 노력해야 한다.

이러한 구조화가 상담가에게 유용하다는 것을 증명할 것이다. 만약 내담자가 진실로 자신이 '특별' 하다고 믿는다면, 다른 사람이 그를 치료할 만큼 특별한지에 대해 고려하는 것은 이치에 맞는 일이다. 사람들이 그들을 치료할 전문가가 얼마나 잘 준비되어 있는지를 생각해 보는 것은, 비록 이런 사고를 표현하는 것이 문화적으로는 흔하지 않지만 자연스러운 일일 것이다. 상담가들은 Beck과 동료들 (1990)이 만든 다양한 스키마적 신념과 이들의 기능적 대안을 포함한 도표에서 많은 도움을 받을 수 있을 것이다.

회피 스키마는 또한 문제 설정, 특히 특정 문제를 집중하여 다루고자 하는 상황으로 치료가 진행될 때 방해가 될 수 있다. 만약 내담자가 '저자세' 전략을 사용하여 인생의 많은 시험을 피해 왔다면, 이런 상황을 문제(agenda)로 정하는 것은 특히 상담가가 이러한 패턴을 바꾸기 위해 무언가를 시도하도록 요구하는 상황에서는 상당히 걱정스러운 일일 것이다. 이 경우 상담가는 3장에서 기술한 것처럼 이러한 것들을 문제로 정하기 위해 '즉시성'을 사용할 수 있다— '제가 보기에 우리가 문제에 집중하기 시작하자 당신이 논의에서 좀 헤매는 것 같군요. 제 의견이 맞는지, 그리고 만약 맞다면 우리가 이를 한번 논의해 봐야 하지 않겠어요?' 이러한 개입은 상담가와 내담자 간의 긴장을 협력관계로 되돌리지만 상담가는 내담자가 문제를 회피하고 있다는 사실을 진정으로 모르고 있을 수도 있다는 점을 알고 있어야 한다.

의존 스키마를 지닌 내담자는 상담가의 조언과 과제 그리고 변화에 대한 보고서를 너무도 과도하게 받아들일 준비가 되어 있음으로써 상담가를 혼란시킬 수 있다. 이러한 보고는 실제 무슨 일이 일어나고 있는지에 대한 사실을 제대로 반영할 수 있지만, 그것들은 상담가를 기쁘게 하고 안전한 의존적 위치에 머무르려는 내담자의 욕구가 가미된 것일 수 있다. 어쩌면 그것은 '나쁜 내담자'로 궁지에 몰리는 상상적 상황을 피하고 있는 것일 수도 있다. 의존 스키마는 치료가 종결에 이를 때까지 나타나지 않을 수도 있다. 치료가 끝날 즈음에 내담자가 갑자기 큰 고통에 빠져 상태가 다시 나빠지게 될 수도 있다. 이때도 마찬가지로 상담가는 자신의 스키마가 촉발될 수도 있다는 점을 명심해야 한다. 상담가가 취약한 내담자에게 의미 있는 조력자가 되는 것을 좋아하는 것과 치료의 종결에 대해 혼합감정을 가질 수도 있다는 것은 이미 알려져 있고 어찌 보면 자연스러운 것이다. 일부 내담자들은 치료의 종결이 드디어 어렴풋이 보일 때 안도감을 느끼기도 한다. 그러나 상담가와 내담자는 모두 치료의 종결이 '바람직한 종결'을 연습하고 완성할 기회이며, 각자의 스키마가 미래의 좀 더 다양한 상황을 아우를 수 있도록 그들을 조심스럽게 열리게 한다는 것을 알게 될 것이다.

이러한 상황을 다루는 데 필요한 상담가의 주요 기술은 자기인식과 이해이며, 이는 적절한 슈퍼비전이 수반되어야 한다. 어떤 경우 상담가의 스키마가 내담자의 도식에 대해 적대적일 수 있다(Leahy, 2007). 우리 자신의 스키마 개념을 이해하는 것과 관련되며, 전이적 상황에서 제기된 부정적 사고를 검토하기 위해 인지적 방법을 사용하는 것과 관련되는 '의사여 자신을 치료할지어다.'와 같은 요소가 있다. 치료에서 사건을 다루는 기법 또한 CBT 기법을 사용하는 방식과 잘 맞아야 한다. 치료는 일반적으로 관계가 치유되도록 하는 것에서 중단할 수 없으며, 상담가와 내담자가 끝없는 한 가지에만 몰두해서도 안 된다. 즉 그들이 할 일을 해야 한다. 치료적 노력은 계속되어야 하며 사용되는 기법은 치료적 관계에서 확립된 대인관계 유형과 일치되어야 한다.

7. 스키마 내용 다루기 : 연속선 기법

우리는 전이적 상황을 다루는 방법에 대해 내담자가 그들의 부정적인 초기 부적응 스키마를 다른 적응 가능성에 개방하도록 돕는 것이 치료적일 것이라고 결론지었다. 이것은 초기 부적응 스키마가 경직되고 이분법적이기 때문이다. 그들의 부정적 영향력을 약화시키기 위해 우리는 그들의 이분법적 속성을 깨뜨리는 일을 시작할 필요가 있다. 연속선 기법(continuum technique)은 바로 이것을 목적으로 한 것이다. CBT의 다른 분야에서 이 기법은 단순하지만 각기 다른 목표와 목적으로 사용될 수 있다. 여기서는 극히 이분법적인 자아 스키마(self-schema)의 사용에 관하여 탐색할 것이다. 스키마 사용의 다른 방식은 Padesky와 Greenberger(1995)의 저술에 잘 나타나 있다. 나는 이 기법의 여러 버전을 동일한 내담자 상황에서 사용하였다.

> **하미드**는 중동 국가의 소수종교 민족의 일원으로 성장했다. 그가 어릴 때 그의 종교는 박해를 당했으며, 그로 인해 그의 가족은 결국 나라를 등지게 되었다. 박해 기간 도중 그의 부모는 그의 안전에 대해 매우 염려하였으며 매우 제한된 상황에서만 집 밖으로 나가는 것을 허락했다. 그가 딱 한 번 부모의 말을 어기고 밖에 나갔을 때 운명의 장난으로 매우

불행한 일을 겪었다. 수년이 흐른 지금, 그는 영국에서 성공적으로 살아가고 있는 것처럼 보이지만, 실상은 심각한 우울증을 앓고 있으며 '쓸모없어.', '삶을 극복할 수 없을 거야.'라고 믿고 있었다. 그는 대부분의 날들을 이러한 생각을 되새기면서 지내고 밖에 나가기를 거부하고 있다.

나는 하미드에게 그의 부정적 핵심 신념인 '나는 쓸모없어.'라는 생각을 연속선 기법을 이용해 시험해 보자고 제안했다. 이 과정은 한쪽에는 0%의 유용성이라고 쓰고 다른 한쪽에는 100%의 유용성이라고 쓴 단순한 선 하나를 그리는 것으로 시작한다. 상담가가 '쓸모없음'이란 말 대신 '유용함'이라는 말의 긍정적인 속성에 대한 증거를 실제 시험해 보도록 권하는데, 이것은 부정적 초기 부적응 스키마를 약화시키는 시도인 동시에 대안적이고 좀 더 기능적인 스키마를 만들기 위해 시도하는 것이기 때문이다. 그러나 우리가 내담자가 실제로 '쓸모없음'과 '유용함'이라는 단어를 어떤 뜻으로 이용하는지에 대해 이해할 때까지는 올바른 방식으로 질문을 할 수 없을 것이기 때문에 용어를 정의하면서 시작하는 것이 중요하다.

또한 이러한 종류의 작업은 상담가가 내담자를 이미 잘 알고 난 다음에 더 효과가 있다는 것을 유념하는 것도 중요하다. 그런 다음 상담가는 내담자가 다른 관점에서 사물을 볼 수 있도록 돕는 데 이런 정보를 이용할 수 있다. 예를 들면, 이 사례에서 상담가는 하미드가 결혼을 했다는 것을 알고 있었다. 과거에 하미드와 그의 부인은 사이가 좋았으나 이제 그들 간에는 심각한 긴장이 흐르고 있다. 그는 대기업에서 기술직을 맡아 상당히 잘해내고 있었지만, 그의 실력, 특히 그의 기술적 역량이 함께 일하는 동료들보다 더 뛰어나다는 것을 감추는 경향이 있었다. 그는 2주 동안 직장을 쉬고 있었는데 이것을 매우 좋지 않게 생각하고 있었다.

나는 하미드에게 연속선에서 그 스스로를 위치시켜 보라고 요청했으며 그는 그림 7.2에 나타낸 것처럼 자신을 거의 0%에 근접한 위치에 놓았다. 나는 또한 그가 우울해지기 전에 기능적이었을 때는 자신을 어떻게 두고 싶은지도 물었다. 그는 50%가 약간 넘는 곳에 자신을 위치시켰다. 이것은 그가 자신에 대해 다양하게 느끼고 있으며, 우울감에 영향을 받는다는 것을 보여 주는 것이기 때문에 긍정적인 신호이다. 초기에 그의 사고 기록지(thought records) 사용을 도울 때, 하미드는 우울감이 주위 것들에 대한 생각에 부정적인 영향을 주는 방식에 대해 배운 적이 있다. 다음 단계는 다른 사람들을 그의 선에 위치시켜 보도록 하는 것이었다. 그의 아내에 대해 그에게 묻는 것이 지혜로운 일인지는 확신하지 못했지만 이것은 피치 못할 일이라고 보았고 그는 그림 7.2에 나타낸 것처럼 그녀를 매우 부정적인 자신의 위치 가까이에 두었다.

그는 아내를 자신 근처에 위치시키며 그녀에 대해 많은 분노를 표현했다. 하미드는 자신의 질환에 대해 그가 어떻게 해야 하는지를 아내가 계속해서 말하는 것에 화가 나 있었으며, 그는 '아내는 자기가 여기(100% 유용함을 가리키며)에 있다고 생각하지만 그건 바보같은 말이고, 정말은 이 아래(반대편을 가리키며)에 있다고요.'라고 덧붙여 말했다.

지금까지 우리는 쓸모없음과 유용함이 무엇이던지, 각기 다른 사람들 간에, 그리고 같은 사람에서도 시점이 다를 때 모두 다르게 나타난다는 것을 알 수 있을 것이다. 신념의 좁은 의미 영역은 이미 '확장되기' 시작했으며 좀 더 폭넓고 적합한 의미를 가지게 되었다. 이것을 더 확장시켜 가능한 효과적이 되도록 하기 위해, 이제 '쓸모없음'과 '유용함'이라는 용어를 정의하는 것이 중요하다. 이것은 내담자에게 '유용함을 결정짓는 것이 무엇이라고 보시나요?'와 '저 위(유용

0% 유용함		50%	100% 유용함
하미드	하미드의 부인 (그의 관점)	하미드 (우울해지기 전)	하미드 (부인 자신의 관점)

그림 7.2 연속선의 예 : 하미드

함)에 있기 위해서 해야만 하는 일은 무엇인가요?'와 같은 질문을 통해 이루어질 수 있다.

이러한 질문을 받았을 때 하미드는 자신의 직장의 상사인 해리를 예로 들었다. 그때 상담가는 해리의 어떤 특성이 '유용한지'에 대해 물었다. 하미드는 그의 기술적인 능력과 회사를 위해 돈을 벌어오는 방식 및 고객들을 다루는 방법 등을 지적했다. 이것은 아주 흥미로운 것이었다. 왜냐하면 하미드가 자신의 기술적 능력에 대해 상당히 우호적이라는 사실을 알고 있기 때문이다. 우리는 그 뒤 그가 좋아하는 방식으로 연속선 위에 그의 사무실 직원 몇몇을 위치시킬 수 있었다(그림 7.3 참조).

상담가는 이제 하미드에게 그의 아내를 이 면의 어디에 놓아야 할지에 대해 물었다. 그의 부인은 고국에서는 능력 있는 언어학자였으나 이 나라에서는 적당한 일자리를 찾지 못해 상점에서 일하고 있었다. 하미드는 재빨리 그녀가 이러한 기준에 의하면 자신과 같은 높은 위치에 놓여야 한다고 그녀를 '변호'했다. 또한 이 토론은 사무실의 흥분된 분위기를 식게 했기 때문에 유용하였으며, 사람의 가치

0% 유용함		50%		100% 유용함
하미드	하미드의 부인 (그의 관점)	하미드 (우울해지기 전)		하미드의 부인 (부인 자신의 관점)
0% 좋은 기술적 능력				**100% 좋은 기술적 능력**
하미드의 직장 동료들	하미드	하미드의 부인		해리(하미드의 상사)
0% 훌륭한 소득자				**100% 훌륭한 소득자**
영국에서의 하미드의 부인	직장 동료들	중동에서의 하미드의 부인	하미드	해리
0% 고객을 잘 다룸				**100% 고객을 잘 다룸**
하미드		직장 동료들	해리	하미드의 부인

그림 7.3 연속선 : 하미드(발전형)

는 순전히 그가 받는 보상에 관련해서만 결정되는 것이 아니라는 사실도 우리에게 상기시켰다. 이 시점에 상담가는 하미드가 이 일에 매우 집중해 있고 상당히 밝아졌다는 것을 알게 되었다. 하미드가 초기에 자신의 아내에 대해 비판했던 것으로 보면, 지금 강력히 그녀를 변호하고 있다는 것은 흥미로운 일이었다. 그는 아내의 부모가 그녀의 발목을 잡았기 때문에 아내의 삶이 불운했지만, 그녀는 뛰어난 자질을 가졌으며 최상의 결과를 얻기 위해 노력해 왔다고 말했다. 또한 상담가는 '탄력성(resilience)'과 같은 '개인의 자질'과 대인관계기술 및 친근함도 '유용함'과 관련하여 고려되어야 하는지를 물었다. 상담가는 하미드가 이러한 자질에 관하여 해리를 좀 부정적으로 언급했었다는 것도 기억했다.

이제 그림 7.4에 나타난 연속선이 원래의 이분법적인 버전과는 크게 달라져 있다는 것을 볼 수 있을 것이다. 연속선에서의 요소들은 이후 몇 회기에서 좀 더 논의되었으며 이 모든 논의들은 처음의 연속선 다이어그램이 나타냈던 것, 자신이 '쓸모없다'는 하미드의 신념은 이분법적인 초기 부적응 스키마이며, 이것은 드러난 것보다 더 많은 진실을 무한히 가리고 있었다는 것을 확인시켜 주었다. 이러한 종류의 논의가 자연스럽게 만족스러운 치료 결과로 이어진다면 흐뭇한 일일 것이다. 그러나 연속선 기법은 다양한 방식으로 발전할 수 있다. 때때로 이것은 지속적인 실습과 반복으로 효과를 보지만, 어떤 때에는 다함께 멈춰 버릴 수 있고, 아직 불완전해 보이나 이후의 치료 회기 중에 저절로 다시 나타날 수 있다. 이는 우리가 오랜 친구인 '아포리아'(이 경우는 '스키마적 인지 부조화')를 다시 만나고 있기 때문일 것이다. 의미들의 표면이 변화하는 것은 너무도 근본적인 문제여서 우리가 흡족하고 깔끔한 결과를 얻을 수 있는 결정적인 '아하' 경험을 가질 가능성은 거의 없다.

0% 유용함		50%	100% 유용함
하미드	하미드의 부인 (그의 관점)	하미드 (우울해지기 전)	하미드의 부인 (부인 자신의 관점)

0% 기술적 능력			100% 좋은 기술적 능력
직장 동료들	하미드	하미드의 부인	해리(하미드의 상사)

0% 소득자			100% 소득자
영국에서의 하미드의 부인	직장 동료들	중동에서의 하미드의 부인	하미드　　해리

0% 고객을 효율적으로 대함			100% 고객을 효율적으로 대함
하미드	직장 동료들	해리	하미드의 부인

0% 인간적 자질			100% 인간적 자질
직장 동료들	해리	하미드	하미드의 부인

그림 7.4 연속선 : 하미드(최종판)

제안 : 연속선 기법 사용해 보기

스스로 혹은 파트너와 함께 당신이 가진 중요한(핵심) 신념에 대해 기본적인 연속선 기법을 시도해 보라. 이를 위해서는 신념이 부정적인 것이거나 긍정적인 것일 수도 있다. 여기서 당신은 주로 실습에 대한 '감(feel)'을 얻으려고 할 것이다. 그림 7.4에 나타난 연속선 유형을 사용할 수 있지만, 당신에게 적합한 것으로 생각되는 다양한 정의 기준으로 그것을 확장하는 것이 중요하다. 이것은 우리가 긍정적인 신념과 부정적인 신념을 다르게 취급하는지에 대한 흥미로운 논의를 하게 할 것이다.[5]

---

5) '우울 리얼리즘(depressive realism)' 가설은 정신건강이란 삶에 대한 약간의 긍정적인 '스핀(spin)'을 갖는 데 달려 있을지도 모른다는 것이다(Brewin, 1988 참조).

8. 스키마의 생애사 검토

스키마적 신념은 내담자의 생애사에, 종종 아주 초기 이력에 기반을 두고 있을 가능성이 있다. 이들은 장기간에 걸쳐 견고해지고 강화되어 왔을 것이며 그래서 그들의 발전 과정, 특히 다른 정보들이 역사적으로나 누적적으로 튕겨져 나왔는지, 즉 오랫동안 들어가지 못했는지에 대해서도 고려해 보는 것이 도움이 된다. '스키마의 생애사 검토'로 불리는 이 기법은 일부 소실된 증거를 되찾아 이것을 새로운 긍정적인 스키마 혹은 핵심 신념의 발전을 촉진하는 데 이용하려고 한다. 이것은 서면의 자조 훈련(self-help exercise)으로 달성될 수 있지만(Greenberger & Padesky, 1995), 내 경험으로는 치료 회기 중에 부정적인 과거 경험을 재처리하는 부분 때문에 좀 더 강력할 수 있다. 227페이지의 축어록은 저자와 몇몇 동료들(Simmons & Wills, 2006)이 개발한 실습 DVD에서 발췌한 것이다. 이 책의 앞부분에서 만났던 내담자 잰은(p.88 참조) 사회불안을 치료받아 왔으며 그의 핵심 신념은 '사람들은 날 원하지 않아.'라는 것을 알았다. 치료 회기에서의 일은 내담자들의 삶의 경험을 재검토하여 그들이 어느 정도 이러한 핵심 신념에 대한 증거를 나타내는지 알아보는 것이다.

Greenberger와 Padesky(1995)는 상담가와 내담자가 협동적으로 새로운 대안적 핵심 신념, 이 사례의 경우 '사람들은 나를 도울 거야.'라는 핵심 신념을 지지할 증거를 모을 수 있다고 주장했다. 표 7.1의 예는 상담가와 내담자가 잰이 삶의 초기부터 현재까지 도움을 받았던 경험과 그렇지 않았던 경험을 조사한 결과를 나타낸 것이다. 도식에 대한 협의의 의미는 핵심 신념이 예측했던 것보다 훨씬 더 다양한 증거들을 적응시키기 위해 다시 한 번 확대되어야 할 것이다.

치료 회기 중에 이와 같은 초기의 감정 경험들을 회고하게 하는 것은 그 순간에 내담자로 하여금 강한 감정을 유발시킬 수 있다. 그래서 이러한 감정은 앞 장에

표 7.1 스키마의 생애사 검토의 예 (잰)

	나를 도와준 사람	나를 돕지 않은 사람
0~9세	엄마는 가끔 학교 숙제를 도와줌	엄마는 내 숙제를 너무 많이 고침
10~19세	몇몇 선생님들(netball) 프랑스어 선생님의 남편 파리에 다녀온 후 몇 명의 친구들 사귐	내 북쪽 억양을 놀린 여자아이들 엄마는 내 숙제를 너무 많이 고침 일부 선생님들, 파리의 세 여자아이
20~29세	내 딸 내 아들	내 첫 남편
30~39세	남아프리카의 고객들 내 두 번째 남편 대학 강사들	아프리카 말만 쓰려고 했던 몇 명의 남아프리카 사람들
40~49세	일부 직장 상사들 H 선생님 나의 상담가	일부 직장 상사들

제시된 그러한 선들을 따라 처리된다. 때로 그런 치료적 교환은 부정적 경험을 동시에 처리할 수 있으며 좀 더 긍정적인 의미의 새로운 대안적인 경험을 쌓게 할 수 있다. 이것은 아주 많이 편집된 아래의 축어록에서 일어난 일이다.

상담가는 잰에게 사람들이 도와주었거나 곁에 없었던 시점을 집어내 보도록 하였다.

잰　　： 가장 먼저 떠오르는 사건은 제가 열두 살 때 파리로 수학여행을 갔을 때 일어났던 일이에요… 저희 네 명이 쇼핑을 가도록 허락을 받았는데… 다른 세 명이 저를 버려두고 도망쳤어요. 저 혼자… 파리에서요!!![…]

상담가： 그래서 지금은 그 일에 대해 어떻게 생각하세요?

잰　　： 음, 첫째로 선생님들이 소홀했었다는 것… 그런데 왜 제가 그런 일이 일어나도록 했는지 이해할 수가 없어요… 정말 그 여자아이들과 맞지 않았거든요… 제가 거의 혼자라는 것을 느끼고 있었어요… 제가 무슨 일을 해도 그들이 저를 좋아하지 않을 거라는 본심을 알고 있었거든요… 그것을 감당할 수 없었어요. 등 뒤에서 웃음소리가 났어요. 만약 프랑스어 선생님의 남편이 없었다면, 아마도 저는 계속 그곳에 있었을 거예요…

상담가 : 그렇다면 그 분에 대해서 잠깐 생각해 보도록 하지요.

잰   : 친절한 분이었어요… 그 분은 제가 없어졌다는 것을 알아차리셨어요. 제 영웅이
         셨어요.

상담가 : 그러네요. 당신을 도울 누군가가 있었군요.

잰   : 바로 그거예요… 집에 도착하자 저는 울음보가 터졌어요… 그리고 어머니가 학
         교로 달려가셨지만 도움이 되지 않았어요. 어머니는 저 스스로 싸울 도구를 주
         는 대신에 저를 위해 싸우셨어요… 물론, 그 일은 상황을 더 나쁘게 만들었어
         요… 저를 계속 괴롭히는 일은 멈추지 않았어요.

상담가 : 그렇군요. 그것도 흥미로운 일이네요. 그렇지 않나요? 여기 다른 한 사람은 돕
         고 있다고 생각했는데 이 경우에는 그렇지 않았네요… 그러니까 '돕는다'는 것
         은 상당히 복잡한 일처럼 보이네요. 어떤 때는 돕지 않는 것 같고, 어떤 때는 돕
         는 것 같으며, 또 어떤 때는 돕고 있다고 생각하지만 돕고 있는 것이 아니네요?

나중에, 이 사건과 인생의 다른 사건들에 대해 탐색한 후에

상담가 : 자, 사람들이 돕는지 돕지 않는지에 대해 이 일을 다르게 한번 볼 수 있는 방법
         이 무엇일까요?

잰   : 제 생각에, 몇 사람은 저를 도왔어요… 모든 사람이 도와주기를 기대할 수는 없
         지만 일부 사람들은 도와줄 것이라고 생각해요… 제가 다른 사람들보다 도움을
         덜 받을 것 같지는 않아요… 제가 다른 사람들보다 도움을 적게 받을 색다른 점
         은 없어요.

이 대화의 대부분에서, 잰은 이러한 정서적으로 느꼈던 경험들을 능동적으로
처리해 나가고 있었다. 상담가는 긍정적인 새로운 정보들이 떠오를 것이며 이들
이 스키마에 전달되는 것은 초기 부적응 스키마의 부정적인 편견을 바꾸게 될 것
이라는 합리적인 기대를 하며 그녀가 이 과정을 수행하도록 차분히 촉진하였다.
어떤 점에서, 상담가는 이 과정에 방해만 될 수도 있다. 그러므로 상담가는 내담
자의 지속적인 작업을 촉진시키는 데 중점을 두어야 하며, 수시로 견해를 말하고
요약해야 한다. 이 사례에서 잰은 이러한 모든 경험과 드러난 '도움'에 대한 새로
운 시각을 써 보고 싶어 했으며, 이것은 Padesky가 대안적 긍정신념의 구축이라

고 기술한 또 다른 개입 방법인 긍정 일기(positive diary)로 이어졌다.

제안 : 생애사 검토를 시도해 보기

이번에도 스스로 혹은 파트너와 함께 해 볼 수 있다. 앞서 제안한 것처럼 이것은 부정적인 혹은 긍정적인 핵심 신념 어느 것으로나 사용해 볼 수 있다. 앞의 제안과 같은 신념을 사용하고 싶을 수도 있고, 혹은 새로운 신념을 가지고 시작해 볼 수도 있다. 상담 훈련생과 간단한 스키마 질문지[6]를 사용해 본 결과 평균 4개 혹은 5개의 스키마 영역이 작용하는 것으로 나타났다. ('자기희생' 및 '무자비한 기준'이 가장 단골이었다!) 형식에 관해 당신 자신이 창의적이 되게 하라. 가장 정통적인 방법은 표 7.1에 나타나 있지만 일부 사람들은 '시간선(time line)' 방법에 더욱 익숙할 수 있다. 나는 심지어 인생도(life picture)를 그리기 위해 예술치료법까지 사용해 보았으며 나의 내담자 중 한 명은 이것으로 한 단계 더 진전한 그녀에 대한 애니메이션을 만들기까지 했다! 훈련을 한 뒤의 검토와 논의에서 이 과정을 수행하는 동안 어떤 느낌이 들었는지 숙고해 보라. 감정을 불러일으키는 것은 이 방법의 주된 요소이다. 많은 내담자들이 이것에 대해 '혼합된 감정'을 보고했다. 한편으로는 '나쁜 것(bad stuff)'에 대한 기억의 잔여 감정이 있을 수 있지만, 다른 한편은 '기억이나 감정을 올바른 견해로 이해함으로써' 오는 좋은 감정도 있다.

---

9. 긍정 일기 쓰기

긍정 일기를 쓰는 것은 본질적으로 대안적 긍정적 신념이 '그림의 떡'이 아닌 현실적이라는 것을 확인해 줄 증거의 근원을 만드는 방법이다. 이것은 부정적 스키마의 문제가 되는 메커니즘의 일부가 첫째는 긍정적인 경험들을 튕겨내고, 둘째는 이러한 긍정적인 경험이 다소 있다고 해도 이를 왜곡하거나 잊거나 무시하는 식으로 작용하기 때문에 중요한 일이다. 상담가가 다만 긍정 일기에 대한 근본적

---

6) Young & Klosko(1998) 참조. Young은 또한 더 긴 질문지를 만들어 두었다(Young et al., 2003 참조). 나는 스키마 질문지를 내담자들에게 아주 가끔 사용하며 길이가 짧은 것이 그들에게 덜 부담스럽다는 점을 발견했다.

인 원리를 제공하여 내담자가 이 일을 계획하고 그녀가 선호하는 일상 삶의 패턴에 맞는 방식으로 완수하도록 촉진함으로써 협력적이 되는 것은 도움이 된다. 나는 항상 내담자들이 이 작업에 접근하는 방식을 알아차리는 것에 흥미를 가져 왔다. 한 내담자는 넝마 같은 작은 노트를 보여 주면서 그녀의 일기장으로 쓸 것이라고 한 적이 있다. 내가 그녀에게 이것에 대해 물어보자 그녀는 크고 멋진 노트에 일기를 쓸 만큼 자신이 가치가 있다고 생각하지 않는다고 했다. 그녀를 많이 격려한 후에야 결국 자신이 좀 더 가치 있다는 것에 동의했다. 내담자가 이것에 대해 무엇을 하는지를 지켜보고 그 일에 맞는 노트의 수준을 업그레이드 할 수 있도록 하는 것은 가치 있는 일일 것이다. 대신에 상담가가 시작부터 좋은 노트를 제시할 수도 있다.

때때로, 어떠한 사건이 처리될 필요가 있다면, 다음 부분에서 기술할 사이코드라마와 같은 환기 기법을 보다 적극적으로 사용하는 것이 도움이 되기도 한다.

10. 스키마를 다룰 때 사이코드라마와 역할극 기법 사용하기

우리는 내담자의 스키마에서 비롯된 문제는 종종 꽤 오랜 시간 동안 존재해 왔다는 사실을 강조해 왔다. 이것으로부터 제기될 수 있는 한 가지는 좀 덜 복잡한 문제들과 달리, 내담자가 초기 부적응 스키마가 지속적으로 활성화되어 있지 않은 상태에서 지낸 기억은 없을 수도 있다는 사실이다. 따라서 치료를 시작함으로써 그들은 이론상으로만 존재하는 어딘가로의 여행을 시작하는 것일 수도 있다. 이것은 그들에게 위험스러운 모험으로 보일 수 있다. 이러한 상황에서 내담자들은 지속적으로 유발되는 격심한 감정을 다루는 한 방법으로 정서적으로 그리고 인지적으로 회피를 해 왔다. 우리는 6장에서 다양한 맥락에서 감정을 불러일으키는 것의 필요에 대해 논의한 바 있다. 스키마로 인한 문제를 다루는 맥락에서 감정은 다양한 사이코드라마와 역할극 기법에 의해 유용하게 환기될 수 있다. 연속선 기법과 긍정 일기 기법이 옹색한 초기 부적응 스키마를 더 광범한 의미에 적응시키도록 넓혀 가는 방법으로 사용될 수 있는 반면, 이러한 역할극 기법은 보다 드물게 이용될 것이다. 역할극 기법에서 상담가와 내담자는 완전한 맥락에서 스키마를 마주 할 수 있다. 이러한 작업에서 나타나는 문제들은 그 후에 진행될 후속 작업의 기반이 될 수 있다.

드라마나 극장처럼, 사이코드라마와 역할극은 다양한 창의적인 방향으로 확대될 수 있다. 역사적으로 드라마 치료법이 인본주의적이고 정신역동적인 치료와 더 관련되어 왔고 CBT에서는 지금까지 좀 조심스럽게 사용되어 왔지만 앞으로 훨씬 더 확대 사용될 수 있다(Jennings, 1990). 이 장의 목적을 위해 CBT에서 가장 일반적으로 시연되는 사이코드라마의 형식이 과연 무엇인지에 초점을 둘 것이다. 즉 감정을 올라오게 하는 어린 시절의 경험의 재현과 이들 경험의 특정 측면을 다른 관점에서 재연해 보는 것이다.

내담자는 다양한 역사적 사건이나 그 속의 사람들과의 관계를 촉진하는 그러한 장면을 재현하도록 요청받을 수 있다. 또한 이러한 경험이 처리될 수 있거나 혹은 지금까지도 내담자를 곤란하게 한 어떤 방식에 대해 '전반적으로 다루어 볼 (worked through)' 수 있기를 기대한다. 이미 논의된 다양한 기법도 이러한 새로운 맥락에서 사용될 수 있다. 예로 1인칭/현재형 시제로 말하도록 고무하는 것과 그 장면과 관련된 감정적 경험과 핵심 신념 및 사고의 인지적 내용을 탐구하는 것 등이다. 아래의 예는 앞서 제시된 사례인 메리의 과거사에서 발췌한 것으로, 그녀는 큰 농장의 가족 중 맏딸이었으며 자신이 '기대에 못 미쳤다'고 믿고 있었다.

메리는 역사적 역할극을 시작하는 것에 대해 불안해했으나 너무 오랫동안 좋지 못한 감정을 가지고 살아왔기에 이러한 '사슬을 끊도록 도와줄' 무언가를 기꺼이 시도해 보고자 하였다. 그녀는 이 작업에 완전히 들어가자 상당히 잘 적응하는 모습을 보였다. 그녀는 스스로를 '되다 만 여배우'로 설명했다. 기대에 부합하지 못했다는 그녀의 핵심 신념에 대해 생각하면서, 그녀는 어린 시절의 한 장면, 열 살 때 어린 남동생을 돌보는 책임을 맡게 된 장면으로 스스로를 데려갔다. 동생은 농장집 뒤의 들로 놀러 나가고 싶어 했다. 그날은 추운 겨울날이었고 메리는 자신의 몸이 좋지 않다는 것을 깨달았다. 열이 있었다. 그러나 동생은 끔찍한 소란을 피웠고 그를 달래기 위해 그녀는 들로 몇 분간을 걸어 내려갔다. 걸어가면서 그녀는 더욱 아프기 시작했고 혼절하기 전에 집으로 돌아가야만 한다는 것을 알았다. 이때 어린 동생은 어디론가 달아났고 그녀는 그를 찾을 수 없었으며 계속 찾으러 다니기에는 너무 몸이 좋지 않았다. 그녀는 집으로 돌아와 누군가가 동생을 찾아주길 바랐지만 집에는 아무도 없었다. 그녀는 벽난로 불 앞에서 잠이 들었다. 그녀는 어머니가 물에 흠뻑 젖은 동생을 안고 있는 것을 알고 깨어났다(그가 연못에 빠졌던 것이다). 어머니는 메리에게 쓸모가 없으며 남동생이 하마터면 익사할 뻔했다고 고래고래 소리를 질렀다. 이 이야기를 할 때 메리는 그녀가 당시 느꼈던 수치심을 떠올리며 감정에 북받쳐 울었다. 상담가는 그녀가 그렇게 제어하지 못하는 것을 이전에는 본 적이 없었다. 그녀는 자신이 느꼈던 수치감에 대해 조금 말할 수 있게 되면서 약간 평정을 되찾았고, 그 당시 상황을 재구성할 수 있게 되었다. 상담가는 그녀에게 그 당시 열 살의 소녀에게 필요한 것은 무엇이었느냐고 물었다. 메리는 부모의 위협에 맞설 수 있는 지지와 도움이었다고 말했다. 그녀는 스스로는 그것을 할 수 없고, 상상조차 할 수 없지만 좋아하는 이모에게 도움을 받는 것을 상상할 수 있었다. 그것은 이모가 부모에게 메리가 '많이 아팠으며 겨우 열 살'이라는 것과 아들이 무사한 데 대해 하느님께 감사해야 하며 메리를 괴롭힌 것에 대해 부끄러워해야 한다고 말해 주는 것이었다. 이 장면의 마지막 순간이 재현되었을 때, 메리는 마침내 상상 속의 이모가 말했던 것들을 따라 할 수 있었고, 그것을 부모에게 직접 말할 수 있게 되었다. 메리는 치료 중에 통제불능이지만 정상적인 방법으로 단 한 번 소리쳤다. 이것은 메리가 이때 시도하고 있던 더 광범한 새로운 작업의 일부분이었다. 그러나 그녀 스스로 이것은 '자신에 대한 새로운 인식에 이르는' 중요한 부분이었다고 밝혔다.

이 치료 회기 후에 메리는 자신의 핵심 신념에 대한 작업을 계속했다. 그녀는 장기치료를 받지 않기로 결정했으며, 15회기 정도의 치료 후에 '비록, 나만큼 많은 사람들이 이 사실을 인정할 수 없을지라도, 나는 기대에 부응하고 있어요.'라고 자신의 신념을 수정할 정도에 이르렀다. 그리고 현재로서는 자신의 길을 갈 수 있을 만큼 충분한 작업을 했다고 생각했다. 3개월 뒤 추후면담에서, 그녀는 일과 인생에 대한 새로운 열망이 지속되고 있으며, 비록 때로 문제를 겪고 있기는 하지만 '고비를 넘겼다'고 생각한다고 밝혔다.

11. 스키마 양식 작업과 스키마 논쟁

역할극은 언제나 인지치료의 일부로서(Beck et al., 1979), Judith Beck(1995)의 논문에 따르면 매우 다양한 목적에 이용될 수 있다. 특히 내면의 논쟁에서 '논쟁의 양 측면'을 이해하는 데 탁월하다. 초기 부적응 스키마는 매우 강력하지만, 일반적으로 내담자가 지닌 좀 더 기능적인 다른 스키마와 경쟁하게 된다. 따라서 역할극은 이런 논쟁을 촉진시키거나 작용하게 하는 데 이용될 수 있다. 상담가와 내담자는 이 논쟁에서 다른 역할을 맡게 되며, 역할을 바꿀 수도 있다. 상담가는 때때로 내담자에게 양쪽 역할을 하게 할 수도 있다. 인지치료가 성격장애와 관련된 더 깊은 주제를 다루기 시작하자, 역할극은 심리극의 양상을 띠기 시작했다(Beck et al., 1990). 역할극은 가족의 시나리오를 재현하기 위해 앞의 대화에서 나타난 것과 같은 스키마의 핵심 신념을 끄집어 내서 작업하는 데 이용될 수 있다. 때로 이 작업은 스키마적 혹은 비스키마적 자료 간의 상호작용 촉진을 겸할 수도 있다. Young과 동료들(2003: 272)은 이렇게 묘사했다. '…스키마 양식 작업은 … 자아의 각 부분에 양식 라벨을 붙일 수 있으며, 그런 뒤 이 두 양식은 서로 대화와 협상을 할 수 있다.' Young과 동료들(2003)은 부모의 양식과 자녀의 양식 간의 차이에서 일어날 수 있는 상호작용의 유형을 세분화했다. 다음의 축어록은 스키마 역할극의 일부 요소를 포함하고 있지만 거의 '취약한 아동'과 '건강한 성인' 간의 대화에 가깝다. 우리는 메리와 사람들을 기쁘게 하려는 그녀의 강박적인 시도로 돌아왔다. 그녀는 이전의 축어록에서 보았던 비판적인 부모를 내재화한 듯 보였다.

> 내담자 : [부모가 그녀의 남동생과 언니를 편애하는 것을 설명하며]… 저는 다른 사람들이 했던 그러한 대접을 보장하지 않았어요…
>
> 상담가 : 당신은 그 말을 하면서 얼굴에 그윽한 미소를 짓고 있지만 왠지 고통스러운 것처럼 들리는군요.
>
> 내담자 : 그래요… 그래요… 제가 이렇게 말고 어떻게 감당하겠어요! [이후에]…
>
> 상담가 : 당신은 사람들을 기쁘게 해야 한다는 것과 이 일을 서로 연관시키나요?
>
> 내담자 : 제가 다른 어머니를 찾아 왔다는 것을 알 수 있어요… 어머니는 항상 저에게 '이걸 하렴. 안 하면 널 사랑하지 않을 거야.'라고 말해 왔어요… 그녀는 주위의 일들을 조작해서 남동생과 언니가 혜택을 받을 수 있게 했어요… 이건 솔직히 말하면 그들과 나의 문제였어요… 하지만 저는 늘 그것이 제 잘못이라는 말을 들었어요… 저는 희생양이었어요…
>
> 상담가 : 그래서 당신은 아이였을 때 이 모든 것에 대해 생각했던 것을 어떻게 생각하나요?
>
> 내담자 : 음, 저는 제가 다른 사람의 기대에 못 미친다고 생각했고 자꾸자꾸 더 열심히 노력을 해야만 한다고 생각했어요… 제 부모님은 다른 사람들이 나보다 낫다고 생각했어요… 그래서 저는 제게 틀림없이 무언가 문제가 있다고 생각했어요… 가끔 이런 생각이 직장에서도 들곤 해요…
>
> 상담가 : 그래요. 그럼 그것은 어린 메리가 그 문제에 대해 생각하는 방식이고, 때로 직장에서도 그런 생각이 든다는 거네요. 그러면 어른 메리는 어떤가요?
>
> 내담자 : 저는 물론 아직도 그 아이를 돌보고 있지요! 하지만 저는 옛것들이 저로 하여금 다른 사람들의 인정을 받기 위해 발에 불이 나도록 열심히 일하게 만들고 있다는 것과 실제로는 제가 그저 그들의 뒤를 밀어 주고 있다는 것을 알아요… 그뿐 아니라 그들은 자신들이 인정을 받기를 원하지 저에게는 별 관심도 없다는 것을요…

우리는 각각 진실의 핵심을 가진 두 가지 명백한 사고 양식이 나타났으며, 이들

두 양식을 종합하는 것은 유용할 수 있고, 만약에 잘 촉진할 경우 이들 간의 협의된 해결로 이어질 수 있다는 것을 알 수 있다. 메리는 이전 상담가가 그녀에게 가족 상황에 대한 책임을 강조함으로써 어떻게 그녀를 '산 채로 파묻었는지'를 설명해 갔다. 우리는 이전 상담가가 실제로 무엇을 말했었는지는 알 수 없지만, 내담자에게 자신의 삶에 대한 책임을 강조함으로써 그녀의 기운을 북돋우려고 했을 가능성이 있지만, 이 경우 거의 확실히 고의적이 아닌 채로 비판적인 부모상과 연대하여 두 양식 간의 대화에 부담을 주었을 것이다.

스키마 양식을 다루는 것에 대한 마지막 단서가 필요하다. 스키마는 은유의 형태로서 생각되는 것이 최선이며 어떠한 '것'으로 '구체화되어서'는 안 된다는 점을 기억하라. 양식에는 너무도 많은 것들이 존재하는 것으로 보인다. 예로 '내면 아이', '진짜 자아', '내면 비판가(inner critic)' 등이 있다. 대중적인 심리학 문헌에서 언급한 것처럼 저 속은 꽤나 붐비는 것 같다! 우리는 실제로 건전한 사람이며 학습 목적을 위한 협상에서 우리의 부분들을 생각하는 것이 유용할 수 있지만, 이러한 모든 부분들이 정말로 모두 함께하는 것임을 우리 스스로에게 상기시킴으로써 그러한 훈련을 종결하는 것이 종종 도움이 될 것이다.

12. 결론

이미 언급한 바와 같이, 스키마에서 비롯된 문제의 치료는 그 강도가 각각 다르다. 이 장에서는 주로 가정과 핵심 신념 및 초기 부적응 스키마를 일상적인 임상 실천의 일부로서 다룰 일련의 기본적인 기법들에 초점을 두었다. 치료의 한 형태로서 CBT와는 구별되는 스키마 중심 치료(Young et al., 2003)와 성격장애를 위한 인지행동치료(Beck et al., 1990) 및 경계성 인격장애(Layden et al., 1993; Linehan, 1993)와 같이 좀 더 철저한 형태의 스키마 치료 방식을 옹호하는 상담가들도 있다. 어떤 범주의 환자가 이러한 좀 더 특화된 형태의 CBT를 필요로 하는지는 아직도 불분명하다. 본인의 임상 실제와 내가 잘 알고 있는 동료 상담가들에게서 보면, 스키마에서 비롯된 문제를 나타내는 내담자들이 치료를 통해 상당수가 이득을 보고 있다고 말할 수 있다. 이런 종류의 작업은 좀 더 증상 위주의 CBT에 별다른 문제없이 통합될 수 있을 것이다. 스키마 중심 치료는 또한 내담자에 대한 비교적 단기개입으로 효과적일 수도 있으나 소수의 내담자들은 장기치료를 요한다는 점을 인지하는 것이 중요하다(Cummings & Satyama, 1995).

연습을 위한 조언 : 내담자의 삶에서 역사적으로 중요한 장면의 심상을 통해 핵심 과정의 자료들에 다가가기

CB 상담가로서 훈련을 받을 때 동료 훈련생 중 한 명이 지속적인 자아비판의 목소리로 문제를 겪고 있는 내담자에 대해 말해 주었다. 그 내담자는 마치 앵무새가 어깨 위에 영원히 앉아서 그의 귀에 부정적인 생각들을 속삭이는 것만 같다고 했다. 상담가는 '앵무새'에게 성격을 부여함으로써 이 생각과 협력했다.[7] 내담자는 앵무새를 '킬로이(Kilroy)'라고 부르기로 결정했으며 상담가는 회기를 '오늘 킬로이는 어때요?' 라는 질문을 던지며 시작할 수 있었다. 이 아이디어는 내 마음속에 박혔으며 내 내담자들에게도 킬로이에 대한 이야기를 자주 들려주곤 했다. 그들은 이를 좋아하는 것처럼 보였다. 킬로이에 대한 아이디어는 CBT의 일부로서 상상력을 이용할 수 있는 가능성에 대해 나의 눈을 뜨게 하였다. 여기서 요점은 상상력이 이해하기 쉬우면서도 잘 포장된 시각적인 묘사를 통해 의미의 통로 전체를 포착할 수 있다는 점이다.

　CBT에서 상상력을 이용할 수 있는 방법은 너무도 다양하게 존재한다. 이 분야는 명확한 진술로 확정되지 않은 영역들의 하나이며 아직까지 창의성의 여지가 풍부하다―그리고 누군가는 그것이 창의적인 형태에 알맞다고 생각할 수 있다.

　Mike Simmons와 내가 제작한 실습 DVD(Simmons & Wills, 2006)에는 내담자 잰이 자기 자신의 비판적인 목소리로 말하는 치료 회기의 일부가 들어 있다. 상담가는 그녀에게 킬로이에 대한 이야기를 들려주고 그 비판적인 목소리가 어떤 특정한 성질이 있는지에 대해서 묻는다. 이것은 그녀로 하여금 그녀의 어머니, 그리고 어머니와 '날카로운(spiky)' 논쟁을 경험한 사춘기 초기의 다양한 사건들에 대

7) 해당 개념을 공유해 준 Damian Gardner에게 감사의 마음을 전하는 바이다.

한 일련의 기억 속으로 돌아가게 하였다. 그녀가 이들 기억 속으로 더 나아갈수록 적어도 그녀의 마음 중 일부는 여전히 '그곳'에 있다는 점이 명확해졌다. 그러나 그 당시에는 재경험 치료를 하고 있는 것이 아니었으므로 상담가는 그녀를 다시 현재로 돌아오게 하여 그녀에게 그 비판적인 목소리에 대해 어떻게 하고 싶은지를 물어보았다. 그녀는 자신의 어깨를 내려다보았는데 아마도 킬로이의 이미지가 떠올랐기 때문인 것으로 추측된다. 그녀는 자신의 '앵무새 어머니'를 쓰다듬었다. 그리고 그 앵무새 어머니에게 지금은 상담가와 중요한 이야기를 하느라 바쁘니 '떠나가서 뜨개질이나 하시라'고 말했다. 이는 매우 간단한 문장이었으나 과거와 현재, 그리고 미래에 대한 의미로 가득 찬 말이었다.

추천도서

Greenberger, D. & Padesky, C. (1995) *Mind over mood.* New York: Guilford Press.

Layden, M.A., Newman, C.F., Freeman, A. & Morse, S.B. (1993) *Cognitive therapy of borderline personality disorder.* Boston, MA: Allyn & Bacon.

Padesky, C. & Greenberger, D. (1995) *The clinician's guide to mind over mood.* New York: Guilford Press.

Young, J.S. et al. (2003) *Schema focused therapy: a practitioner's guide.* New York: Guilford Press.

CBT의 발전 : 일과 평생학습 관점

저는 상담가로 일한 지 꼭 35주년을 기념했습니다.
이제야 상담을 할 줄 알게 된 느낌입니다.

필자가 Brain Hunter에게 2006년 1월에 보낸 편지

1. 저와 함께 CBT를 하실래요?

연수기간 동안, CB 상담가는 CBT의 개념과 방법에 어느 정도까지 참가할지를 고려해야 할 것이다. 예를 들면 이들 개념과 방법이 그들의 현재 태도와 가치관에 얼마나 잘 맞는지를 고려해야 한다는 것이다. 연수생들이 그것을 받아들일 수 있는지를 구분짓는 CBT의 핵심 관점 중 하나는 그들이 CBT 구조를 적용하는 데 무리 없이 편안함을 느낄 수 있는 정도인 것으로 보인다. 일부 사람들에게 치료의 구조화는 '지시적'이 되어 자신의 전문성을 내담자에게 강요한다는 의미를 수반할 수 있다. 이런 태도는 연수생들이 CBT를 완전히 수행하는 것을 방해할 수 있다. 이 태도가 CBT의 완전한 수행에 어떤 영향을 주는지는 이 모델이 '내가 행하는 주된 일'인지 혹은 '내가 하는 일 중의 하나'가 되는지에 달려 있다(Wills, 2006b).[1]

이 장은 CB 상담가들의 장기적인 발전과 이 모델을 실천하는 방법에 대해 다루고 있다. CBT의 발전은 대부분이 정신의학 환경에서 일어났다는 사실에 큰 영향을 받아 왔다. 한편으로, 이것은 임상을 구축할 탄탄한 기반이 있지만(그리고 정신의학 자체도 좀 더 심리적인 치료 옵션이 필요했다), 다른 한편으로는 정신의학이 대중들에게 부정적으로 인식되고 있다는 점에서 득실 양면이 있었다. 정신의학에 대한 부정적인 감정은 부분적으로는 정신의학의 최근의 발전에 대해 이해하지 못한 결과이다. CB 상담가는 병원 중심의 환경 밖에서 더 많은 서비스를 진전시켜 이러한 격차를 메워 줄 수 있을 것이다. 이는 우리가 내담자 집단과, CBT를 점점 양면적인 감정으로 대하는 것 같은 정신건강 전문의 동료들 양쪽 모두와 좀더 직접 소통할 수 있게 할 것이다(Sanders & Wills, 2003). 또한 다양한 분야에서 그들의 편견을 극복하고 CB 상담가에게 무엇을 배울 수 있는지 생각한다면 도움이 될 수도 있다. 어쨌든, 내가 이 책을 통해 보여 주기 희망한 것처럼, CB 이론

---

1) CBT 연수와 슈퍼비전에 대한 더 많은 기록은 SAGE 웹사이트에서 구할 수 있다.

가들과 임상가들은 그들로부터 기꺼이 배우려는 의지를 보였다.

연수 후의 만만치 않은 환경에서 성공하기 위해, CB 상담가들은 그들의 능력을, 특히 다양한 내담자들의 다양한 욕구에 CBT를 적용하는 기술을 강화할 필요가 있다. 이 임무는 CBT의 기술과 과학 모두에 대한 이해를 강화하고 심화하는 것과 함께 시작되어야 할 것이다. 이 기술들은 CB 치료를 내담자에게 수행하는 환경에서 발전될 필요가 있으며, 그들 중 일부는 많은 CBT 관련 서적에 나타난 것보다 더 강력한 저항감을 가질 수 있다. 이 장은 CB 상담가가 되는 것과 관련되는 기술, 과학 및 기법을 발전시키는 것에 대해 다룰 것이다. 이는 또한 CB 상담가가 실습할 수 있는 다양한 임상 환경과 사회정치적 환경에 대해서도 다룰 것이다. 그리고 요구가 많은 이러한 직업에서 삶에 대처하는 방법들에 대해서도 탐색할 것이다. 특히 중요한 것은 CBT 커뮤니티에 들어가는 일이겠지만 또한 그것을 기반으로 서로 비슷한 생각을 하는 다른 분야의 동료들과 교류하고 배우는 것에 대해서도 다룰 것이다. 어떤 치료 기법을 배운다는 것은 평생학습의 경우와 거의 같기 때문에 이 장의 강조점은 장기적인 발전에 둘 것이다.

2. CBT 과학에 대한 보다 깊은 이해력 발전시키기

CBT의 이론적 및 임상적 기반을 공고히 하고 넓히기 위한 지속적이고 진정한 연구가 이루어지고 있다. 영국 행동인지심리치료협회(BABCP), 유럽 행동인지심리치료협회(EABCT) 또는 인지치료 세계총회의 연례회의는 보통 40개 혹은 그 이상의 그룹 세미나로 이루어지며, 각 세미나에서는 공포증, 신체 이형증(body dysmorphia) 혹은 청소년 치료 등과 같은 임상 영역에 대한 수많은 연구논문이 발표된다. 이들 그룹의 발표자들은 종종 임상의학자가 아니라 정신의학적 반응이나 치료 반응의 매우 제한되고 엄밀한 분야를 연구하는 순수 이론가일 때도 있다.

이들은 또한 좀 더 광범위한 이론적 의문이나 일반적인 치료 반응을 조사하는 임상 연구가들일 수도 있다. 한편으로는 이를 통해 연구의 기반은 확실해지겠지만 다음 내담자를 보기 전에 무언가 새로운 연구결과가 쌓였을 것만 같은 기분이 들게 할 수도 있다. 오늘날 대부분의 연구는 너무도 전문화되고 복잡해져서 사람들이 매일 실행하는 것을 모두 이해하기란 어렵다. 나도 최근 한 발표회에 앉아서 '이건 마치 지난 12년 동안 지속된 논의 같군. 나는 그중에 11년 하고도 364일은 빼먹은 것 같아.'라고 생각했던 것이 기억난다.

Christine Padesky는 살짝 놀림조로 그녀가 처음 인지치료를 배웠던 1970년대 후반에는 이 모든 것이 쉬운 일이었다며, 당시에는 단 한 권의 인지치료 책과 우울증에 대한 응용법만이 있었다고 말했다. 오늘날에는 수많은 응용법이 있으며 이들 모두 보고서와 치료 프로토콜을 첨가시키고 있다. 나는 하나의 치료 프로토콜에 능숙해지려면 대략 2년이 걸린다는 점을 밝혀냈다. 현재 비전문의의 치료 실행에서 일어나는 일반적인 문제가 20가지 정도 있으며, 이렇게 보면 대부분의 상담가들이 은퇴할 때가 되어서야 이 모든 것에 능숙해진다는 계산이 나온다.

잠재적으로 유용한 지식이 너무 다양해서 생기는 문제를 다루기 위한 한 방안은 제한된 분야에 좀 더 빨리 숙달될 수 있도록 한 분야의 전문가가 되는 것이다. 알코올 상담자로서 연수를 받을 때, 한 알코올 문제 전문가는 약 50여 명의 내담자를 대하면 음주문제의 중요한 변수들을 대부분 본 것이라고 말했다. 이것을 양적으로 보면 내가 위에서 2년 정도라고 했던 예상치도 상당히 잘 들어맞는 것이 된다. 이러한 해결책이 가질 수 있는 한계는 내담자들이 대개 하나 이상의 문제를 안고 있다는 것[공동 병리상태(co-morbidity)]과 현재 드러난 문제가 좀 더 근본적인 그 외의 문제를 가리고 있을지도 모른다는 것을 잘 나타내고 있다. 이런 경우 상담가는 다른 상담가에게 내담자를 의뢰할 수 있지만 만약 이 문제가 명확해지는 동안 내담자와 상담가 사이에 어떤 유대감이 생겼다면 의뢰하기가 어려울 수 있다.

그러나 어떤 해결책으로서 전문가 훈련은 모두에게 가능하거나 친숙한 것은 아닙니다. 국립 보건 서비스와 같은 큰 조직에서 일하고 있는 대부분의 상담가들은 시간이 지남에 따라 문제들의 속성에 대해 배우는 '행복한 일반의(generalist)'가 될 필요가 있다. 나는 1차 진료 환경에서 일하면서 일반의가 되는 것에 대해 긍정적인 태도를 갖게 되었는데, 그곳은 상당히 드문 의학적 상태들에 대해 끊임없이 배울 수 있는 곳이다. 그러한 환경에서 많은 상담가들은 내담자들이 상담가가 항상 전문가이기를 기대하지는 않는다는 것을 알았다. 사실 내담자들은 상담가가 배우고자 하고 그들이 아는 것과 모르는 것에 대해 정직하다면 그들과 함께 배우려 한다는 의미에 가치를 두는 것 같다.

상담가의 지식 수준은 전문성과 영향력에 관련된 요소 중 하나이다. 치료에서 '상담가의 영향력'의 역할에 대한 연구는 상당히 흥미로운 결과를 나타낸 바 있다 (Heesacker & Mejia-Millan, 1996). 상담가의 조용한 전문가 자질은 효과가 있으나 만약 전문성이 지나치게 투영된다면 이는 부정적인 영향을 미칠 수 있다. 내담자에 대한 협력적 태도와 내담자와 함께 배우는 것은 내담자가 상담가를 오만한 '전문가'로 경험하지 않음으로써 소외되지 않는다는 점에서 최상으로 볼 수 있다.

물론 어느 정도까지는 CBT의 구조와 실행의 어떤 면들은 경계를 뛰어넘기 때문에 새로운 내담자를 만날 때마다 혹은 새로운 문제 영역을 펼쳐 볼 때마다 모든 일을 다시 처음부터 시작할 필요는 없다. 그러나 나는 CB 치료가 끝없이 응용법을 발전시키지만 보다 더 '급진적인 새로운 접근법'으로 인해 너무도 복잡해져서 분열의 위험과, 원래 모델의 상대적 단순성과 극도의 간소함을 상실하게 될 때를 예견하고 있다. Wells(2006)는 모든 불안장애의 구조화를 위한 형식을 개발함으로써 이러한 과도한 정교화 추세에 대응한 긍정적인 공헌을 했다. 나는 Wells가 제안한 것과 같은 간소함을 유지하는 것이 CBT가 지속적으로 발전하기 위해 더 필요하다고 생각한다. 또한 과도하게 복잡한 CBT 버전의 발전은 모든 치료 모델이 공통된 치료 과정을 갖고 있다는 인식에서 우리를 더욱 멀어지게 할 위험도 있다. 공통된 치료 과정을 인식하는 것은 우리를 다른 나머지 치료 세계와 긴밀히 연관되도록 도우며, 이것은 내담자의 요구에 봉사의 사명을 바치는 단합된 치료 직업의 발전에 우리가 참여할 수 있도록 돕는다. 불행하게도 그러한 단결된 직업은 아직 먼 일처럼 보이며, 한편으로 CBT 임상가들은 여전히 자신들이 특화되어야 할지와 자신들이 맡을 내담자들의 범위에 대한 결정을 내릴 필요가 있다.

3. CBT 기술 발전시키기 : 관계와 구조

다른 정신치료 모델의 지지자들은 종종 CBT가 치료 관계에 대한 깊은 이해가 부족하다고 비판해 왔다. 나는 이 치료 관계라는 것이 본질적으로 알 수 없는 영적인 면에 의해 때로 신비화된다고 생각하지만, CBT를 옹호하는 입장에서 우리의 이론을 좀 더 강력하게 만들 수만 있다면 인간 만남의 대단한 혼란을 뛰어넘을 수 있을 것이라는 믿음이 있다. 그러나 대부분의 일상 임상가들은 이렇게 느끼지 않는 듯하며, 치료 관계에 대한 최근의 CBT 논문들에서 밝혀지고 있는 대인관계의 만남에 훨씬 많은 관심을 가진다는 것은 희망적이다(Sanders & Wills, 1999; Bennett-Levy & Thwaites, 2007; Gilbert & Leahy, 2007). 대인관계에 민감한 상담가는 CBT의 구조를 좀 더 미묘하게 사용할 가능성이 크다.

Beutler와 동료들(1994)은 '상담가 변인'의 역할에 대해 고려하였으며 상담가가 구조화하는 것에 대한 내담자의 반응과 관련한 일부 흥미로운 증거들을 인용한다. CBT 임상가들은 치료 실행에서 구조를 중심 원칙으로 여긴다. Beutler와 동료들(1994)은 일부 내담자들은 구조에 잘 대답하지만 다른 내담자들은 명확히 불편해하거나 반감을 나타내기도 한다고 제안한다. 나는 이것에 대해 내담자의 반발에 직면했을 경우, 그의 개인적인 구조에 대해 살펴보는 것이 유용하다는 것을 앞서 제안했다(2장 참조). 예를 들어 내담자가 인생의 어느 시점에 부모나 선생님으로부터 지나친 구조화를 당한 적이 있는 것은 아닌가? 나는 또한 CBT 구조를 가볍게 적용할 수 있다고 생각하며, 내담자가 치료의 구조에 불편함을 느낄 때 '가벼운 구조화'는 선호하는 치료 자세일 수 있는데, 이는 드러난 내담자의 특이한 요구를 기반으로 어느 수준까지 구조화를 정할지 명확해질 때까지 취하는 자세이다. 또한 치료 구조를 재협상하고 수정하기 위해 좀 더 유연해질 필요도 있다.

유연성에 대한 필요는 내가 이 책의 처음 부분을 쓰고 있을 때의 경험에서 좀 더 확실히 다가왔다. 나의 내담자 중 한 명인 네이던으로부터 늦은 아침 전화가 왔었다. 그는 50대로 오랜 결혼생활이 끝나 버리자 매우 날카로운 정서 반응을 보이던 남자였다. 그는 전 부인에게 매우 화가 나 있었으며 우울함을 느꼈고 자신에 대해 혐오감을 느꼈다. 전화로 들려오는 그의 목소리는 매우 고통스러웠고 내게 공식적으로는 며칠 뒤였던 다음 상담 시간을 앞당겨 잡기 위해 가능한 다음 예약 시간이 언제인지 긴급히 물었다. 나는 집필 작업이 늦어져서 그날은 온종일 글만 쓰려고 했었지만 그의 목소리에서 들리는 무언가가 그날 그와 상담 일정을 잡게 만들었다. 그는 편지 한 장을 가지고 와서 내 손에 쥐어 주었다. 우리는 자리에 앉아 내가 편지를 다 읽을 때까지 침묵했다. 이 편지는 그의 여동생에게 쓴 것으로 자살편지와 아주 흡사했다. 전날 밤 그는 전부인과 상당히 어려웠던 대화를 했으며 그 뒤 여동생에게 도움을 구하는 전화를 했었다. 그의 여동생은 그에게 자신을 추스르라고 했으며 네이던은 이것을 매우 아픈 거절로 경험했다.

네이던은 전적으로 CBT가 적용되었던 내담자는 아니었다. CBT에 대한 그의 태도에는 맥락적 요인이 있었는데, 그는 문제가 있는 쪽은 그의 부인이라고 생각했으며 그녀와 잘 지내기 위해 자신이 바뀌어야 한다는 것에 대해 받아들이기 힘들어했다는 것을 알았다. 그는 '자유로운' 아동기를 보냈고 자유 학교(free school)에 다녔으며 종종 '사회적 구조'로 인해 제약을 받는다고 느껴왔다. 이전

치료 회기 동안에 이러한 피드백에 대해 몇 걸음 물러나 아주 미약하게 치료의 진행 방향을 제어했다. 그는 빠르게 나에 대한 신뢰감을 쌓았다. 그는 나에게 '당신은 나를 비난하지 않을 사람 같다는 느낌이 드는군요.'라고 말했다. 나는 우리가 사고 기록을 다룰 때 그의 불편함과 짜증을 인지했으며 그에게 '여기 정말 기분이 좋지 않은 당신과 당신에게 부정적인 기분을 써 보라고 하는 머저리가 있군요!'와 같은 말을 했다. 그는 미소를 지었다. 내가 했던 말은 Young과 동료들(2003)이 감정이입적 대면이라 기술한 것으로 생각될 수 있다. 그러나 Young과 동료들은 인지적 관점이 우세하기를 바랐던 것 같다. 그들은 '감정이입적 대면'을 '상담가가 내담자의 믿음 — 즉 초기 아동기 경험에 기반한 믿음 — 이 정확하지 않다는 사실을 직면시키는 동시에 그들이 이러한 믿음을 갖게 된 이유에 공감하는 것'으로 정의한다(Young et al., 2003: 92). 이런 상황에서, 나는 부분적으로는 자신의 부정적인 생각을 조사하려는 네이던의 매우 뻔뻔스러운 감정에 동의할 수 있었다. 만약 내가 우세하고자 하는 욕구가 없었다면, 유사한 어떤 상황의 사람들을 돕는 데 사고 기록 활동이 도움이 되었다는 것을 알기에 이 원칙을 고수하고 싶었을 것이다.

그렇지만 그날 아침의 상황은 매우 아슬아슬했다. 우리는 꽤 오랜 시간 동안 침묵 속에 앉아 있었으며[2] 네이던은 계속해서 매우 고통스러워 보였다. 그는 나의 팔을 잡고 앉아서 필요한 말이 나오기를 기다렸다. 이는 3장에서 기술된 '비옥한 침묵'이었다. 이제 점점 말들이 나오기 시작했으며 우리는 그의 자살충동에 사로잡혔던 생각에 대해 이야기하고 삶과 죽음 사이의 균형을 맞추었다. 그의 기분은 점차적으로 나아졌으며 우리는 앞으로의 면담 계획과 치료 작업에 대해 이야기할 수 있었다. 내가 이 치료에서 CBT를 행하고 있었던가? 관찰자는 아주 명백한

---

2) 침묵의 가치에 대해서는 Sally Vickers의 소설 *The Other Side of You*를 보라.

CBT 구조를 인식하는 데 어려움을 겪었을 것이다. 그러나 내가 네이던과 가졌던 대화의 근원적인 구조를 인식할 수 있는 관찰자는 상담가의 상호작용 대사가 자살에 대한 생각을 다루는 데 있어 Beck과 동료들(1979)이 제안한 논리와 구조가 뒤따랐다는 것을 알아챘을지도 모른다.

네이던의 상황은 매일 일어나는 것은 아니지만 그것은 내담자 특유의 욕구에 부응하여 치료의 형태를 만들 필요가 있음을 보여 주는 것이다. 이것은 내 생각에 치료의 다양한 단계에서 무엇이 이루어질 수 있을지에 대한 아이디어를 제공하기 때문에 치료 프로토콜 및 구조와 익숙해지는 것이 매우 유용하다고 본다. 우리는 또한 이러한 단계가 이와 반대되는 상황을 제외하고는 반드시 이루어져야 한다고 주장했다. 그러나 우리는 이것이 내담자 개인에 대한 고려 없이 늘 수행되어야 한다고 주장할 수는 없다. 이는 치료 구조의 필요성과 치료 프로토콜의 유용함에 대한 토론에서 가질 수 있는 입장의 한계이다. 나는 아주 소수의 사람들은 규정된 통로를 바꿀 필요가 전혀 없다고 단언함으로써 후자의 입장을 주장할 수 있지 않을까 생각한다. 때때로 우리는 그러한 변화가 필요하다는 것을 받아들이기 때문에 CBT에도 기교가 필요하다는 것을 인정한다. 물론 우리는 그 뒤 이러한 기교의 필요성의 범위와 영역에 대한 논쟁을 벌일지도 모른다. CBT에서 이러한 논의는 지금까지의 연구를 위한 주된 노력이 연구결과에 대한 것이라는 점에서 방해를 받아 온 면이 있다. 이제 더 광범한 치료학파의 예를 따라 질적 연구 방법으로 더 많은 과정 연구를 진행하는 것이 유용할 것이다. 예를 들어 이러한 연구는 상담가들에 의해 구조화된다는 사실을 불쾌해하는 내담자를 만났을 때 CBT 상담가들이 어떻게 반응할 것인지를 조사할 것이다. 내담자들은 이러한 구조화에 어떻게 대처하는가? 이러한 구조화에 대처하는 내담자들을 상담가들은 어떻게 다루어야 하는가? 그 뒤에는 어떻게 해야 하는가? 이러한 난국을 해결할 긍정적인 해결책으로 이끌어 줄 수 있는 협상법은 무엇인가? 이러한 의문점에 대한 대답이 상담가들

특유의 기교에 대한 필요성을 강조할지도 모르지만, 예술가들은 종종 서로의 독특성으로부터 배우는 것이 유용하다는 것을 알고 있다.

치료의 과학과 기술 간의 균형을 찾는 것은 지속적인 발전과 평생학습의 주된 연구 과제이다.

4. 임상을 발전시키기 : 직업적인 발전과 슈퍼비전 지속하기

Ashworth와 동료들(1999)은 인지치료 연수 과정에서 연수생들을 추적하여, 특히 NHS(National Health Service)와 같은 큰 조직으로 돌아가는 사람들이 임상 영역에서 멀어지는 딜레마에 직면하게 된다는 것을 알았다. 이는 CBT에서의 연수 기회들이 최근까지도 제한되어 있었다는 사실에서 비롯된 것일지도 모른다. 그래서 연수는 NHS와 같은 영역에서 온 좀 더 '성숙한' 전문가들에 초점을 맞춰 왔다. 2006년 11월에 Richard Layard 경은 특히 NHS 환자들에게 좀 더 심리적인 치료, 특히 CBT를 수행하기 위해 추가적으로 10,000명의 상담가를 양성해야 한다고 영국 정부를 설득하는 발의를 했다(Linklater, 2006). 만일 이러한 규모의 연수가 가능해진다면, 프로모션 중의 상담가들의 손실은 덜 문제시 될 것이다. 그러나 Ashworth와 동료들의 연구결과는 또한 이 경우에 프로모션으로 인한 연수 이후의 기술 감퇴의 현실(새로이 습득된 기술의 점진적인 감퇴)을 지적하고 있다. 기술 감퇴의 다른 원인들은 다음의 것들일 수 있다.

- 옛날 방법으로의 회귀
- 조직이나 환경에서 그 기술에 대한 지원 결핍
- 적절한 슈퍼비전의 부족

우리는 이전에 다른 치료 모델이나 혹은 관습을 따라온 CBT 연수생들이 연수에 어떻게 반응하는지를 이미 토론했다. 연수 경험들은 일반적으로 학습 공동체에서의 소속감을 제공하고, 거기서 유사한 사람들은 유사한 경험을 하고 유사한 것들을 이루려고 노력한다. 공식적인 지원이 있지만 휴식시간에 대화도 하고 상호간의 농담도 한다. CBT 연수의 경우, 지도강사나 연수생들에 대한 이런 농담은 종종 가장 불쾌한 부적응 스키마를 내포하는 경우도 있다. 한때 이 학습 공동체가 더 이상 유용하지 않았을 때, 이전의 연수생들은 그들이 사용하던 종전의 치료 방법으로 돌아가는 것이 쉬웠다. 종전의 치료 방식과 개입 방법으로 돌아가는 경우는 당신이 CBT 수행에서의 문제나 아직 CBT를 사용하지 않은 문제들을 만날 때 특히 강력한 경향이 될 수 있다.

새로 연수받은 상담가들이 이러한 문제를 말할 때, 그들은 현 조직 내의 동료나 가까운 동료들, 혹은 함께 일하는 동료들에게 의지하는 경향이 있다. 만약 그 동료들이 즉시 도움을 주지 못하면, 도움을 받기 위한 한 방법은 BABCP나 그 협회의 지역분과와 같은 전문조직들에 연락하는 것이다. 그러나 CBT 상담가들은 일부 분야에서는 여전히 잘 모를 수 있으며 많은 상담가들은 여전히 정기적인 업데이트 '1회분(doses)'을 얻기 위해 여행해야 하는데, 물론 그것은 BABCP와 영국 상담 및 심리치료협회(BACP) 양쪽의 인증체계의 지속적인 전문가 발전의 일환으로 요구되는 부분이다.

현행 자격의 재인증 및 발전

자격인증체계는 임상의들의 초기 등록을 위한 심사에 상당한 노력을 기울이고 있으며 이러한 심사는 이후 자격을 받은 사람들이 자격위원회가 요구하는 가치, 목표 그리고 같은 수준의 능력을 충실하게 유지하는지에 대해 정기적 점검을 계속 철저히 행한다는 대략적인 원칙을 세우고 있다. 이러한 점검에서 중요한 요소 중 하나는 자격을 받은 상담가들이 지속적으로 적절한 슈퍼비전을 받고 있다는 것이다. 또 하나는 상담가들이 연수와 자격인증을 통해 확립한 그들의 능력을 계속 발전시키고 있다는 것이다. 이것은 다음과 같은 다양한 방법으로 행해질 수 있다.

- 연수 과정, 회의, 워크숍에 참석하는 방법
- 연구를 하는 방법
- 저술을 하는 방법
- 관련된 학회지와 서적을 읽는 방법
- 경험적인 학습이나 치료를 이행하는 방법

인증체계들은 일반적으로 각 상담가들이 다양한 활동 중 자신에게 맞는 활동을 선택할 권리를 존중받고 있음에도 불구하고, 이러한 지속적인 전문성의 발전에 도움이 되는 몇 가지 종류의 활동을 결합할 것을 요구한다.

5. 슈퍼비전 이수와 실시의 발전

슈퍼비전의 또 다른 면은 필요한 업데이트와 전문성의 자양분이다. 슈퍼비전은 영국 치료 전문가들의 모든 부문에서 항상 강력한 전통으로 남아 왔으며 최근에 BABCP에서 이러한 슈퍼비전의 전통을 강화하고 확립하려는 중요한 시도들이 있었다(Townend et al., 2002). BABCP의 슈퍼비전 과정의 요구사항은 영국 상담 및 심리치료협회의 것과 매우 유사하다. BABCP는 슈퍼바이저 자격과 슈퍼비전 연수의 인증 분야에서 선구자적인 업적이 있는 BACP로부터 많은 부분을 배울 수 있었다(개정된 가이드라인은 www.babcp.org.uk 참조).

CBT의 슈퍼비전은 치료 내용, 즉 특정한 문제들을 구조화하고 이에 적절한 개입을 하는 것에 초점을 맞추는 경향이다. CBT가 치료 관계를 위해 점점 정교한 접근법을 발전시켜 왔기 때문에, 상담가 자신들의 개인적이고 발전적인 면모

(Bennett-levy & Thwaites, 2007)와 각기 다른 수준의 슈퍼비전 내용을 살펴볼 필요가 있음을 인식했다(Hawkins & Shohet, 2006).

양질의 슈퍼비전은 비록 자신들의 조직에서 그러한 발전적인 슈퍼비전을 항상 찾아볼 수는 없을지라도, 상담가들에게는 적절한 자기 돌봄의 일부이고 내담자들에게는 안전망 역할을 한다. 그러므로 CBT 상담가들은 때로 슈퍼비전 비용을 지불해야 하고 슈퍼비전을 받기 위해 여행을 해야 한다. 독립적으로 활동하는 상담가들은 일반적으로 이와 같은 문제에 당면하며 이러한 것은 곧 시간과 비용 면에서 상당한 지출을 초래할 수 있다. 슈퍼비전의 이점은 치료 수행에서 실제 문제와 부딪히기 전까지는 항상 명확히 나타나지 않을 수도 있다. 그러므로 지지와 지도는 갑자기 긴요해질 수 있을 것이다.

슈퍼비전은 진행 중인 치료에 놀라운 효과가 있을 수도 있다. 나는 내담자들이 슈퍼바이저와의 토의에 영향을 받을 수 있다는 말을 내가 했다는 것을 지각하는 내담자들에게 약간 좌절했던 경험이 여러 번 있다. 비록 내가 내담자들에게 슈퍼비전하에서 말하고 있다고 분명히 했지만, 항상 구체적인 사항까지 들어갈 필요는 없다(내담자들이 개별적으로 구별되지 않는다는 것과 슈퍼비전 토의의 핵심이 주로 상담가들과 그들이 하는 행동에 관한 것이라는 것을 아는 일은 도움이 되지만). 그러나 가끔, 어떤 내담자는 내가 한 어떤 반응은 슈퍼바이저와의 토의에 영향을 받은 것일 것이라고 내게 말했다. 내가 강조하는 것은 슈퍼바이저는 방 안의 제삼자와 같다는 것이다. 치료 회기에 현재 자리에 없는 내담자의 파트너가 마치 있는 것처럼 가정하듯이, 슈퍼바이저도 그렇게 가정할 수 있다. 대부분의 내담자들은 이러한 안전조치와 그들이 치료 시간 이외에도 생각하고 논의되어야 할 만큼 중요한 존재로 생각된다는 점을 감사하게 여긴다. Padesky(1996)는 CBT 슈퍼비전의 구체적인 사항에 대해 좀 더 자세히 기술했다. 슈퍼비전과 연수에 대한 더 많은 사항은 이 책에 실린 SAGE 웹사이트에서 볼 수 있다.

슈퍼비전 실시와 이수는 슈퍼바이저와 슈퍼바이지의 기술을 필요로 한다 (Scaife et al., 2001). CBT 슈퍼비전이 치료 회기를 테이프나 디스크에 녹취하도록 특별히 강조하는 것은 의미가 없으며, 이것은 슈퍼바이지가 가져올 발췌문의 신중한 선택을 필요로 한다. 여기서 필요한 기술은 쓸 만한 발췌문을 찾는 것인데, 그것은 너무 길지 않으며, 내담자에 관한 자료의 대표적인 예가 있고, 슈퍼바이지의 치료 방식 및 상담가와 내담자 간의 핵심적인 상호작용 등이 포함되어 있어야 한다. 이상적으로는 그 발췌문이 슈퍼비전에서 발표될 핵심 딜레마를 포함하고 있어야 하며 칭찬을 받을 만한 어떤 '잘된 치료'를 담으라는 것은 아니다. 마찬가지로, 슈퍼바이저들은 발췌문을 과도하게 해석하지 않고 문제가 나타나고 있는 중요한 순간들에 집중하는 법을 배워야 한다. 슈퍼바이저는 슈퍼바이지가 딜레마를 분명히 표현할 수 있고 가능하면 거기서 자신의 해결책을 찾도록 돕기 위해 안내에 따른 발견(guided discovery)을 이용하여 일치가 되도록 노력해야 한다.

6. 임상에서 간과되기 쉬운 부분의 정립

우리는 CBT 상담가들이 내담자나 혹은 자신의 이익을 위해 종종 치료 회기를 테이프나 디스크 혹은 MP3로 녹음하는 방법에 대해 논하였다. 치료 회기의 녹음은 슈퍼비전의 매우 유익한 부분일 수 있다. 여기에는 상담가와 내담자 간의 실제 상호 교환된 대화를 듣고 무엇이 이야기되었는지 혹은 무엇이 이해되었는지를 갑자기 이해할 수 있는 무언가가 있을 수 있다. 슈퍼바이저가 녹음된 대화를 들을 수 있다는 사실은 상담가와 내담자 간의 녹음 합의에 대한 새로운 차원을 더한다. 이러한 합의는 슈퍼비전 과정에서 녹음된 대화가 어떻게 쓰일 것인지에 대한 명확성도 포함해야 할 것이다. 상담가와 내담자는 다음과 같은 내용의 녹음된 대화의 성격과 사용에 대한 서면 합의를 하도록 권장된다.

- 녹음된 대화의 저장 방법
- 녹음의 목적
- 녹음된 대화를 들을 수 있는 사람
- 녹음의 용도
- 녹음된 대화의 삭제 시기

지속적인 치료 기록을 하는 것은 문헌 연구에서 큰 관심을 받는 부분은 아니었다. CBT가 구조 중심 치료로 간주된다는 것을 유념한다면, 녹음을 구조화하고 그들을 진행 중인 치료에 연관시키는 방식을 생각해 보는 것은 유용할 것이다. 녹음의 구조화에 이용된 형식에 대한 아주 유용한 일부 안내가 Aaron Beck의 인지치료학회 웹사이트(www.academyofct.org)에 있다. 이 책에 이용된 치료 구조는 이들 형식과 유사한 방법으로 발전해 왔다. 이러한 치료 구조가 내담자와 적절히 공유될 수 있는 방법을 생각해 보는 것도 중요하다. 나는 또한 '구조계약'의 개념을 발전시켰는데, 그것은 기본적으로 치료 구조, 치료 목표 및 내담자와의 계약 내용을 단 하나의 간단한 문서에 담은 것이다. 이러한 문서들의 예들은 이 책에 실린 웹사이트에서 볼 수 있다.

구조계약은 또한 치료 회기가 검토되고 평가되는 방법을 구체화한다. 앞 장에서 논의한 바와 같이 CBT는 Beck의 질문지와 같은 표준 CBT 척도의 사용과 함께 내재된 평가 요소가 있다. CORE(Clinical Outcome in Routine Evaluation)와 같은 다른 척도들도 또한 사용될 수 있다(Mellor-Clark, 2002). 치료 진전에 대한 대부분의 질적 연구는, 나의 치료에서는 매 6회기마다 이를 행하는데, 표준화된 척도를 사용하는 양적 연구에 유익한 추가 자료가 된다. CBT는 질적 연구의 발전이 뒤처져 있으며 이제 따라잡아야 한다. 책임감은 매우 바람직한 것으로 모든 공공 서비스 분야에서 점점 필요로 하고 있다. 내담자들이 그들의 치료 경험에 대해 말하는 것을 들어 줄 좀 더 정교한 방법을 개발하지 않고, 내담자에 대한 책임감이 완전히 행해질 수 있다고 상상하기는 어렵다.

7. CBT 임상가의 개인 발전과 개인치료

CBT 임상가가 수련생들에게 그들 자신의 치료를 받도록 요구할 때 그들에게 다른 치료 모델을 받게 해야 할 것인지에 대해서는 논란이 진행되고 있다. 나의 생각은 수련생과 상담가 모두 치료를 받는 것은 매우 가치가 있으며 그렇게 하도록 권장되어야 할 것이다. 그러나 사람들에게 치료받을 필요가 있다고 하는 것은 우리 직업의 핵심윤리를 손상시킨다고 생각한다. 그것은 어떤 상황에서든 간에,[3] 사람들은 그들이 치료받고 싶을 때 스스로 결정할 수 있는 자유가 있기 때문이다. CBT 수련생이 치료를 '내면으로부터' 경험할 수 있는 또 다른 방식은 James Bennett-Levy가 창안한 자율 훈련(Self-Practice)/자기반영(Self-Reflection) 기법이다[자세한 설명은 Bennett-Levy & Thwaites(2007)를 참조하라].

8. 다른 상황에 적용할 수 있는 CBT

현재 가장 빈번하게 시행되고 있는 CBT 방식은 여전히 일대일 치료 방식일 수 있지만, 다음과 같은 다른 방식들도 있다.

- 집단치료/교육집단
- 인터넷과 이메일 치료
- CD-Rom과 DVD(www.livinglifetothefull.com 참조)
- 자조(self-help)/ 단계적 치료(stepped care) 접근

---

3) 연수 프로그램에서 CBT 방법론의 적용을 둘러싼 반대자들에 대한 흥미로운 논쟁.

한쪽 끝에는 경험집단, 다른 쪽 끝에는 좀 더 교육적인 집단과 '심리교육적인' 집단이 포진하는 집단치료 접근(group work approach)의 연속선이 있다. 경험집단은 덜 구조적이며 집단 구성원 간에 일어나는 것 외의 치료적 초점을 발전시키지 못하는 경향이 있다. CBT 집단치료는 이 연속선상의 구조적이며 교육적인 끝단과 좀 더 관련되어 왔으며 강의계획이나 다루어야 할 주제의 사전 결정을 잘할 수 있다. 이것의 전형적인 예는 일반적으로 불안장애 진단을 받은 약 10~12명으로 이루어진 폐쇄집단의 형태를 띠고 있는 불안조절집단(anxiety management group)일 것이다. 불안조절집단은 흔히 병원, 건강센터나 보건소 등에서 행해진다. 내담자들은 개별로 CBT를 학습하는 것과 유사한 일련의 단계를 통해 배운다. 즉 사고와 감정을 확인하고, 사고 기록지에 기록하며, 불안 상황에 대한 단계적 노출을 이용하며 행동 실험을 하는 것 등이다. 집단에서 이러한 단계를 수행하는 것의 이점은 한 사람에게 가르칠 수 있는 것과 똑같은 방식으로 8~12명에게 가르칠 수 있다는 것이다. 또한 내담자들이 서로의 경험에서 배울 수 있는 것도 있다. 그러나 경험집단에서 일어나거나 다루어지는 것들과 같은 현장에서 계속 나타나는 '실제(live)' 문제들을 다룰 여유는 거의 없을지도 모른다. 이러한 한계는 일부 프로그램 구조만이 아니라, 어쩌면 경험적 대결에 말려드는 CBT 집단치료 훈련에 관심이 적다는 사실에서 생겨날 수 있다. 그렇지만, 왜 CBT 집단이 경험적 차원과의 통합을 시작할 수 없는지에 대해서는 알 수 없다. 그러한 '현장' CBT 작업의 한 예는 CB 기법을 이용하여 수감자-간수(prisoner-guard) '상황'을 진정시키려는 미국의 시도들일 것이다. 이 시도들은 분명히 지나친 결과를 낳기도 했지만 유용한 대결이었다. CBT 집단의 경험적 작업을 위한 가능성은 좀 더 과정 지향적인 질적 연구에 의해 밝혀질 수 있는 또 다른 영역일 수 있다. 그러한 연구는 모든 집단, 가장 교훈적인 집단에서조차 일어날 수밖에 없는 예외적인(off-the-ball) 사건에 중점을 맞출지도 모른다. 그렇게 할 경우, 그 연구는 좀 더 경험적인 요소들을 CBT 집단에 통합시킬 수 있는지에 대해 알려 줄 수 있을 것이다.

CBT 집단치료의 대규모 무대는 영국과 캐나다, 미국에서 시행되는 보호관찰과 그 외 '범죄자 관리' 서비스이다. 이러한 곳은 프로그램들이 고도로 조직화되는 경향이 있으며, 촉진자들도 그들이 정해진 구조를 지키는지 감시받는다. 이는 '프로그램 보전(programme integrity)'을 확실히 하는 것이지만, 촉진자들에게 종종 긴장감을 느끼게 하는 결과가 된다. 참여자들은 자신의 선택에 의한 참여가 아니기 때문에 CBT의 버팀목인 '치료적 관계(therapeutic relations)'의 측면을 활용하기가 어려울 수 있다.[4] 그럼에도 불구하고, 범죄라는 특수한 영역에 초점을 맞춘 이 프로그램들은 작지만 장래 범죄의 감소라는 성과를 거두고 있는 것으로 보이며, 명심해야 할 것은 그 특성상 까다로운 분야에서 이런 성공은 드물다는 점이다. 적어도 영국에서는 이상하게도 사법 정의 분야에서의 CBT는 그 외의 CBT 분야와는 상대적으로 독립된 상태에서 발전하고 있으며, 범죄자를 다루는 종사자들은 다른 분야 사람들과 더욱 많은 접촉을 갖는 것이 바람직할 것으로 생각한다. 범죄자와 함께하는 것과 같은 어려운 분야의 종사자들은 CBT 기술을 다른 사람들—즉 보다 자발적인 내담자들이나 혹은 그런 상황에 있는 사람들—과 함께 학습하는 것이 바람직할 것으로 보인다. 지방법원 종사자들은 때때로 내담자와 개별회기에서 CBT 개입을 하면서 그들의 법적 감독 역할을 수행한다. 실제로, 이는 CBT 용어로 정의된 '효율적인 변화 목표(targets for effective change)'를 위한 사무실에서 행해지는 재택(Home Office) 접근으로 일부 권장되기도 한다. 이러한 '성직자의 일대일(Priestly One-to-One)' 프로그램 회기에서는 협력적인 관계를 발전시키기가 더 용이하다. 어쩌면 이러한 논의는 이 장의 앞부분에 논의한 전문가-일반인 딜레마로 되돌아가는 것일 수 있다.

---

4) 전형적으로 그러한 프로그램은 '치료적이 아닌' 것으로 정의될 수 있다.

CBT 작업과 관련되어 있는 돕는 직업을 가진 사람들의 또 다른 집단은 사회복지 종사자이다(Sheldon, 1995). 아쉽게도 사회복지 업무에서는 치료적 요소가 감소되고 있으며, 이에 따라 CBT 조직에서의 직업적 위상도 낮아지고 있다. 사회복지사들이 적절한 치료 기술을 가지고 있어야 하기 때문에 CBT를 실시하는 사회복지사들이 감소한다는 것은 부끄러운 일이다. 실제로 미국에서 상당한 비율의 CBT가 임상사회복지사들에 의해 실시되고 있다. 그들은 치료의 혜택을 받을 수 있는 내담자들을 도울 수 있는 좋은 위치에 있다. 사회적 기구 외에 위탁 작업에 대한 현행 체계는 때로 사회복지사들이 그들보다 유능하지 못한 사람들에게 업무를 하청하는 결과를 초래한다. 전문가 간의 분명한 커뮤니케이션 라인이 중요하며, 이는 상이한 직업이 유사한 작업 방식을 따를 때 한층 강화될 것이 분명하다. 어떤 직업도 '인지행동치료를 전유한다'는 생각은 타당하지 않다. 때때로 사회복지사나 보호관찰 요원들과 같은 집단 구성원들은 그들이 행하는 업무가 심리치료와 상당히 중복될 때, 다른 전문직 동료들이 조금은 직업상 격리시키는 것으로 보인다. 그들을 냉대로부터 데려올 강력한 사유가 있다. 많은 직업들이 CBT 발전에 기여했으며, 현재 수요와 공급 간 격차를 감안하면 모든 사람에게 CBT 서비스를 제공할 수 있는 여지가 있다.

CBT 서비스 제공에 종사할 수 있는 또 다른 전문가 집단은 상담가 집단이다. 나는 다른 곳에서 상담 전문 지도자들이 CBT에 좀 더 개방적이라면, 상담가들도 경청기술을 기반으로 매우 효율적인 CBT를 제공하기 좋은 위치에 있게 될 것이라고 주장한 바 있다.

9. CBT 서비스의 발전 : 수요와 공급

대규모의 지속적인 상담 및 치료 서비스에 대한 요구를 보여 주는 연구가 이어지고 있다. 현재 과반수 이상의 1차 건강센터가 현장상담을 실시하고 있음에도 불구하고, 서비스 공급에 대한 수요, 특히 CBT에 대한 수요는 긴 대기자 명단이 특징이다. 우리 모두가 Layard 법안이 서비스 제공을 확충해 줄 것으로 기대하고 있지만, 그렇다 해도 일대일 치료보다는 약간 낮은 수준에서 서비스가 이루어질 것이라는 생각을 하는 사람들이 점차 늘고 있다. CBT 프로그램은 현재 인터넷 (www.moodgym.anu.edu.au) 및 CD와 DVD(www.praxiscbt.com)를 통해 이용할 수 있다. 이와 함께 자조(self-help) 도서와 다른 자료들을 포함한 기타 CBT 자료를 '처방할' 계획을 갖고 있다(Frude, 2004). Chris Williams와 그의 동료들은 1차 건강센터 직원들이 제공할 수 있도록 CBT 축약판을 권장하는 데 적극 나서고 있으며, 이는 내담자가 자조 리플렛, 일대일 치료 또는 거주지 치료 환경 (residential therapeutic milieu) 내에서의 치료와 같은 최소한의 개입으로도 진전될 수 있는 '단계적 치료' 프로그램으로 구축될 수 있을 것이다(Williams, 2003). 각 단계별로 내담자에게 어떤 가치가 추가되었는지에 대한 좀 더 많은 증거가 있다면 매우 흥미로울 것이다.

10. CBT 직업 정체성의 발전

개별 CBT 임상가들은 CBT 커뮤니티에 좀 더 몰두하거나, 다른 전문가 커뮤니티에 가입하거나 혹은 둘 다 참여하거나 어느 쪽에도 참여하지 않는 것을 선택할 수 있다. 대부분이 CBT 커뮤니티와 일종의 교분을 갖기 위해 선택하기 때문에 CBT 클럽이 무엇이며, 클럽에 참여할 경우 장단점이 무엇인지를 생각하는 것은 가치 있는 일이다. 사람들이 집단이나 클럽에 참여하는 의욕의 정도는 다양하다. 클럽에 가입하는 이유 중 하나는 활동을 공유할 수 있는 비슷한 사람들을 만나기 위해서다. 지향성(orientation) 연구자들은 지향점이 유사한 사람들은 신념이나 행위는 물론 공통적인 성격과 스타일을 가지고 있다는 것을 보여 주고 있다(Arthur, 2001). CBT 커뮤니티의 여러 조직체 속에서 우리는 서로 비슷한 사람들을 만나곤 한다.

이 책의 도입부에서 나는 NVQ 척도를 개발하기 위해 상이한 심리상담가 집단을 소집하려고 약간 익살스런 시도를 한 것에 대해 언급한 적이 있다. 다양한 점에서, 상이한 지향점을 가진 상담가들이 같은 방에 모였다. 이 모임에서 계속 이어지는 농담 가운데 하나가 바로 집단에 따라 의상 스타일이 다르다는 것이다. 즉 인본주의 임상가들은 색상이 다양하거나 히피적 스타일을, 정신역동 임상가들은 트위드를 활용한 의상을, CBT 임상가들은 평범하고 단순한 스타일을 유지했다. 나는 캘리포니아 에살린을 여행한 Marvin Goldfried의 글을 최근 재미있게 읽었다. 당시 그는 행동주의자로서 정장 차림을 했다. 그는 그 유명한 캘리포니아 에살린 센터로 가서 인본주의적 일부 모델을 탐색하기로 했다. 그는 한쪽에는 행동주의자 회의에 적합한 옷을 넣고, 나머지 한쪽에는 히피 차림의 옷을 넣은 양면 가방을 소지했다. 에살린에 도착했을 때 그는 자신이 어울리는 옷차림을 했다고 확신했다. 대부분의 사람들에게는 꼭 맞는 스타일의 옷을 입는다는 것이 우습게 보이겠지만, 이는 어쩌면 당사자의 직업적 안전 지대에서 지나치게 행동한다는 것은 위험하다는 것을 시사하는 것인지도 모른다. 미국의 시인 Robert Frost가 아이러니하게 제시한 것처럼, 좋은 울타리는 좋은 이웃을 만들어 준다지만, 이는 상업적 또는 상호 방문 시에도 적용된다. 그러한 치료 상품의 자유로운 이동은 때로 상호 의심으로 억제된다. 서로 다른 상담가들 간의 의심은 때로 정신의학에 대한 태도와 관련될 수 있다. 만약 CBT가 정신의학 밖의 환경에서 진화되었다면 어떻게 발전했을지를 추측해 보는 것은 매우 흥미롭다. Beck이 안식년에 정신의학 환경에서 벗어나 쓴 부부상담에 관한 저서(Beck, 1988)를 읽으면, 앞서의 '만약'이라는 상황에 대한 훌륭한 모습을 볼 수 있을 것이다. REBT도 물론 정신의학 환

경 외부에서 발전했으며, 이것이 잘 개발되지 않은 연구 프로파일이라는 점에서
Beck의 접근 방법과 때로 바람직하지 않게 비교되는 것은 흥미롭다.

이 장을 시작할 때의 주제로 돌아가, 나의 최종 견해는 CB 상담가들이 정신의
학과 비정신의학 치료 분야 간의 간격을 메워 주는 유용한 역할을 할 수 있다는
것이다. 행동치료의 발전으로 더 많은 정신과 환자들이 비의학적 치료에 접근할
수 있게 되었다. 아이러니하게도 소외된 환자들에게 인간적 치료를 제공하기 위
한 이 같은 시도가 일부 상담가들의 생각에 CBT와 정신의학을 동일하게 생각하
게 하는 결과를 가져왔다. 이것이 문제가 될까? 그렇다고 생각한다. 첫째로, 긍정
적인 사실은 정신의학의 긍정적 측면으로 재정의되어야 할 필요가 있다. Peter
Sedgwick(1982)은 혼자서 목소리를 높여 반정신의학자들은 종종 질적으로 훌륭
한 치료와 빈약한 치료를 구분하지 못하며, 그래서 이탈리아에서 가장 혼란스러
웠던 것처럼 마땅한 대안을 마련하기 전에 탈시설화의 문을 개방하는 데 일조했
다고 지적했다. 둘째로, CBT는 정신의학 용어와 가설을 일부 물려받았다. 이는
긍정적인 측면과 부정적인 측면을 다 갖고 있다. 출판에 쓰이는 진단체계와 관련
된 전문용어는 DSM 기준을 기반으로 하고 있다. 나는 이들 기준이 얼마나 다른
유형의 증상들이 함께 발생하는지를 이해하는 데 도움이 될 수 있으며 분명한 치
료 목적과 치료 전략을 시사할 수 있다고 주장했다. 진단체계는 또한 개략적인 것
들과 반대되는 객관적 실체를 언급할 때는 유용하지 못하다. 드물기는 하지만, 이
체계는 심리적 문제에 대한 어떤 역동적인 이해를 제공하는 것도 저해할 수 있다.
CBT는 다양한 방법으로 정신의학 체계 내에서 더욱 세련된 치료를 제공하는 행
동치료 전통을 지속하고 있다. 하지만 CBT는 정신병 치료를 단순 보조하는 것 이
상으로 더 많은 것을 제공해야 한다. 우리는 이미 학교나 대학, 보건소 등에서의
심리치료에 크게 기여하고 있으며, 이를 확대해 나가고 있다.

그렇지만 우리 CBT 임상가들은 우리의 안전한 정신의학적 피난처에서 벗어나

는 모습을 보여 주고, 내담자들이나 이 분야에 종사하는 전문가들에게 우리가 진정 내담자들에게 힘을 줄 필요성이 있다는 것과 이를 이루기 위한 현재의 정신의학적 한계점을 잘 이해하고 있음을 보여 주어야 한다. 우리는 다른 관점에서 배우는 능력을 갖출 필요가 있으며, 우리가 이를 행하고 있음을 알려 주는 좋은 징후들이 있다. 우리는 다른 관점을 가진 상담가들에게 그들을 위해서뿐 아니라 다시 그들이 우리에게 영향을 미칠 수 있도록 우리 자신을 개방해야 한다. 우리 스스로가 개방적이 됨으로써 다른 사람들도 우리에게 개방적이 되도록 격려할 수 있게 된다. 우리는 심리치료가 중요한 것이며 인본주의적인 내용과 방법이라는 것을 알려 주는 가장 중요한 위치에 있다. 우리는 또한 단순히 연구 성과에 두각을 나타내기 때문이 아니라, 치료계에서 정치적 영향력을 가질 권리가 있음을 주장할 필요가 있다. 그 증거는 훌륭하지만, 우리는 진정으로 심리치료 서비스에 상응하는 체계를 제공해야 한다는 점에서 해야 할 것이 굉장히 많다. 이를 정교화하기 위해 더욱 강력히 주장한다면, 우리는 우리가 내담자뿐 아니라 심리상담 업무에 종사하는 여타의 사람들에게도 제공할 훌륭한 어떤 일을 하고 있다는 것을 알고 있다는 것이다. CBT 기술은 치료실 안에서만 실행될 수는 없지만, 우리가 내담자들에게 제공하는 인간적이고 효율적인 서비스에 참여하는 방식에서 분명히 알 수 있어야 한다.

연습을 위한 조언 : 탈신비화 — 학회 논문 발표에 여유로운 관점을 발전시키는 방법

내가 겪은 최악의 직원 훈련 행사 중 하나는 학회 논문을 발표하는 데 대한 가상 '훈련'이 포함된 것이었다. 우리 초보 발표자들은 안달이 나서 몇몇 베테랑들 주위에 모여들었다. 그들은 이 어려운 일에 대해 우리에게 가르쳐 주었으며, 우리는 논문을 발표할 때 발생할 수 있는 여러 가지 긴박한 문제의 희생자가 되지 않을 것을 확실하게 약속해야 했다. 논문만 챙기는 무리들(paper-fodder troops)의 표정은 점점 핏기가 사라지고 우리는 최악의 재난에 이르렀다 : 누군가가 일어서서 우리의 방법론에 대해 비난할 수 있을 정도가 되었다. 나는 이에 반대하는 무언가가 내 안에서 서서히 쌓이고 있다는 것을 깨닫고(이는 언제나 위험한 것이며, 내가 두려워하는 것이기도 하다!) 이렇게 소리를 질렀다―'당신들은 도대체 어떤 학회에 참석하고 계십니까? 내가 참석한 학회의 대부분의 사람들은 발표시간 내내 졸거나 다음 휴식시간에 누구와 한잔 할 것인가를 생각하고 있는데요!'

어쨌든, 만약 누군가가 일어나서 방법론을 비난하거나, 심지어 당신의 옷 입는 감각에 대해 비웃는다 해도 뭐 어떤가? 자신 있게 예언하는데, 세상은 멈추지 않는다. 많은 독자들이 수많은 학회에 참가했을 것이며, 얼마간 있다 해도 누군가의 방법론이나 그 밖의 많은 것들에 대한 단 하나의 비난도 정확히 기억하지 못할 것이라 장담한다. 파국에 이르게 하는 사람은 단지 내담자만이 아니지만, 특히 CB 상담가들은 파국을 면하기 위해 자신이 생각한 고유의 방법을 이용하는 것에 위축되지 말아야 한다.

추천도서

Linklater, A. (2006) After Freud. *Prospect Magazine*, 123: 36-41. (Also currently available as a free download from the *Prospect* website: www.prospect-magazine.co.uk)

부록 I. 참조 웹사이트 안내

본문에 수록된 웹사이트는 SAGE 웹사이트(www.sagepub.co.uk/wills)에서 찾을 수 있다. 자료들은 4개의 폴더로 구성되어 있으며 웹사이트가 당신에게 도움이 되기를 바란다.

폴더 A : CBT의 기본개념에 대한 안내

- 인지의 속성과 인지의 정서 및 행동과의 관계
- 회피행동과 안전행동
- 인지의 특이성
- 스키마 개념
- 협력적 치료 관계

폴더 B : CBT 구조의 예

- 본문에 언급된 내담자들의 CBT 구조 예

폴더 C : CBT 임상에 사용된 자료

- 사고 기록지
- 이완 기법 안내
- 행동 실험 일기
- 활동계획표 양식
- 내담자를 위한 사고 기록지의 사용 안내

폴더 D : CBT 훈련과 슈퍼비전 관련 자료

- 훈련과 슈퍼비전
- CBT 회기에서 녹음한 것 사용하기
- CBT 기술의 개발과 훈련 자료
- 파워포인트 프레젠테이션 교육(2~7장)

부록 II. CBT에 사용되는 측정도구

본문에 기술된 것과 같이 CBT 임상의 특징은 내담자의 문제를 평가하고 진전을 모니터하기 위해 심리측정 도구를 사용하는 것이다. 전통적으로 Beck의 우울척도(BDI)와 같은 양적 측정 도구를 사용하는 것을 예로 들 수 있다.

Harcourt Assessment (www.harcourtassessment.com)

측정 도구의 구입을 위해 등록을 해야 한다:

Beck의 우울척도 II(BDI), Beck의 불안척도(BAI), Beck의 무망감척도(BHS), Beck의 강박척도(BO-CS).

NFER-Nelson (www.nfer-nelson.co.uk)

Zigmond와 Snaith(1983)의 병원 불안-우울척도, Turner와 Lee(1998)의 외상 후 스트레스 장애(PTSD) 척도 : 임상가용.

최근 출판된 척도

메타인지 질문지 : 불안사고 검사지(Wells, 1997), 불안-우울척도(Greenberg & Padesky, 1995; Burns, 1999b), Penn State 근심질문지(Leahy, 2005), Yale Brown 강박척도(Y-BOCS)(Steketee, 1999), 단순도식(삶의 덫) 질문지(Young

& Klosko, 1998).

주의 : 위에 열거한 측정 도구들은 유용한 자료의 극히 일부지만 초보자들의 길잡이가 될 것이다. 세계적 웹사이트에 많은 자료들이 있지만 어떤 것들은 질적으로 빈약하고, 불법적이며, 개인의 사적 정보를 요구하기 때문에 사용에 주의를 해야한다.

부록 III. 비용 편익 분석과 파이 차트에 사용되는 기타 인지적 방법

부정적 사고에 도전하는 세 가지 주된 방법은 다음과 같다.

- 사실 조사(증거가 무엇인가?)
- 실제적인 조사(당신이 그렇게 느끼도록 했다는 생각이 정당한가?)
- 논리적 조사(그렇게 생각하는 것이 정말 의미가 있는가?)

CBT 임상가들은 흔히 이 세 가지 방법을 모두 전개한 다음 각 내담자에게 가장 유용해 보이는 것을 찾아낸다. 내담자들은 분명히 머릿속에 다양한 일하는 방식을 가지고 있으며, 일부 도전적인 사고방식들은 다른 무엇보다도 그들의 내면의 과정과 더 일치할 것이다. 일반적으로 이러한 사고방식 찾아내는 확실한 방법은 그것을 모두 훑어서 찾아내는 것이며, 이는 '전원 총력을 기울여 분투하다', '어떤 일이라도 다룰 것이다'는 경우일 것이다. 그러나 나의 치료 경험으로는, 논리적인 도전은 대부분의 내담자들에게 효과가 별로 없었다. 현실 검사 도전은 잘 될 수 있지만 종종 실용적인 도전들에 의해 상당히 강화된다. 실용적인 도전은 가끔 상황에 대한 생각을 다른 방식으로 전념하게 하기 때문에, 내담자는 그것들이 정말로 그에게 불리하게 작용한다고 할지도 모른다. CBA 기법은 아마 실용적인 도전 중 가장 명확하고 가장 검소할 것이다.

비용 편익 분석

비용 편익 분석(Cost-Benefit Analysis, CBA)은 내담자의 부정적 사고가 때론 약간 교묘한 이득을 가져온다는 사실을 부지불식간에 받아들인다. 우리는 아마도 시험을 보기 전에, '시험공부를 전혀 할 수 없다!'고 큰소리로 공표하는 것을 많은 수험자들이 들었던 기억을 할 것이다. 얼마나 지난 일인데 놀랍지 않은가? 이와 유사하게, '나는 실패자야.'라고 선포하는 사람들은 부분적으로 타인에 대한 기대를 낮추는 것과 관련될 수 있으며 처음에 그들에게 부여된 부정적 라벨을 이후에 회피하는 것과 관련될 수도 있다. CBA는 이러한 이득을 인정하도록 도우며 또한 그들에게 불리한 맥락에 맞서도록 돕는다.

CBA의 문제는 때때로 내담자들이 부정적인 사고에 어떤 이득이 있다는 것을 기꺼이 인정하지 않아서 우리가 일방적인 싸움과 긍정적인 합리적 편의 불만족스러운 승리로 종결하게 할 수 있다. '단기'와 '장기'의 비용과 이익을 구별하는 것은 때론 내담자들이 '이득'을 인정하는 데 도움이 될 수 있다. 부정적 사고의 이득은 단기적인 대처에 대해, 그리고 장기적인 생애발달을 대비하여 심히 부담을 준다. 좀 더 긍정적인 장기 전략이 고안될 때까지, 단기적으로, 결함이 있는 대처기제를 대처 방식으로 소유하는 것이 더 용이할지도 모른다. Leahy(2001)는 위의 간단한 CBA는 또한 긍정적 대안적 사고들을 검토하는 데 사용될 수 있다고 제언

표 A.1 '나는 실패자야.'라는 사고에 대한 CBA

이익	불이익
나는 실망을 회피할 것이다.	나는 내가 이 말을 할 때 우울을 느낀다.
나는 사람들이 나에게 너무 많이 기대하는 것을 회피할 것이다.	나는 좀 더 도전적인 과제와 활동의 수행을 회피할 것이다. 내 자존감은 상처 입을 것이다. 나는 내가 할 수 있는 일부 장점들을 무시할 것이다. 다른 사람들이 내 '울음소리'에 진저리를 낼 것이다. 다른 사람들이 내가 실제로 할 수 있는 것을 과소평가할 것이다.

한다. CBA는 실제로 문제 해결의 한 형식이며 의사결정에 적용될 수 있다. 그러므로 타인들에 대한 비용과 편익을 고려하는 데 사용될 수 있으며 자신들에게도 마찬가지이다. 매트릭스는 다음과 같다.

	자기에 대한 이익	타인에 대한 이익
결정 A(또는 부정적 신념)		
결정 B(또는 긍정적 신념)		

파이 차트

4장에서 인지적 왜곡을 논할 때, 주된 '연속적인 불쾌감을 주는 것' 중 하나는 '과잉진술을 하는 것'이었다. 이런 유형의 진술은 부정적인 집중에 대한 편견에 기인한 것으로 보인다. 그러나 그러한 진술들이 또한 편견을 강화한다. 이 상황에서는 어떤 형식의 '특별한 변론'이 작용할지도 모른다. 특별한 변론은 사건의 진상에 대한 선택적 검토로 이익을 얻는 잘 알려진 도구이다. 우리가 앞에서 언급한 '교묘한 이익(pay-off)'에 대한 경우를 고려하지 않는다면, 그들은 여기서 불리해지는 것 같다. 인지적 전략은 일반적으로 관련 요소들에 대한 그들의 검토가 제한된다는 것을 내담자가 알게 되고, 사건의 진상들을 좀 더 광범하게 생각하는 것이 도움이 될 수 있는지를 탐색하도록 하는 것이다.

　나의 내담자 중 한 사람이 남편이 자신을 떠났다는 사실로 자기 자신을 탓했을 때 명백한 왜곡이 즉시 드러났다. 그녀의 남편은 도박중독이었으며 수년 동안 그녀를 설득하여 그들의 모든 공동계좌와 자산에 서명하여 그에게 양도하게 했다. 그래서 남편이 다른 여자와 달아났을 때 나의 내담자는 잠잘 곳조차 없이 모든 것을 잃었다. 우리는 그녀가 그 파산에 100% 책임이 있다고 생각하는 원을 하나 그렸다— '내가 좀 더 나은 아내였다면 무엇보다 그가 도박에 빠지지 않았을 것이다.' 그다음 새 '파이 차트'가 그려질 수 있도록 관련된 몇몇 다른 요소들을 목록

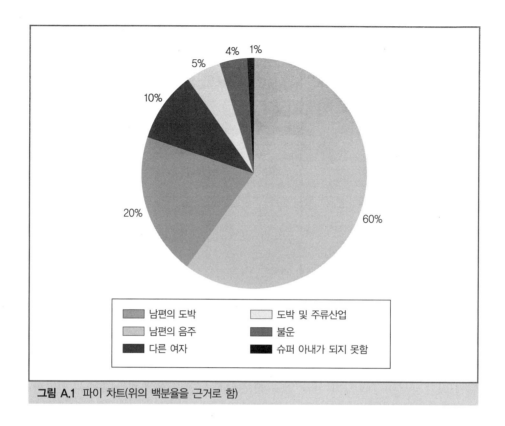

4% 1%
5%
10%
20%
60%

	남편의 도박		도박 및 주류산업
	남편의 음주		불운
	다른 여자		슈퍼 아내가 되지 못함

그림 A.1 파이 차트(위의 백분율을 근거로 함)

에 적었다. Leahy(2001)가 우리가 인정한 그 무엇보다 더 강력한 요소인 '불운 (bad luck)'을 목록에 추가하도록 제안한 것이 딱 들어맞았다. 결과 파이 차트는 그림 A.1과 같다.

파이 차트는 아주 강력한 효과가 있을 수 있지만 모든 기법들과 마찬가지로 때로 문제에 부딪힌다. 내가 이 작업을 할 때 약간 속는 느낌을 드는데, 그것은 특히 내담자들이 그때까지는 아주 작은 책임밖에 없을 것이라는 실질적으로 최후의 보증을 할 때까지 그들 자신을 방치한다는 것을 알기 때문이다. 위의 예에서, 최후 몇 항목의 비율이라도 고려하기 위해 이전의 그림을 계속 재조정해야 했다. 사람들이 도덕적인 문제뿐 아니라 때로는 계산꾼(player of some account)이 되는 것에 얼마간의 책임을 지는 것도 또한 중요할 것이다. 돌이켜 생각해 보면 이러한 마지막 논점이 특히 그 내담자가 남편에게 그렇게 철저히 힘을 빼앗긴 후에 적용되었다는 생각이 든다. 그 당시에 기재했던 것을 녹음했더라면 좋았을 것을—다음에는 할 수 있겠지?

추천도서

Burns, D.D. (1999b) Ten ways to untwist your thinking, In *The feeling good handbook*, Harmondsworth: Penguin.

Leahy, R.L. (2003) *Cognitive therapy techniques: practitioner's guide*. New York: Guilford Press, Chapters 2 and 6.

American Psychological Association (2000) *Diagnostic and statistical manual IV–TR*. Washington, DC: APA.

Arthur, A.R. (2001) Personality, epistemology and psychotherapist choice of theoretical model: a review and analysis. *European Journal of Psychotherapy, Counselling and Health*, 4.1: 45–64.

Ashworth, P., Williams, C. & Blackburn, I.-M. (1999) What becomes of cognitive therapy trainees? A survey of trainees' opinions and current clinical practice after postgraduate cognitive therapy training. *Behavioural and Cognitive Psychotherapy*, 27: 267–77.

Aurelius, Marcus Antoninus (1989) *The meditations*. Harmondsworth: Penguin.

Baer, R. (2006) *Mindfulness-based treatment approaches: clinicians' guide to evidence base and applications*. New York: Academic Press.

Barker, P. (1992) *Regeneration*. Harmondsworth: Penguin.

Bartlett, Sir F. (1932) *Remembering: a study in experimental and social psychology*. Cambridge: Cambridge University Press.

Beck, A.T. (1970) Cognitive therapy: nature and relation to behavior therapy. *Behavior Therapy*, 1: 184–200.

Beck, A.T. (1976) *Cognitive therapy and the emotional disorders*. Harmondsworth: Penguin.

Beck, A.T. (1988) *Love is never enough*. Harmondsworth: Penguin.

Beck, A.T. (1991) Cognitive therapy: a 30-year retrospective. *American Journal of Psychiatry*, 40.4: 368–75.

Beck, A.T. (1996) Beyond belief: a theory of modes, personality and psychotherapy. In P. Salkovskis (ed.), *The frontiers of cognitive therapy*. New York: Guilford Press, pp. 1–25.

Beck, A.T. (2004) Origin, evolution and current state of cognitive therapy: the inside story. Keynote address at the Congress of the European Association of Behavioural and Cognitive Therapies, Manchester, September.

Beck, A.T., Emery, G., with Greenberg, R. (1985) *Anxiety and phobias: a cognitive perspective*. New York: Basic Books.

Beck, A.T., Freeman, A. & Associates (1990) *Cognitive therapy of personality disorders*. New York: Guilford Press.

Beck, A.T., Reinecke, M.A. & Clark, D.A. (2003) *Cognitive therapy through the lifespan*. Cambridge: Cambridge University Press.

Beck, A.T., Rush, A.J., Shaw, B.F. & Emery, G. (1979) *Cognitive therapy of depression*. New York: Guilford Press.

Beck, J. (1995) *Cognitive therapy: basics and beyond*. New York: Guilford Press.

Bennett-Levy, J. (2003) Mechanisms of change in cognitive therapy: the case of auto-matic thought records and behavioural experiments. *Behavioural and Cognitive Psychotherapy*, 31: 261–77.

Bennett-Levy, J. & Thwaites, R. (2007) Self and self-reflection in the therapeutic relationship: a conceptual map practical strategies for the training, supervision and self-supervision of interpersonal skills. In P. Gilbert & R. Leahy (eds), *The therapeutic relationship in the cognitive-behavioral psychotherapies*. Hove: Routledge, pp. 255–81.

Bennett-Levy, J., Butler, G., Fennell, M., Hackmann, A., Mueller, M. & Westbrook, D. (eds) (2004) *The Oxford guide to behavioural experiments in cognitive therapy*. Oxford: Oxford University Press.

Beutler, L.E., Machado, P.P. & Neufeldt, S.A. (1994) Therapist variables. In A.E. Bergin & S.L. Garfield (eds), *Handbook of psychology and behavior change*. (4th edn). New York: Wiley, pp. 259–69.

Bourne, E. (1995) *The anxiety and phobia workbook*. Oakland, CA: New Harbinger.

Bowlby, J. (1980) *Attachment and loss. Vol. 3: Loss, sadness and depression*. London: Hogarth Press.

Bowlby, J. (1988) *A secure base: clinical applications of attachment theory*. London: Routledge.

Breuer, J., Freud, S. & Strachey, L. (translator) (1982, reissue) *Studies in hysteria*. New York: Basic Books.

Brewin, C.R. (1988) *Cognitive foundations of clinical psychology*. London/Hove: Lawrence Erlbaum Associates.

Brewin, C.R. (2003) *Posttraumatic stress disorder: malady or myth?* New Haven, CT: Yale University Press.

Burns, D.D. (1999a) *Feeling good: the new mood therapy* (rev. edn). New York: Avon Books.

Burns, D.D. (1999b) *The feeling good handbook* (rev. edn). New York: Penguin.

Burns, D.D. & Auerbach, A. (1996) Therapeutic empathy in cognitive-behavioural therapy: does it really make a difference? In P. Salkovskis (ed.), *Frontiers of cognitive therapy*. New York: Guilford Press, pp. 135–64.

Butler, G. & Hope, D. (1995) *Manage your mind*. Oxford: Oxford University Press.

Butler, G. & Hope, D. (2006) *Manage your mind* (2nd edn). Oxford: Oxford University Press.

Carkhuff, R.R. (1987) *The art of helping* (6th edn). Amherst, MA: Human Resource Development Press.

Carlson, R. (1997) *Don't sweat the small stuff... and it's all small stuff*. New York: Hyperion.

Carnegie, D. (1993) *How to stop worrying and start living*. New York: Simon & Schuster.

Casement, P. (1985) *On learning from the patient*. London: Tavistock.

Church of England (2005) *Common worship: daily prayer (services and prayers for the Church of England)*. London: Church House Publishing.

Cicero, M.T. (1975) *Murder trials*. Harmondsworth: Penguin.

Clark, D.M. (1996) Panic disorder: from theory to therapy. In P. Salkovskis (ed.), *The frontiers of cognitive therapy*. New York: Guilford Press, pp. 318–44.

Cummings, N. & Satyama, C. (1995) *Focused psychotherapy: a casebook of brief inter-mittent psychotherapy*. New York: Brunner/Mazel.

Dryden, W. (1991) *A dialogue with Albert Ellis: against dogmas*. Buckingham: Open University Press.

Dryden, W. (2006) *Getting started with REBT* (2nd edn). London: Taylor & Francis.

Dryden, W. & Trower, P. (1988) *Developments in cognitive psychotherapy*. London: SAGE.

Duckworth, A.L., Steen, T.A. & Seligman, M.E.P. (2005) Positive psychology in clinical practice. *Annual Review of Clinical Psychology*, 1: 629–51.

Eells, T.D. (ed.) (1997) *Handbook of psychotherapy case formulation*. New York: Guilford Press.

Egan, G. (1975) *You and me: the skills in communicating and relating to others*. Monterey, CA: Brooks Cole.

Egan, G. (2002) *Exercises in helping skills: a manual to accompany the 'The Skilled Helper'* (7th edn). Pacific Grove, CA: Brooks Cole.

Ehlers, A. & Clark, D.M. (2000) A cognitive model of posttraumatic stress disorder. *Behaviour Research and Therapy*, 38: 319–45.

Ellis, A. & Dryden, W. (1997) *The practice of rational emotive behaviour therapy* (2nd edn). New York: Springer.

Ellis, A. (1973) *Humanistic psychotherapy: the rational-emotive approach*. New York: Julian Press.

Ellis, A. & Dryden, W. (1987) *The practice of rational emotive behaviour therapy*. New York: Springer.

Emery, G. (1999) *Overcoming depression: therapist's manual*. Oakland, CA: New Harbinger.

Epictetus (1995) *A manual for living (The Enchiridion)*. San Francisco: Harper.

Epstein, S. (1998) *Constructive thinking: the key to emotional intelligence*. Westport, CT: Praeger.

Fennell, M. (1989) Depression. In K. Hawton, P.M. Salkovskis, J. Kirk & D.M. Clark (eds), *Cognitive behaviour therapy for psychiatric problems*. Oxford: Oxford Medical Publications, pp. 169–234.

Fennell, M. (2004) Depression, low self-esteem and mindfulness. *Behaviour Research and Therapy*, 42: 1053–67.

Foa, E. & Kozak, M.J. (1986) Emotional processing of fear: exposure to corrective information. *Psychological Bulletin*, 99: 20–35.

Frude, N.J. (2004) Bibliotherapy as a means of delivering psychological therapy. *Clinical Psychology*, 39: 8–10.

Gendlin, E. (1981) *Focusing*. New York: Everest House.

Gendlin, E. (1998) *Focusing oriented psychotherapy: a manual of experiential method*. New York: Guilford Press.

Gilbert, P. (1992) *Depression: the evolution of helplessness*. New York: Guilford Press.

Gilbert, P. (2005) Compassion and cruelty: a biopsychosocial approach. In P. Gilbert (ed.), *Compassion: conceptualisations, research and use in psychotherapy*. Hove: Brunner-Routledge, pp. 9–75.

Gilbert, P. (2006) A biopsychosocial approach to formulation with a special focus on shame. In N. Tarrier (ed.), *Case formulation in cognitive behavioural therapy: the treatment of challenging and complex cases*. London: Routledge, pp. 81–112.

Gilbert, P. & Leahy, R.L. (2007) *The therapeutic relationship in cognitive behavioural psychotherapies*. London: Routledge.

Girard, R. (1977) *Violence and the sacred*. Baltimore, MD: Johns Hopkins University Press.

Grant, A., Mills, J., Mulhern, R. & Short, N. (2004) *Cognitive behavioural therapy in mental health care*. London: SAGE.

Greenberg, L.S. (2002) *Emotion-focused therapy: coaching clients to work through their feelings*. Washington, DC: American Psychological Association.

Greenberger, D. & Padesky, C. (1995) *Mind over mood*. New York: Guilford Press.

Guidano, V. & Liotti, G. (1983) *Cognitive processes and emotional disorders: a structural approach to psychopathology*. New York: Guilford Press.

Hackmann, A. (1998) Cognitive therapy with panic disorder and agoraphobia. In N. Tarrier (ed.), *Treating complex cases: the cognitive behavioural approach*. Chichester: Wiley, pp. 27–45.

Harris, R. (2006) *Imperium*. London: Arrow Books.

Harvey, A., Watkins, E., Mansell, W. & Shafran, R. (2004) *Cognitive behavioural processes across psychological disorders: a trans-diagnostic approach to research and treatment*. Oxford: Oxford University Press.

Hawkins, P. & Shohet, R. (2006) *Supervision in the helping professions* (3rd edn). Maidenhead: Open University Press.

Hayes, S.C. (1998) Acceptance and Commitment Therapy (ACT). Workshop given at the Annual Conference of the European Association for Behavioural and Cognitive Therapies, Cork, September.

Hayes, S.C., Strohsal, K.D. & Wilson, K.D. (2004) *Acceptance and commitment therapy: an experiential guide*. New York: Guilford Press.

Heesacker, M. & Mejia-Millan, C. (1996) A research programme on attitude change processes and their application to counselling. In W. Dryden (ed.), *Research in counselling and psychotherapy: practical applications*. London: SAGE, pp. 49–78.

Hersen, M. (ed.) (2002) *Clinical behavior therapy: adults and children*. New York: Wiley.

Hobson, R.F. (1985) *Forms of feeling: the heart of psychotherapy*. London: Tavistock.

Hollon, S.D. (2003) Does cognitive therapy have an enduring effect? *Cognitive Therapy and Research*, 27.1: 71–5.

Horney, K. (1951) *Neurosis and human growth: the struggle towards self-realisation*. London: Routledge & Kegan Paul.

Horton, I. (2006) Structuring work with clients. In C. Feltham & I. Horton (eds), *The SAGE handbook of counselling and psychotherapy*. London: SAGE, pp. 118–25.

Inskipp, F. (1986) *Counselling: the trainer's handbook*. Cambridge: National Extension College.

Inskipp, F. (1996) *Skills training for counsellors*. London: Cassell.

Ivey, A.E., Ivey, M.B. & Simek-Morgan, L. (1997) *Counselling and psychotherapy: a multicultural approach*. Boston: Allyn & Bacon.

James, I.A. (2001) Schema therapy: the next generation but should it carry a health warning? *Behavioural and Cognitive Psychotherapy*, 29: 401–7.

Jeffers, S. (1991) *Feel the fear and do it anyway*. London: Arrow Books.

Jennings, S. (1990) *Dramatherapy: theory and practice for teachers and clinicians*. London: Routledge.

Joyce, P. & Sills, C. (2001) *Skills in Gestalt counselling and psychotherapy*. London: SAGE.

Kagan, N. (1975) *Influencing human interaction*. Washington, DC: American Personnel and Guidance Association.

Kahn, M. (1991) *Between therapist and client: the new relationship*. New York: W.H. Freeman.

Kazantzis, N. & Ronan, K.R. (2006) Can between sessions (homework) assignments be considered a common factor in psychotherapy? *Journal of Psychotherapy Integration*, 16.2: 115–27.

Kazantzis, N., Deane, F.P., Ronan, K.R. & L'Abate, L. (eds) (2005) *Using assignments in cognitive behaviour therapy*. New York: Routledge.

Kegan, R. (2006) *The evolving self: problem and process in human relationships.* Cambridge, MA: Harvard University Press.

Keijsers, G.P., Schaap, C.P. & Hoogduin, C.A. (2000) The impact of interpersonal patient and therapist behaviour on outcome in cognitive behaviour therapy: a review of empirical studies. *Behaviour Modification*, 24.2: 264–97.

Kelly, G.A. (1963) *A theory of personality: the psychology of personal constructs.* New York: W.W. Norton.

Kendall, P.C. & Hammen, C. (1998) *Abnormal psychology: understanding human problems.* Boston: Houghton-Mifflin.

Kirk, J. (1989) Cognitive behavioural assessment. In K. Hawton, P.M. Salkovskis, J. Kirk & D.M. Clark (eds), *Cognitive behaviour therapy for psychiatric problems.* Oxford: Oxford Medical Publications, pp. 13–51.

Klein, D.N., Schwarz, J.E., Santiago, N.J., Vivian, D., Vocisano, C., Castenguay, L.G., Arnow, B.A., Blalock, J.A., Markowitz, J.C., Rothbaum, B.O. & McCullough, J.P. Jr. (2003) Therapeutic alliance in depression treatment: controlling for prior change and patient characteristics. *Journal of Consulting and Clinical Psychology*, 71: 997–1006.

Kohut, H. (1977) *The restoration of the self.* New York: International Universities Press.

Kuyken, W. (2006) Evidence-based case formulation: is the emperor clothed? In N. Tarrier (ed.), *Case formulation in cognitive behaviour therapy.* London: Routledge, pp. 12–35.

Layard, R. (2005) *Happiness: lessons from a new science.* Harmondsworth: Penguin.

Layden, M.A., Newman, C.F., Freeman, A. & Morse, S.B. (1993) *Cognitive therapy of borderline personality disorder.* Boston, MA: Allyn & Bacon.

Leahy, R.L. (2001) *Overcoming resistance in cognitive therapy.* New York: Guilford Press.

Leahy, R.L. (2003) *Cognitive therapy techniques.* New York: Guilford Press.

Leahy, R.L. (2005) *The worry cure: stop worrying and start living.* London: Piatkus.

Leahy, R.L. (2007) Schematic mismatch in the therapeutic relationship. In P. Gilbert & R.L. Leahy (eds), *The therapeutic relationship in the cognitive behavioural psychotherapies.* London: Routledge, pp. 225–54.

Lewinsohn, P.M. & Gotlib, I.H. (1995) Behavioral theory and treatment of depression. In E. Beckham & W. Leber (eds), *Handbook of depression.* New York: Guilford Press, pp. 352–75.

Linehan, M.M. (1993) *Cognitive behavioural treatment of borderline personality disorder.* New York: Guilford Press.

Linklater, A. (2006) After Freud. *Prospect Magazine*, 123: 36–41. (Also currently available as a free download from the *Prospect* website: www.prospect-magazine.co.uk).

Liotti, G. (2007) Internal working models of attachment in the therapeutic relationship. In P. Gilbert & R.L. Leahy (eds), *The therapeutic relationship in the cognitive behavioural psychotherapies.* London: Routledge, pp. 143–61.

McGinn, R.K., Young, J.E. & Sanderson, W.C. (1995) When and how to do longer term therapy without feeling guilty. *Cognitive Behavioral Practice*, 2: 187–212.

McMahon, G. (1996) Assessment and case formulation. In C. Feltham & I. Horton (eds), *The SAGE handbook of counselling and psychotherapy.* London: SAGE, pp. 109–18.

Miller, W.R. & Rollnick, S. (2002) *Motivational interviewing.* (2nd edn). New York: Guilford Press.

Milrod, B., Leon, A.C., Busch, F., Rudden, M., Schwalberg, M., Clarkin, J., Aronson, A., Singer, M., Turchin, W., Toby Klass, E., Graf, E., Teres, J.J. & Shears, M.K. (2007) A randomised controlled trial of psychoanalytic psychotherapy for panic disorder. *American Journal of Psychiatry*, 164.2: 265–72.

Moorey, S. & Greer, S. (2002) *Cognitive behaviour therapy for people with cancer.* Oxford: Oxford University Press.

Nelson-Jones, R. (2005) *Practical counselling and helping skills: texts and exercises for the life skills counselling model.* London: SAGE.

Nicholson, J. (2006) *The perfect summer: dancing into the shadow in 1911.* London: John Murray.

Padesky, C. (1993) Socratic questioning: changing minds or guiding discovery? Key note address at the Congress of the European Association for Behavioural and Cognitive Therapies. London, September.

Padesky, C. (1994) *Cognitive therapy for anxiety.* Audiotape. Newport Beach, CA: Center for Cognitive Therapy. www.padesky.com

Padesky, C. (1996) Developing cognitive therapist competency: teaching and supervision models. In P. Salkovskis (ed.), *The frontiers of cognitive therapy.* New York: Guilford Press, pp. 266–92.

Padesky, C. (2004a) *Socratic questioning in cognitive therapy: clinical workshop.* Audiotape. Newport Beach, CA: Center for Cognitive Therapy. www.padesky.com

Padesky, C. (2004b) *Guided discovery – leading and following: Clinical workshop.* Audiotape. Newport Beach, CA: Center for Cognitive Therapy. www.padesky.com

Padesky, C. & Greenberger, D. (1995) *The clinician's guide to mind over mood.* New York: Guilford Press.

Padesky, C. & Mooney, K. (1998) Between two minds: the transformational power of underlying assumptions. Key note address at the Congress of the European Association for Behavioural and Cognitive Therapies, Cork, September.

Papageorgiou, C. & Wells, A. (2003) *Depressive rumination: nature, theory and treatment.* Chichester: Wiley.

Patterson, R. (2000) *The assertiveness workbook.* Oakland, CA: New Harbinger.

Persons, J.B. (1989) *Cognitive therapy: a case formulation approach.* New York: W.W. Norton.

Petry, N.M. (2000) A comprehensive guide to the application of contingency management procedures in clinical work. *Drug and Alcohol Dependence,* 58: 9–25.

Pierson, H. & Hayes, S. (2007) Using acceptance and commitment therapy to empower the therapeutic relationship. In P. Gilbert & R.L. Leahy (eds), *The therapeutic relationship in cognitive behavioural psychotherapies.* London: Routledge, pp. 205–28.

Popper, K.R. (1959) *The logic of scientific discovery.* London: Hutchinson.

Rachman, S. (1997) The evolution of cognitive behaviour therapy. In D.M. Clark & C.G. Fairburn (eds), *Science and practice of cognitive behaviour therapy.* Oxford: Oxford University Press, pp. 27–46.

Rachman, S. (2003) *The treatment of obsessions.* Oxford: Oxford University Press.

Rennie, D. (1998) *Person-centred counselling: an experiential approach.* Thousand Oaks, CA: SAGE.

Rescorla, R.A. (1988) Pavlovian conditioning: it is not what you think it is. *American Psychologist,* 43: 151–60.

Rogers, C.R. (1961) *On becoming a person.* Boston: Houghton Mifflin.

Safran, J.D. & Segal, Z.V. (1990) *Interpersonal processes and cognitive therapy.* New York: Guilford Press.

Salkovskis, P. (ed.) (1996a) *The frontiers of cognitive therapy.* New York: Guilford Press.

Salkovskis, P. (1996b) The cognitive approach to anxiety: threat beliefs, safety-seeking behaviour, and the special case of health anxiety and obsessions. In P. Salkovskis (ed.), *The frontiers of cognitive therapy.* New York: Guilford Press, pp. 48–74.

Sanders, D. & Wills, F. (1999) The therapeutic relationship in cognitive therapy. In C. Feltham (ed.), *The therapeutic relationship in counselling and psychotherapy.* London: SAGE, pp. 120–38.

Sanders, D. & Wills, F. (2003) *Counselling for anxiety problems* (2nd edn). London: SAGE.

Sanders, D. & Wills, F. (2005) *Cognitive therapy: an introduction.* London: SAGE.

Scaife, J., Inskipp, F., Proctor, B., Scaife, J. & Walsh, S. (2001) *Supervision in the mental health professions: a practitioner's guide.* Hove: Brunner-Routledge.

Scott, M. & Stradling, S. (2000) *Counselling for post-traumatic stress disorder.* London: SAGE.

Sedgewick, P. (1982) *Psychopolitics (the politics of health).* London: Pluto Press.

Segal, Z.V., Williams, J.M.G. & Teasdale, J.D. (2002) *Mindfulness based cognitive therapy for depression: a new approach to preventing relapse.* New York: Guilford Press.

Seligman, M.E.P. (2002) *Authentic happiness: using the new positive psychology to release your potential for lasting fulfilment.* New York: Free Press.

Shapiro, F. (2001) *Eye Movement Desensitization and Reprocessing (EMDR): basic principles, protocols and procedures.* New York: Guilford Press.

Sheldon, B. (1995) *Cognitive behaviour therapy: research, practice & philosophy.* London: Routledge.

Simmons, M. & Wills, F. (2006) *CBT skills in practice.* DVD and video. University of Wales Newport.

Sloane, R.B., Staples, F.R., Cristol, A.H. & Yorkston, N.J. (1975) Short term analytically orientated psychotherapy versus behavior therapy. *American Journal of Psychiatry,* 132: 373–7.

Slobodin, R. (1997) *Rivers: the life.* Stroud: Sutton.

Staddon, J. (2001) *The new behaviorism: mind, mechanism & society.* Philadelphia: Psychology Press.

Steketee, G. (1999) *Overcoming obsessive-compulsive disorder: therapist's protocol.* Oakland, CA: New Harbinger.

Tarrier, N. & Calam, R. (2002) New developments in cognitive case formulation – epidemiological, systemic and social context: an integrative approach. *Behavioural and Cognitive Psychotherapy,* 30.2: 311–28.

Teasdale, J. (1996) Clinically relevant theory: integrating clinical insight with cognitive science. In P. Salkovskis (ed.), *The frontiers of cognitive therapy.* New York: Guilford Press, pp. 26–47.

Teasdale, J. (2004) Mindfulness and the third wave of cognitive behavioural therapies. Keynote address at the Congress of the European Association for Behavioural and Cognitive Therapies, Manchester, September.

Townend, M., Ianetta, L.E. & Freeston, M.H. (2002) Clinical supervision in practice: a survey of UK cognitive behaviour psychotherapists accredited by the BABCP [British Association for Behavioural and Cognitive Psychotherapies]. *Behavioural and Cognitive Psychotherapy,* 30: 485–500.

Turner, S.W. & Lee, D. (1998) *Measures in post-traumatic stress disorder: a practitioner's guide.* Windsor: NFER-Nelson.

Van der Kolk, B. (1994) The body keeps the score: the evolving psychobiology of post-traumatic stress disorder. *Harvard Review of Psychiatry,* 1.5: 253–65.

Van Deurzen-Smith, E. (1988) *Existential counselling in practice.* London: SAGE.

Vickers, S. (2006) *The other side of you.* London: Fourth Estate.

Wachtel, P. (1982) *Resistance: psychodynamic and behavioural approaches.* New York: Plenum.

Weishaar, M.E. (1993) *Aaron T. Beck: the SAGE Modern Masters Series*. London: SAGE.

Wells, A. (1997) *Cognitive therapy of anxiety disorders*. Chichester: Wiley.

Wells, A. (2000) *Emotional disorders and metacognition*. Chichester: Wiley.

Wells, A. (2006) Cognitive therapy case formulation in anxiety disorders. In N. Tarrier (ed.), *Case formulation on cognitive behaviour therapy: the treatment of challenging and complex cases*. Hove: Routledge, pp. 52–80.

Wells, A. & Matthews, G. (1994) *Attention and emotion: a clinical perspective*. Hove: Lawrence Erlbaum Associates.

Westbrook, D., Kennerley, H. & Kirk, J. (2007) *An introduction to cognitive behaviour therapy: skills and applications*. London: SAGE.

Williams, C. (2003) *Overcoming anxiety: a five areas approach*. London: Hodder Arnold.

Williams, M.J.G., Watts, F.N., MacLeod, C. & Mathews, A. (1997) *Cognitive processes and the emotional disorders*. Chichester: Wiley.

Williams, M.J.G., Teasdale, J.D., Segal, Z.V. & Kabat-Zinn, J. (2007) *The mindful way through depression*. New York: Guilford Press.

Wills, F. (1998) Changes in therapeutic attitudes during CBT training. Paper given at the Congress of the European Association for Behavioural and Cognitive Therapies, Cork, September.

Wills, F. (2006a) Cognitive therapy: a down to earth and accessible therapy. In C. Sills (ed.), *Contracts in counselling and psychotherapy* (2nd edn). London: SAGE, pp. 41–51.

Wills, F. (2006b) CBT: can counsellors fill the gap? *Healthcare Counselling and Psychotherapy Journal*, 6.2: 6–9.

Wills, F. (2007) Some cognitive distortions occur more frequently than others. Departmental paper, University of Wales Newport, School for Social and Health Sciences, February.

Wills, F. & Sanders, D. (1997) *Cognitive therapy: transforming the image*. London: SAGE.

Winnicott, D.W. (1965) *The maturational processes and the facilitating environment*. London: Hogarth.

Wolpe, J. (1958) *Psychotherapy by reciprocal inhibition*. Stanford, CA: Stanford University Press.

Wright, J.H., Basco, M.R. & Thase, M.E. (2006) *Learning cognitive behavior therapy: an illustrated guide*. Washington, DC: American Psychiatric Publishing, Inc.

Young, J. (1994) *Cognitive therapy for personality disorders: a schema focused approach*. Saratosa, FL: Professional Resources Press.

Young, J. & Klosko, J. (1994) *Reinventing your life*. New York: Plume.

Young, J. & Klosko, J. (1998) *Reinventing your life: how to break free from negative life patterns* (reprint edn). New York: Penguin Puttnam.

Young, J., Klosko, J.S. & Weishaar, M.E. (2003) *Schema therapy: a practitioner's guide*. New York: Guilford Press.

Zigmond, A.S. & Snaith, R.P. (1983) The hospital anxiety and depression scale. *Acta Psychiatrica Scandinavica*, 67: 361–70.

찾아보기

옮긴이

박의순

이화여자대학교 인간발달소비자학과 아동학 석사
이화여자대학교 인간발달소비자학과 가족학 박사
Eastern Michigan University 의예과 수료
가족연구소 마음 소장(부부 · 가족상담전문가)
(전)덕성여자대학교 아동가족학과 겸임교수
한국상담학회 수련감독
국제공인 NLP 트레이너 컨설턴트
TA 전문상담 슈퍼바이저
(전)경기도 가족정책 자문위원
(사)한국매체상담협회 · 학회 고문

주요 저서 및 역서
『TA상담의 이론과 실제 I, II』(저),『완전한 사랑의 7단계』,『쿨하게 화
내기』,『TA 상담과 심리치료 기법』,『게슈탈트 상담과 심리치료 기법』,
『NLP로의 초대』,『TA심리상담: 100가지 핵심기법』,『NLP, 그 마법의
구조 I. II.』,『성공한 CEO의 비즈니스 심리코칭』

이동숙

이화여자대학교 대학원 가정학 석사(의류직물, 인간공학)
성신여자대학교 가족문화소비자학과 가족학 박사(가족상담)
명지대학교 사회교육대학원 아동심리치료학과 객원교수
한양대학교 대학원 아동심리치료학과 강의교수
한국가족치료학회 감사, 부부가족상담 슈퍼바이저
한국가족관계학회 가족상담 슈퍼바이저
한국아동심리치료학회 부회장, 아동심리상담사 슈퍼바이저
한국기독상담심리치료학회 놀이아동상담사 감독
해결중심치료학회 대외협력위원장, 상임이사
서울남부지방법원 협의이혼상담위원
천주교 서울대교구 노인사목부 노인사목 연구위원

주요 역서
『가족치료 슈퍼비전의 이론과 실제』
『노화, 영성, 종교』